互联网金融系列教材

HULIANWANG JINRONG XILIE JIAOCAI

互联网金融概论

HULIANWANG JINRONG GAILUN

（第二版）

主编◎郭福春　　陶再平　　副主编◎吴金旺

中国金融出版社

责任编辑：王效端　张菊香
责任校对：张志文
责任印制：陈晓川

图书在版编目（CIP）数据

互联网金融概论/郭福春，陶再平主编 . —2 版 . —北京：中国金融出版社，
2018.9
互联网金融系列教材
ISBN 978 - 7 - 5049 - 9700 - 5

Ⅰ.①互…　Ⅱ.①郭…②陶…　Ⅲ.①互联网络—应用—金融—高等学校—
教材　Ⅳ.①F830.49

中国版本图书馆 CIP 数据核字（2018）第 190864 号

互联网金融概论（第二版）
HULIANWANG JINRONG GAILUN（DI-ER BAN）
出版
发行　**中国金融出版社**
社址　北京市丰台区益泽路 2 号
市场开发部　（010）66024766，63805472，63439533（传真）
网 上 书 店　www.cfph.cn
　　　　　　（010）66024766，63372837（传真）
读者服务部　（010）66070833，62568380
邮编　100071
经销　新华书店
印刷　保利达印务有限公司
尺寸　185 毫米×260 毫米
印张　16.75
字数　363 千
版次　2015 年 3 月第 1 版　2018 年 9 月第 2 版
印次　2023 年 6 月第 9 次印刷
定价　36.00 元
ISBN 978 - 7 - 5049 - 9700 - 5
如出现印装错误本社负责调换　联系电话（010）63263947

前言

　　对于依赖传统业务模式的银行、证券、保险等金融机构来说，2013年堪称我国互联网金融发展的元年。互联网金融的迅速兴起，为我国传统金融业以及整个商业生态带来了革命性的强大驱动力。在现代经济和科技发展的召唤下，互联网金融促使社会资金支付方式更加丰富和便捷，金融产品营销模式不断创新和深化，资本融通日益普惠和高效。这一切都对传统金融机构的变革和转型升级，提出了更高更紧迫的要求，同时也对互联网金融的教育、科研和人才培养提出了相应的要求。另外，随着科技金融的兴起和发展，大数据金融和区块链及数字货币等新技术得到了越来越多的关注，为了与互联网金融发展相适应，我们组织对《互联网金融概论》进行了修订。

　　本书依照互联网金融的诸要素进行章节设置，分别围绕支付、网络借贷、众筹融资、基金销售、互联网保险、互联网消费金融、大数据金融、区块链与数字货币、风险及监管、创新与发展等方面，分11章进行阐述。

　　第1章互联网金融概述。介绍了互联网金融的含义、内涵、特点及分类，回顾了国内外互联网金融发展现况，解释了互联网金融与金融互联网的本质区别。在对互联网金融形成原因进行分析之后，逐个讲解了一般意义上的互联网金融主要的几种模式，展望了未来互联网金融的发展趋势。该章节旨在使读者快速建立起对互联网金融整体的了解。

　　第2章互联网金融支付。介绍了互联网金融支付发展的来由，依托政策法规重点阐述了第三方支付的内容、分类和应用。在此基础上对桌面在线支付、移动在线支付及O2O支付分别进行了概念的整理、类型的描述以及应用的介绍。读者通过该章节能够把握互联网金融支付的脉络，尤其是对第三方支付的分类和走向能够有较完整的掌握。

　　第3章P2P网络借贷。主要介绍了P2P网络借贷的定义、性质和发展经济学逻辑，对P2P网络借贷的主体架构、主要流程和业务模式进行了归纳，通过近五年的行业数据对我国P2P网络借贷的发展进行定量剖析，然后从团队组建、部门管理、营销管理和风险管理视角讲解P2P网络借贷的运营管理，最后阐述 P2P 网络借贷的监管与法规并与美英两国的 P2P 网络借贷监管进行了对比。

第 4 章众筹融资。主要介绍了众筹的起源、定义与分类，和国内外发展现状，然后讨论了奖励众筹的概念、分类、特征和优点，对奖励众筹的主体架构、交易流程和设计流程进行归纳，并采用具体案例讲解如何开展奖励众筹，最后介绍股权众筹的概念和流程，剖析股权众筹成功的核心因素和主要风险，阐述股权众筹的监管与法规和股权众筹第一案案情及启示。

第 5 章互联网基金销售。本章以余额宝为导入案例，回溯其作为投资工具的本质，即基金的典型特征，由此简单认识基金这一大类工具，了解其投资原理、主要类型及运作流程等；再结合现下互联网基金的发展，界定互联网基金的本质、创新、范围及发展趋势。本章的重点在于结合案例与实际操作，使读者对互联网基金销售的现状、主要模式、存在问题、风险防范以及监管要点等方面的内容既有宏观把握又有微观了解。

第 6 章互联网保险。本章从互联网保险的定义、运营模式和特点、发展历程及现状、具体产品形式以及未来发展等六个方面进行详细阐述，从而使读者对互联网保险产品的高频化、碎片化和场景化有更深刻的理解，对互联网保险服务的高效、便捷有更深的体会，同时明确互联网保险营运 to B、to C、to A 模式的优势和劣势。

第 7 章互联网消费金融。互联网消费金融顺应时代的要求，以互联网技术为手段，向不同需求的用户提供消费贷款的金融服务，网络化、信息化是其鲜明特点，其本质还是消费金融，但是效率得到极大提升。目前，分期业务覆盖了电商、租房、二手车、装修、旅游、教育等消费领域，已经建立起完整的产业链。互联网消费金融正逐渐成为未来互联网金融领域最有价值的业务。

第 8 章大数据金融。本章从大数据定义、大数据分类、大数据技术等角度详细解析大数据的数学与应用原理，及大数据产业以及大数据在金融行业的应用，包括银行业、证券业、保险业等主要的金融领域。本章清晰的理论介绍和案例分析，能帮助读者更清楚地认识大数据技术的原理，理解大数据金融的应用现状及未来。

第 9 章区块链与数字货币。区块链技术是当下金融科技最受关注的领域之一。区块链作为一种新兴技术，具备去中心化、防篡改、可追溯等的特点。其在各个领域，尤其是金融商业运用中具有强大的生命力和应用潜力。本章节主要介绍了区块链基本概念、工作原理和共识机制，区块链技术在金融领域中的应用前景以及数字货币发展及其监管等方面的基本知识。

第 10 章互联网金融风险与监管。本章阐述了互联网金融发展过程中涉及的法律法规、技术和系统性风险，以及国内外的监管体系及监管规则，重点梳理了我国互联网金融监管框架及对互联网金融各业态的监管要求。通过丰富的案例和法规条款，帮助读者了解互联网金融业务可能涉及的风险，并明晰国家对于互联网金融的定位及禁止性行为。

第 11 章互联网金融发展的机遇和挑战。互联网金融的产生重塑了金融五要素，极大地改变了传统金融机构的运行模式与效率，传统银行业逐步智慧化，与互联网企业合作，相互交融。人工智能在客户识别、智能量化交易、智能投顾、智能客服、征信与监管方面大展身手。各种移动互联网金融模式也进一步兴起和发展。同时，互联网金融发展需要解决风险控制、数据保障、制度支持和监管完善问题。

由于互联网金融是个新兴领域，知识新、争鸣多，在全书的编写过程中，我们参考和借鉴了许多前人的研究成果、教材、著作和网络文献。由于编写时间紧加之部分网络作者来源不详，导致未能全部列出这些成果的所有出处，在此向各类文献的作者表示真挚敬意、歉意和由衷的感谢。

在本次修订中，浙江金融职业学院的潘锡泉、王德英、李宏伟编写第 1 章，史浩编写第 2 章，邱勋、雷舰编写第 3 章，邱勋、牟美思编写第 4 章，严卫华、陆妙燕编写第 5 章，朱佳编写第 6 章，郑莉坤编写第 7 章，申睿、顾洲一编写第 8 章，陶再平、熊建宇编写第 9 章，吴金旺、靖研编写第 10 章，周园、何岩编写第 11 章。全书由郭福春教授拟定编写大纲，由郭福春教授、陶再平教授、吴金旺副教授总纂定稿。互联网金融是一个崭新的发展与研究领域，对这一主题的探讨还有许多深入的问题需要研究，同时由于我们能力与水平有限，经验、视野、时间不足，教材一定有很多不足之处，我们诚恳地希望读者批评指正，以便不断修改、完善和提高。

互联网金融系列教材
HULIANWANG JINRONG XILIE JIAOCAI

目录

1

互联网金融系列教材

HULIANWANG JINRONG XILIE JIAOCAI

第1章

互联网金融概述

知识要点

✓ 互联网金融的含义与特点

✓ 互联网金融的内涵

✓ 互联网金融的分类

✓ 互联网金融与金融互联网的本质区别

✓ 互联网金融的产生与发展

✓ 互联网金融的主要模式

案例导读

互联网与金融结合，带来了什么？

余林在淘宝经营着一家专营汽车机油和润滑油的五皇冠店铺。从4年前的一家实体店开始做起，如今余林每月的销售额高达200万元，网络销售占比超过90%。

"我们这个行业利润不高，之前完全靠自有资金，发展比较慢。我也曾向银行贷过款，但是因为没有抵押就没贷成。后来能够申请到阿里贷款，真是挺惊喜的。"余林说，这两年他一直在使用阿里小微贷款，从申请到获得贷款只花几秒钟，不用抵押担保，可以随借随还。

阿里小微贷款，是阿里巴巴面向淘宝、天猫小微电商提供的小额贷款服务。贷款分为订单贷款和信用贷款两种，淘宝、天猫订单贷款最高额度100万元，周期30天，信用贷款最高额度100万元，贷款周期6个月。

"我们做的都是不起眼的小业务，而网络金融做这些小业务有着先天的优势。"阿里小微金融服务集团相关负责人介绍，淘宝、天猫有成千上万家小网店，这些网店的注册信息、历史交易记录、销售额现金流等信息，在阿里巴巴的数据库里一清二楚。只要网店有真实的订单，阿里就可以给它放贷；经营状况好的网店，还可以凭借自己的信用获得贷款。比起传统银行一家一家地调查企业、一笔一笔地进行审核，阿里巴巴通过整合互联网数据和第三方机构的记录，运用技术手段对用户特征进行精准分析从而达到量化管理信用风险的运作模式，使之可以更为高效率、低成本地解决小微群体融资问题，大大弥补了传统银行的不足。作为互联网金融企业的代表，阿里巴巴已经涉足第三方支付、小额信贷、信用支付和保险、网络理财、资产证券化等多个金融领域。

随着互联网与金融结合得越来越紧密，京东商城、苏宁电器等电商也借助交易平台、交易数据，纷纷进入小额贷款领域，布局金融平台业务。针对个人的网络贷款平台也发展迅猛，如人人贷、拍拍贷、宜信网、红岭创投等，越来越为网民所熟知。

在互联网金融模式下，资金供需双方直接交易，而不需要银行、券商等传统的金融中介。互联网金融的透明、开放和便利，正在吸引越来越多的人加入其中。

1.1 互联网时代的金融发展

现代互联网技术的崛起被公认是继农业革命和工业革命之后，全面改变人类社会的"第三次革命"。互联网不但极大地改变了人类的信息传播方式，而且正在深刻改变着人类的生产和生活方式，它的普及和发展是一场前所未有的深刻的社会变革。当前，互联网已经渗透到经济社会的各个领域，成为经济发展和社会运行的基本要素，并与传统产业日益融合，成为金融服务实体经济的"领头羊"。马云曾经提出的"如果银行不改变，我们就改变银行"成为了现实。

如果银行不改变，我们就改变银行

2013 年 6 月 5 日，支付宝联合天弘基金宣布推出名为"余额宝"的余额增值服务，6 月 13 日余额宝"悄然"上线。自上线之日到 6 月底时，余额宝的用户就已突破 250 万，规模达 66 亿元，8 月中旬超过 200 亿元，9 月初接近 500 亿元，截至 2017 年第 3 季度末，客户数已经达到 3.68 亿，其中农村地区用户数超过 1 亿，规模超过 15 595 亿元，天弘基金由此迅速地从默默无闻的小基金成长为国内用户数最多，甚至是规模最大的公募基金，这让金融业看到了互联网和金融融合爆发的巨大能量。在余额宝成功案例的刺激下，京东、腾讯等互联网平台迅速成为基金业争抢的对象。

余额宝对传统金融行业的冲击让银行等金融从业者始料未及。在此之前，银行、基金和证券公司等传统金融机构也曾尝试"触网"，利用自建的电子商务渠道做网上直销，在金融的基础上简单加入互联网概念，如将货币基金与网上自动偿还信用卡和房贷等业务进行捆绑，但是效果并不理想。而阿里金融依托支付宝平台及其巨大的用户基数，将互联网创新技术与理念运用到金融产品的销售中去，震惊了业界并收获颇丰。

金融作为现代经济的核心，在互联网时代如何发挥好其功能，这就需要我们对"互联网金融"（Internet Finance）这一全新的金融概念有着充分而深刻的认识。

1.1.1 互联网金融的范畴

"互联网金融"这一概念由中国投资有限责任公司副总经理谢平先生正式提出，但是目前业界和学术界对其尚无统一的定义。广义而言，凡是能够充分利用互联网技术开展金融业务的金融活动基本上都可以称为互联网金融。狭义而言，互联网金融是指通过互联网技术和移动通信技术等手段，实现融资、支付和信息中介等功能的一种新兴的金融服务模式。互联网金融是互联网"开放、平等、协作、分享"精神与传统金融行业相结合的新兴领域，其依托移动支付、云计算、社交网络和搜索引擎等高速发展的信息技术及高度普及的互联网开展金融活动。不同于传统的以物理形态存在的金融活动，互联网金融是存在于电子空间中的，形态虚拟化，运动方式网络化。当前，无论是在广度上还是在深度上互联网金融正以方兴未艾之势深刻影响和改变着传统的金融体系，渗透和撼动着支付、信贷、证券、基金和保险等传统金融行业的业务乃至商业模式。

1.1.2 互联网金融的特点

（一）基于大数据的运用

金融业是一个与信息服务高度相关的行业，而数据一直是信息时代的象征。金融业一方面是大数据的重要产生者，同时也高度依赖信息技术。在互联网金融环境中，数据作为金融的核心资产，将撼动传统客户关系和抵质押品在金融业务中的地位。互联网金融以大数据、云计算、社交网络和搜索引擎为基础，挖掘客户信息并管理信用风险，主要通过网络生成和传播信息，并运用搜索引擎对信息进行组织、排序和检索，通过云计算进行处理，以有针对性地满足用户在信息挖掘和信用风险管理上的需求。

（二）具有普惠金融属性

一些传统金融机构由于受营业网点和人员等因素的制约，往往将更多精力放在"二八定律"中20%的高价值客户的开发上，而互联网金融则更注重发展80%的"长尾"小微客户，主要以小微企业和个体工商户为主，覆盖了部分传统金融的服务盲区，客户基础更为广泛。加之小微客户的金融需求既小额又个性化，在传统金融体系中往往得不到满足，而互联网金融在服务小微客户方面却有着先天的优势，可以高效地解决用户的个性化需求，提升资源的配置效率，让更广泛的人群有机会通过互联网享受到种类更多、更优质的金融服务。

（三）服务更加高效便捷

得益于互联网的普及，尤其是移动互联技术的广泛应用，互联网金融突破了时间和地域的限制，将金融服务延伸到互联网所能覆盖到的地区，使得金融产品的交易可以随时随地进行。同时，依托大数据分析技术的发展，利用计算机对业务进行批量化、快速的处理，使互联网金融能够以点对点直接交易为基础进行金融资源的配置，资金和金融产品的供需信息在互联网上发布并匹配，供需双方可以直接联系和达成交易，为客户提供便捷高效的金融服务。

（四）金融服务低成本化

互联网金融利用电子商务、第三方支付、社交网络等形成的庞大数据库和数据挖掘技术，使资金的供求双方可以通过网络平台自行完成信息的甄别、匹配、定价和交易。对金融机构而言，一是无须设立众多的分支机构和雇用大量人员；二是与传统的贷前调查、贷时审查和贷后检查的"三查"相比，互联网金融成本低、速度快，大幅降低了运营成本。对于消费者而言，通过网络就可以快速找到合适的金融服务产品。服务成本和交易成本都大大降低。

1.1.3　互联网金融的分类

由于互联网金融仍处于一个迅猛发展的时期，对于互联网金融的种类划分，目前有多种方式方法。

（一）按照互联网金融发起的主体划分

从广义层面看，互联网金融按照发起主体可分为由金融机构开展的互联网金融活动和非金融机构（尤其是电商和 IT 企业、金融科技公司）开展的互联网金融活动。前者又被称为金融互联网，主要包括网络银行、网络保险、网络证券等；后者往往被称为新兴的或者狭义的互联网金融，主要包括第三方支付、网络借贷、股权众筹、大数据金融、互联网金融门户、数字货币等。

（二）按照互联网金融的业务模式划分

互联网金融业务模式是用来描述其经营活动的具体形态。它是针对特定消费者的特定需求，按照一定的战略目标，有选择地运用商品经营结构、经营场所、价格策略、服务方式等经营手段，提供销售和服务的类型化服务形态。目前，根据互联网金融满足不同消费需求而形成的业务模式来看，主要包括第三方支付、P2P 网络借贷、大数据金融、众筹、信息化金融机构、互联网金融门户和数字货币等。

（三）按照互联网金融发挥的功能划分

从互联网金融发挥的功能来看，主要包括支付清算、资源配置和信息处理三大类。相应地互联网金融业可分为网络支付和网络货币、网络融资、网络理财、网络信息服务等多种形式。网络支付主要包括网络银行支付系统和第三方支付等。网络货币又称为数字货币，通过采用一系列经过加密的数字在互联网上进行传输的可以脱离银行实体而进行的数字化交易媒介物，目前存在的形态主要包括电子钱包、电子支票、电子信用卡、智能 IC 卡、在线货币（如比特币、莱特币、狗狗币）等。网络融资主要包括网络银行贷款、P2P 网贷、众筹等。网络理财是指通过网络购买包括基金、保险、信托等各种理财产品，主要包括网络银行、网络保险、网络证券提供的理财服务以及互联网金融门户网站提供的综合理财平台，典型的如阿里旗下蚂蚁金服推出的余额宝。网络信息服务主要是指互联网金融门户网站在云计算海量信息高速处理能力的保障下，资金供需双方信息通过社交网络得以揭示与传播，经搜索引擎对信息的组织、排序、检索，最终形成时间连续、动态变化的信息序列。社交网络、搜索引擎、云计算是互联网金融信息服务的三个重要组成部分。

1.1.4　互联网金融的发展概况

（一）国外互联网金融的发展概况

国外互联网金融是伴随着互联网技术的出现及蓬勃发展应运而生。虽然西方欧美国家并无"互联网金融"的明确提法，但美国仍是互联网金融发展的先驱，之后在发达国家和地区的发展十分迅速。总的来看，国外互联网金融的发展大致经历了20世纪90年代前期的准备阶段、20世纪90年代中期到2010年左右的融合阶段，以及2011年以后的加速发展阶段。

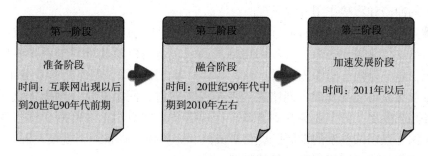

图1-1　国外互联网金融发展的三个阶段

第一阶段：准备阶段。20世纪70年代，随着信息化的兴起，传统金融业务开始进入信息化体系和业务流程再造的过程中，到90年代前期，互联网已成为金融业务的内嵌式软件，金融业开始运用互联网为客户提供金融产品和服务，促使金融一体化体系进程的加速，并开始逐步形成全球性的金融信息化和支付体系。1992年，美国第一家互联网经纪商E-Trade成立，并迅速推动了整个证券经纪行业的信息化和网络化。

第二阶段：融合阶段。20世纪90年代中期到2010年左右，这一阶段是互联网与金融的融合期，同时专业的互联网金融业态开始正式出现，出现了纯粹的、没有任何网络实体柜台的"网络银行"等网络型企业，网上发行证券、网上销售保险、网上理财等业务模式不断涌现。1995年10月18日，美国三家银行联合在互联网上成立了全球第一家没有任何分支机构的纯网络银行——美国第一安全网络银行（Security First Network Bank，SFNB），被视为互联网金融的雏形，而美国嘉信理财集团（Charles Schwab Corporation）开始提供网上股票交易等业务以及Scottrade. com的上线则标志着互联网金融时代的开启。1998年，美国大型电子商务公司E-BAY成立了互联网支付子公司Paypal，并于1999年完成电子支付与货币市场基金的对接，从而开创了互联网货币市场基金的先例。到20世纪90年代末，美国已经基本形成了较为成熟的互联网金融模式。进入21世纪以后，互联网金融逐步呈现出越来越多的模式，基于互联网的支付、信用与资金融通业务开创性地发展起来。2000年，西班牙Uno-E公司同爱尔兰互联网银行第一集团正式签约，组建业务范围覆盖全球的第一家互联网金融服务企业 Uno First Group。2001 年，ArtistShare 作为全球最早建立的众筹网站开始运行，2005 年 3 月，全球第一家提供 P2P 金融服务信息的网站 Zopa 在英国伦敦成立，2006 年 2 月，美国第一家 P2P 借贷平台 Prosper 正式上线，2007 年，美国最大的网络借贷平台 Lending Club 成立，使得 P2P 网络借贷模式在全球范围内兴起并表现出旺盛的生命力。2009 年，作为"去中心化"的比特币诞生，带动了对数字货币的全球关注。

第三阶段：加速发展阶段。自 2011 年以后，互联网金融就呈现出加速发展的态势，创业者、互联网公司以及非金融机构开始涌入互联网金融领域，以"脱媒""去中心化"和"定制化"为主要特征，包括互联网和移动支付、网络信贷、智能金融理财服务等基于信息技术、人工智能、大数据、云计算、区块链等技术的深入应用，互联网金融发展呈现出跨群、跨业、跨区域特点，互联网金融的类型日益丰富，互联网对金融业的冲击和重塑作用日益显现。

经过多年的发展，尤其是最近几年的飞速发展，国外的互联网金融从最初的主要集中在网络支付领域，逐渐扩展到网络证券领域、网络保险领域，然后又蔓延到网络信贷领域，业务触角已经深入支付、融资和理财等方方面面。网络银行业务走向成熟，网络证券业务获得长足发展，网络保险业务稳步前进，网络支付、在线贷款、网络众筹等业务蓬勃发展，数字业务受到青睐，区块链技术的应用正在不断尝试与实践。总体而言，国外互联网金融的发展已经相对成熟、完善并已具备相当规模，服务全方位、多元化，内容的集成度相当高且创新频繁。

（二）国内互联网金融的发展概况

国内互联网金融是在国外互联网金融发展的基础上逐渐被引入中国的，虽然起步较晚，但是发展势头迅猛。我国互联网金融的发展大致经历了 2005 年以前的传统金融行业互联网化阶段、2005—2011 年的第三方支付机构蓬勃发展阶段、2012 年以后互联网金融爆发式发展三个阶段。

图 1 - 2   我国互联网金融发展的三个阶段

第一阶段是 2005 年以前，互联网与金融的结合主要体现为互联网为金融机构提供技术支持，帮助银行、证券、保险等金融机构"把业务搬到网上"，实际上是以电子金融或金融的电子化为主要特征，这一阶段还没有出现真正意义上的互联网金融业态，只能算是互联网金融发展的初期准备阶段。

第二阶段是 2005—2011 年，在这一阶段网络借贷开始在我国萌芽，第三方支付机构逐渐成长起来，互联网与金融的结合开始从技术领域深入金融业务领域。这一阶段具有标志性的事件是 2011 年人民银行开始发放第三方支付牌照，第三方支付机构进入了规范发展的轨道。2007 年 5 月，国内出现了 P2P 平台的最早萌芽——宜信（北京），2007 年 6 月，上海拍拍贷金融信息服务有限公司作为国内首家 P2P 纯信用无担保网络借贷平台由工商部门正式批准成立，P2P 网络借贷在我国进入初步发展时期。

【延伸阅读】

2005 年开始，依赖于淘宝网生存的支付宝，依靠大量的 B2C 业务广泛进入人们的视野。紧随其后，腾讯公司于 2005 年 9 月正式推出专业的在线支付平台财付通。2005 年被称为中国电子商务的安全支付年，全面应用第三方支付平台成为开展电子商务、增加传统企业竞争力的新趋势，第三方支付进入迅速发展时期。为规范第三方支付行业发展秩序，2010 年 6 月，中国人民银行下发了《非金融机构支付服务管理办法》，要求包括第三方支付在内的非金融机构必须在 2011 年 9 月 1 日前申领支付业务许可证，实行拍照管理。2011 年 5 月，第一批获得央行签发的第三方支付牌照平台有 27 家。

第三阶段是 2012 年以后。自此，P2P 网络借贷平台得到快速发展，众筹融资平台开始起步，第一家专业网络保险公司获得批准，一些银行、券商也以互联网为依托，对业务模式进行重组改造，加速建设线上创新型平台，互联网金融的发展进入了爆发式发展的新阶段。如果说 2012 年是中国互联网金融孕育的一年，那么 2013 年则可以被称为中国互联网金融发展的"元年"。2014 年，"互联网金融"概念首次进入中央政府工作报告，此后的 2015 年、2016 年，互联网金融行业整体进入高速发展期，甚至出现了野蛮生长和乱象众生现象，发生了诸如"中晋系""e租宝""钱宝网"等事件。在行业增速迅速扩大及乱象频出的双重背景下，国家和地方监管机构都密集出台了多个文件，旨在对互联网金融行业实施有效监管。为了应对互联网金融风险事件的频发现象，2015 年央行等十部委联合下发了《关于促进互联网金融健康发展的指导意见》，成为互联网金融监管的纲领性框架。2016 年 3 月，互联网金融第三次被写进政府工作报告，中国互联网金融协会正式成立，4 月 14 日，央行与中宣部、中央维稳办等十四部委联合发布《非银行支付机构风险专项整治工作实施方案》，8 月 24 日，银监会、公安部、工信部、互联网信息办公室四部委联合发布《网络借贷信息中介机构业务活动管理暂行办法》，10 月 13 日，国务院办公厅印发《关于互联网金融风险专项整治工作实施方案的通知》，同时，银监会等部门联合发布了 P2P 网络借贷、股权众筹、非银行支付机构等风险专项整治工作实施方案。经过 2016 年互联网金融行业的强监管，网贷行业、互联网基金、互联网保险等互联网细分行业进入了规范发展的时代。2017 年、2018 年，互联网和移动支付、网络信贷、智能金融理财服务等基于信息技术、人工智能、大数据、云计算、区块链技术等开始应用于实践，互联网金融发展进入金融科技时代。与之相对应的，互联网金融行业进入强监管时代，2018 年 3 月互联网金融风险专项整治工作领导小组办公室下发《关于加大通过互联网开展资产管理业务整治力度及开展验收工作的通知》指出，未经许可，不得依托互联网公开发行、销售资产管理产品。

【拓展阅读】

2015 年 1 月 5 日，中国人民银行发布了允许 8 家机构进行个人征信业务准备工作的通知，被视为是中国个人征信体系向商业机构开闸的信号，腾讯征信、芝麻信用等位列其中。在此背景下，芝麻信用正式成立。芝麻信用是芝麻信用管理有限公司旗下产品，依托阿里巴巴强大的互联网数据和可获得的方方面面数据而设计的面向社会的信用服务体系，是芝麻信用管理有限公司根据当前采集的个人用户信息，运用大数据及云计算等技术进行加工、整理、计算后得出的信用评分，客观呈现个人的信用状况，通过连接各种服务，让每个人都能够体验信用所带来的价值。

芝麻信用分是芝麻信用对海量信息数据的综合处理和评估，主要包括了用户信用历史、行为偏好、履约能力、身份特质、人脉关系五个维度。芝麻信用基于阿里巴巴的电商交易数据和蚂蚁金服的互联网金融数据，并与公安网等公共机构以及合作伙伴建立数据合作，与传统征信数据不同，芝麻信用数据涵盖了信用卡还款、网购、转账、理财、水电气缴费、住址搬迁历史、社交关系等。从形式上看，芝麻信用分采用了国际上通行的信用分直观表现信用水平高低。芝麻分的范围为 350～950 分，分数越高代表信用程度越好。

本质上说，"芝麻信用"是一套征信系统，该系统收集来自政府、金融系统数据，还会充实分析用户在淘宝、支付宝等平台的行为记录，以此帮助互联网金融企业对用户的还款意愿及还款能力作出判断并给出结论，继而为用户提供快速授信及现金分期服务，如蚂蚁花呗、天猫分期、先试后买、先用后付等。

这一时期，中国的互联网金融呈现"爆炸式"增长态势，各种模式竞相发展，引起了社会各界的高度关注。学术界、各级政府、各行各业的巨头们、创业者以及风险投资界等纷纷参与到这一领域的大发展中来。

1. 各种模式竞相发展。近年来，以第三方支付、P2P 网络贷款平台和众筹平台等为代表的互联网金融异军突起，各种模式竞相发展，迅速改变了我国金融业的面貌，成为金融创新的主力军。以第三方支付为例，自 2005 年网络支付在我国正式起步以来，取得了长足的发展。其中，2013 年以前，中国第三方支付的增速主要是以淘宝为代表的电商引领。2013 年余额宝出现后，金融成为新的增长点。2016 年，以春节微信红包为契机，转账成为交易规模的增长动力。Analysis 易观发布的最新一期中国第三方移动支付市场监测报告数据显示，2017 年第三季度，中国第三方移动支付市场交易规模达 294 959.2 亿元人民币。相较于第三方支付，P2P 网贷的发展在 2012 年和 2013 年则进入了爆发期，在全国各地迅速扩张。进入 2013 年，网贷平台以每天 1～2 家上线的速度快速增长，到 2013 年底我国 P2P 网贷平台数量达 523 家，网络平台借贷累计余额约为 268 亿元，成交量为 1 048 亿元，但到了 2017 年底，运行的网贷平台累计数量达到 5970 家，网贷累计成交量全年达到 28 048.49 亿元，相比 2016 年全年网贷成交量（20 638.72 亿元）增长了 35.9%，是 2013 年的 27 余倍，网贷运营平台数相比 2013 年底（523 家）增长了十余倍。此外，互联网金融门户和大数据金融等新金融形态也不断涌现出来，并得到快速发展。

2. 各个层面的研究相继展开。2012 年 12 月 14 日，清华大学五道口金融学院率先成立了清华大学互联网金融实验室；2013 年 8 月 9 日，由京东商城、当当网、拉卡拉和融 360 等 33 家单位发起成立了中关村互联网金融行业协会；2013 年 8 月 13 日，中国互联网协会发起成立了中国互联网协会互联网金融工作委员会。2016 年 3 月，中国互联网金融协会正式成立。一时间，与互联网金融相关的研究机构、行业组织、自律组织等纷纷成立。关于互联网金融的课题研究、学术专著等层出不穷，《互联网金融》杂志也于 2013 年 8 月正式创刊出版。此外，围绕互联网金融的研讨会、交流会和培训会等更是数不胜数。互联网金融的理论研究、行业组织的设立以及研讨交流会议等的开展，在一定程度上对它的实践起到了普及、宣传和引导的作用。

3. 各级政府积极支持。面对热潮汹涌的互联网金融，各级政府陆续出台了相关政策以支持互联网金融的发展。北京市力促相关行业主体的聚集，为推动互联网金融行业的规范发展提供了平台与机会；上海市推行金融创新新政，推出支持互联网金融相关企业落户的具体措施；浙江省则依托发达的民营经济，为互联网金融行业提供了快速发展的沃土；深圳市前海的金融创新已经上升为国家战略，在国家和地区相关政策的支持下，依托深圳前海金融资产交易所，吸引民生电商等新型金融电商和互联网金融企业的入驻。2013 年 8 月，国务院办公厅发布了《关于金融支持小微企业发展的实施意见》，要求充分利用互联网等新技术、新工具，不断创新网络金融服务模式，这在政策层面对互联网金融起到了积极的推动作用。2015 年，国务院发布了《关于积极推进"互联网+"行动的指导意见》。2016 年 9 月，中国人民银行等十部门颁布了《关于促进互联网金融健康发展的指导意见》，从金融业健康发展全局出发，进一步推进金融改革创新和对外开放，促进互联网金融健康发展。2017 年 1 月，中共中央办公厅、国务院办公厅又印发了《关于促进移动互联网健康有序发展的意见》。

4. 各行各业的巨头纷纷涌入。在互联网与金融不断融合趋势的冲击下，互联网金融已经成为各方利益争夺的新奶酪。在金融机构方面，以中国建设银行、交通银行和中国工商银行等为代表的传统金融巨头以电商平台为渠道加大了对互联网新技术的使用效率，加快了信息化金融机构的布局，他们或以独立的方式，或与互联网企业进行合作等，不同程度地将互联网与其传统业务进行结合。在互联网公司方面，阿里巴巴在 2012 年就确定了"平台、金融、数据"为集团未来的三大发展战略，其在金融领域全面布局，旗下的支付宝、阿里小贷和余额宝等目前都已取得了令人瞩目的突破和业绩。京东架构起了"互联网+零售商+金融"的格局，从供应链金融（京保贝）、平台业务（京东小金库、基金理财、保险理财、票据理财、银行理财等）、消费金融（京东白条）、支付业务（网银在线、网银钱包）到众筹业务（产品众筹），京东金融在互联网金融的布局逐渐多元化。腾讯架构起以"微信金融"为核心的互联网金融生态系统，涵盖微信支付、基金、O2O、众筹等四大类金融产品。除此之外，搜狐、百度等其他互联网巨头也纷纷加快介入互联网金融的步伐，争食这一领域的巨额利润。在产业巨头方面，随着民营银行的逐步放开，以腾讯、百业源、立业集团为主发起人的深圳前海微众银行，以正泰集团、华峰氨纶为主发起人的温州民商银行和以天津华北集团、麦购集团为主发起人的天津金城银行等三家民营银行已于2014年7月获批筹建。此外，美的集团、红豆集团和格力电器等各行各业的巨头们对民营银行的牌照也是虎视眈眈。一时间，互联网金融成为各行各业巨头们的新战场。

5. 各种类型的互联网金融创业和投资兴起。互联网金融的美好前景点燃了人们特别是年轻人的创业热情，也吸引了越来越多的投资者进入这一领域。各种政策监管的风险、金融机构及互联网巨头的强势出击以及来自各方面的不确定性等障碍并没有挡住互联网金融创业者的步伐。这些年来，在大众创业、万众创新的引导下，互联网金融领域的创业公司如雨后春笋般涌现出来，并得到了PE（私募股权投资）和VC（风险投资）的极大青睐，相关投资者纷纷涌入互联网金融领域。同时，PE和VC的涌入又进一步推动了互联网金融模式向纵深发展。

1.2 互联网金融与金融互联网

马云：金融行业需要搅局者

　　未来的金融有两大机会，第一个是金融互联网，金融行业走向互联网；第二个是互联网金融，纯粹的外行领导，其实很多行业的创新都是外行进来才引发的。金融行业也需要搅局者，更需要那些外行的人进来进行变革。

　　有时候我们认为，我可以做得更好，因为不懂，而世界往往是被那些不懂的人搞翻天的。所以，开放首先是思想开放，不是政策开放。只有思想开放，才可能有技术开放、政策开放。

　　中国不缺银行，但是缺乏一个对10年以后经济增长承担责任的金融机构。今天的金融，确实做得不错，没有今天的支撑20%客户这样的金融机构，中国的经济30年来不可能发展到今天。但是靠今天这样的机制，我不相信能够支撑30年后中国所需要的金融体系。很多问题不是今天造成的，而是历史造成的。我们很难改变历史，但我们可以改变未来。今天做准备，10年以后才有机会。我们今天引进开放，可能会有问题，但是今天的问题就会变成10年以后的成绩。

1.2.1 互联网金融的含义

　　在传统商业银行不断借助移动互联网、大数据等新兴技术提升同业竞争力的同时，一场"泛金融"的变革已然拉开帷幕。部分互联网企业异军突起，凭借其用户基础和交易数据，在电子商务、物流等传统零售交易服务的基础上，持续延伸支付、融资、综合理财账户等金融服务触角。传统电商的扩展、跨界，不断冲击着传统金融业的版图边界，孕育着互联网金融模式的诞生。

互联网金融与金融互联网是不同的概念，目前学者对互联网金融进行了相对比较明确的界定。2012 年 8 月，谢平在《互联网金融模式研究》中对"互联网金融"下了一个定义，这也是目前为止被普遍认同的对互联网金融内涵较为权威的一种说法。谢平将其定义为，受互联网技术、互联网精神的影响，从传统银行、证券、保险、交易所等金融中介到无中介瓦尔拉斯一般均衡之间的所有金融交易和组织形式。互联网金融的形式可能出现既不同于商业银行间接融资，也不同于资本市场直接融资的第三种金融模式。在这种金融模式下，支付便捷，市场信息不对称程度非常低；资金供需双方直接交易，银行、券商和交易所等金融中介都不起作用；可以达到与现在直接和间接融资一样的资源配置效率，并在促进经济增长的同时，大幅减少交易成本。这体现了互联网金融去中介化的特点，也就是说，未来互联网金融将没有严格的金融中介。

全国人大常委会委员、全国人大财经委员会副主任委员、中欧陆家嘴国际金融研究院院长吴晓灵在中欧国际工商学院主办的 2013 年第七届中国银行家高峰论坛上表示："大家觉得现在互联网很热，怎么样看待互联网？怎么样给互联网金融下个定义？有的同志说银行利用互联网和信息技术来做银行业务叫银行互联网，互联网的企业在互联网上做金融叫互联网金融，我想下这么一个定义，是不是互联网金融应该是（用）互联网和信息技术来处理银行业务……"

其实，对一个概念下定义往往是最重要和最困难的工作。其不同定义和理解方式与研究者的角度有关。目前对互联网的研究多从技术和市场角度展开，认为其是科技与数据金融。但单以此理解，可能有所偏废。当从行为主体和参与形式的角度来理解时，互联网金融有着更大的普惠和民主金融的意义。

与此同时，互联网金融也并不是简单的"互联网技术的金融"，而是"基于互联网思想的金融"，技术作为必要支撑。否则可以称为科技金融或者新技术金融。互联网的概念是超越计算机技术本身的，代表着交互、关联、网络。其中的主语或者核心是参与者，是人，而不是技术。互联网金融是一种新的参与形式，而不是传统金融技术的升级。

实际上，准确定义互联网金融是一件比较困难的事情。首先，不同的机构以及个人会从不同的角度来理解和解读互联网金融。与此同时，不同领域以及不同模式的互联网金融存在一些共同点，同时也存在不少的差异，因此很难完全概括。其次，"互联网金融"与"金融互联网"其实是动态的、阶段性的概念，需要历史地去看待和评价。最后，严格意义上的互联网金融与金融互联网其实是一个链条的两端，现实世界的业态可能主要分布在中间状态，有些可能距离理想化的互联网金融更近一些，有些可能更靠近金融互联网这一端，因此在区分时只能做一个大致的判断。

1.2.2 金融互联网的含义

金融互联网与互联网金融由于概念上的模糊性，到底什么是"金融互联网"或"互联网金融"经常引起争议，例如阿里巴巴董事长马云认为："未来的金融有两大机会，一个是金融互联网，金融行业走向互联网；第二个是互联网金融，纯粹的外行领导，其实很多行业的创新都是外行进来才引发的。"这就把互联网金融与金融互联网对立起来了，使得人们普遍认为互联网企业改造传统金融的行为才是互联网金融，传统金融行业借助于互联网实现自我改造则不能称为互联网金融，只能是金融互联网。甚至包括一些主流的观点，也普遍认为金融互联网是对传统金融业务的延伸，是传统金融机构利用计算机系统、电子渠道建立的能够取代人工和银行网点满足客户随时随地获得金融服务需求的模式，主要包括电话银行、网上银行以及银行建立的电商平台等。

基于上述观点，中国建设银行个人存款与投资部副总经理王毅对"金融互联网"的未来表示乐观，他认为："凭借客户、账户、网点、自助终端、资金、金融技术等方面的压倒性优势，商业银行启动'金融互联网'战略的后发优势不可小觑。受互联网金融影响，商业银行转型将围绕'调整业务结构、改善服务水平、提升服务速度、构建新价值网络'等多维度展开。"

其实，单纯从互联网或金融谁占主导权的角度去定义互联网金融，对于厘清概念并无帮助。目前，在认识互联网金融以及金融互联网的概念之间甚至还存在一些偏差及误区：

其一，有些人认为，互联网公司以及一些创业者主导的创新就是互联网金融，现有的金融机构所主导的创新就是金融互联网，这其实是有失偏颇的，因为金融机构所开展的创新可能完全符合互联网金融的特征，互联网公司及创业者所从事的相关活动也可能更符合金融互联网的特征。

其二，流行的观点认为，没有实体网点的纯互联网公司所从事的金融业务一定是互联网金融，拥有相当数量实体网点的公司所开展的金融业务更多地归于金融互联网范畴。其实，这样的区分是不科学的，有无实体网点并不是区分互联网金融和金融互联网的充分条件。以目前一些银行正在规划的小区金融为例，尽管这一创新是由商业银行主导的，同时又拥有数量众多的小型实体网点，但是根据观察，小区金融其实更接近于互联网金融模式。

因此，本书将通过互联网金融与金融互联网两种不同金融模式本质上的区别展开介绍，以便读者更好地掌握两者的异同。

1.2.3 两种金融模式的比较

事实上，是否具备互联网精神，能否形成以客户需求为导向并注重客户体验等要素，是互联网金融与金融互联网的本质区别。我们将从发展理念及思维方式、管理方式与组织架构、导向与出发点、客户群与客户体验、交易金额与频率、交易价格策略、信息差异性、新技术运用以及安全性与监管体系方面对互联网金融和金融互联网两种不同金融模式进行比较。

表1-1　　　　　　　　　　　　　　互联网金融与金融互联网的比较

比较项	互联网金融	金融互联网
发展理念及思维方式	互联网理念、互联网思维方式	传统理念、传统思维方式
管理方式与组织架构	现代管理方式、相对独立、多变	传统管理方式、附属、相对稳定
导向与出发点	客户需求	自我、盈利
客户群与客户体验	开放、年轻的客户；便捷、互动	稳健、保守的客户；烦琐、单向
交易金额与频率	金额小、频率高	金额大、频率低
交易价格策略	免费、低价	相对高价
信息差异性	对称、透明，去中介化	不对称、不透明、中介化
新技术运用	快	慢
安全性	相对弱	相对强
监管体系	相对薄弱，亟待完善	相对成熟、完善

（一）发展理念及思维方式不同

互联网金融与金融互联网的差异首先体现在其发展理念和思维方式上，与金融互联网相比，互联网金融的发展理念以及思维方式更为开放、平等、分享与包容，更加强调分工与协作。

互联网金融的发展理念是全面的互联网化，而金融互联网往往是将金融产品或服务搬上互联网，是单一的、局部的互联网化。我们以网上证券投资为例进行说明，网上证券投资不仅借助互联网实现了证券交易，而且在证券投资信息提供、客户投资咨询、客户互动等方面实现了全方位的突破，而网上资金转账等只是借助互联网实现了资金转移。因此，前者更加接近互联网金融模式，后者更类似于金融互联网模式。这两者的对比就体现了互联网金融与金融互联网在发展理念以及思维方式上的差异。

（二）管理方式不同

传统管理方式主要是将具有创造性的、有主见的人们置于一个标准化的、规范化的体系内，而发展互联网金融这样的创新模式，就需要激发人们的创造力，在这方面，创新的管理方式就会比现有的管理方式（传统管理方式）更有效。

相比较而言，金融互联网模式更多地遵循了现有的管理方式，而互联网金融则更接近于创新管理方式。金融互联网模式遵循层级制，强调管理与控制，偏重督促，注重短期利益，以财务指标为绩效考核核心，倾向于标准化和稳定的组织架构，往往附属于另一个公司或者组织，比较稳定；而互联网金融模式则更多地遵循社区制，崇尚自由，引导理想，注重中长期利益，关注客户满意度等非财务性指标，倾向于非标准化以及柔性的、多变的组织架构，往往能够更好地适应内外部环境的变化，从而确保组织在不确定的市场中保持竞争力。

（三）导向与出发点不同

互联网金融与金融互联网在导向与出发点方面存在明显的差异。互联网金融模式主要以客户需求为导向，出发点往往是去实现和挖掘客户的潜在需求、真实需求，设计和提供更多、更好的金融产品或服务，以合适的方式将其提供给合适的客户；而金融互联网模式则主要以自我和盈利为导向，出发点往往是将已有的金融产品或服务"强塞"给客户，自己有什么就"推销"什么，基本上不考虑这些产品或服务是否适合于客户。

（四）客户群与客户体验不同

从客户群来看，互联网金融的客户群往往呈现出比较年轻、开放，并且愿意尝试新鲜事物，比较熟悉互联网。相对而言，金融互联网的客户群的年龄结构偏年长一些，因而相对稳健、保守，他们往往是由于原先为自己提供服务的金融机构将部分金融产品或服务搬上互联网而不得不跟随这些金融机构的步伐使用互联网。据统计，在淘宝网注册的客户中，80后客户约占70%；在淘宝网的理财客户中，90后最活跃，约占60%，80后紧随其后，约占20%。

从客户体验方面来看，金融机构留给客户的印象往往是"烦琐、缓慢"，与金融互联网相比，互联网金融尤其关注客户的体验，这也是两者最本质的区别之一。以余额宝为例，在与天弘基金合作之后，阿里金融开始每天要向天弘基金反馈数十条需求，要求天弘基金公司完善相关制度，简化、调整相关流程等，其中有许多都是围绕改善客户体验的，以客户为中心。在人手有限的情况下，阿里金融一度投入40多人，为余额宝提供客户体验和流动性方面的支持，这充分体现了阿里金融对客户体验的关注与重视。

（五）交易金额与频率不同

相对于金融互联网客户而言，互联网金融客户单笔的交易金额往往较小，同时交易频率较高。据统计，淘宝理财产品的人均购买金额约为3 000元，客户线上交易的频率是其线下交易频率的4~5倍。究其原因，一是互联网金融的客户往往比较年轻，收入水平较低，拥有的财富相对较少；二是互联网金融的交易比较方便、快捷，随时随地可以进行，交易体验较好；三是由于客户对于互联网金融的安全性存在一定的担忧，因此不会在相关联的交易账户中存放很多资金，而是选择定期、不定期地向关联的交易账户存入一定的资金，同时为了防范风险，每笔交易的金额相对较小。

尽管互联网金融客户的单笔交易金额较小，但是由于交易频率较高，因此客户累计的交易金额并不小，预计未来客户在互联网金融方面的交易金额及其在客户总体交易金额中所占的比例会保持快速增长。

针对交易金额小、交易频率高等特点，互联网金融也设计出了许多创新性的金融产品和服务。比如，在购买门槛方面，余额宝是基金产品中最低的，一元钱就能够购买；从货币基金运作方式来看，余额宝其实为中小投资者提供了小额"团购"金融产品并获取较高收益的机会。未来，还可以设计出更多的类似于余额宝这样的活期存款替代金融产品，提高中小投资者的投资水平。这正是金融更贴近民众的体现，也是互联网精神的体现。

（六）价格策略不同

在价格策略方面，互联网金融模式主要考虑三个方面的因素：其一是短期、中长期收益与成本的比较，由于互联网金融具有边际成本趋近于零的特点，随着规模的扩大，平均成本会明显下降，因此具有显著的"规模经济"效应；其二是产品或服务是否真正满足了客户的需求，以及是否为客户创造了更大、更好的价值；其三是依托大数据等技术的支持，可以更好地了解和评估客户，从而实现差别化定价策略。

相比较而言，互联网金融往往会为客户提供免费的金融服务，或者提供的金融产品或服务的价格明显低于金融互联网。究其原因，主要是由于开展金融互联网业务的金融机构往往已经拥有了相当数量的客户基础，收益已经达到了一定的规模，同时已经形成了一定的利益团体，因此在客户收费方面，新模式与经纪人之间存在巨大的利益冲突。相对而言，互联网金融机构的线下客户较少，甚至没有，基本上不存在已经形成的利益团体，因此希望通过免费或低价策略来吸引金融互联网机构的客户或者培养新的客户群体。明显的低价格策略，尤其是免费价格策略，往往会对市场产生强大的冲击力，创新者可以借此迅速抢占市场份额，颠覆原有的市场格局。

（七）信息差异性

信息是最宝贵的资源。在现有金融生态环境中，信息不对称往往是制约金融业发展，以及更好地服务于客户的最大障碍，尤其是对中小微企业的融资及客户的投资理财具有至关重要的影响。

信息不对称一直是困扰我国中小微企业融资乃至整个经济发展的难点之一。一方面对于银行等金融机构来说，中小微企业的信用状况难以评估，偿付能力存在较大的不确定性，同时银行得到的收益又比较有限，因此金融机构的动力不足；另一方面，这些中小微企业的融资渠道和方式非常狭窄，在难以从银行得到贷款或者时间紧迫的情况下，往往只能选择民间借贷等灰色地带，这为经济发展带来了一定的安全隐患。显然，这都与信息不对称息息相关，金融机构不了解中小微企业的相关信息，而中小微企业不清楚该以何种方式披露相关信息，以及哪些机构或投资者愿意提供间接或直接融资。

在理财方面，互联网金融模式与金融互联网模式在信息不对称方面通常存在较大的差异。银行为了吸引或留住客户，经常会推出理财产品，并告知客户该理财产品的收益率以及期限等，客户觉得很有吸引力，因此下手购买了该类理财产品。但往往由于忘记或者不清楚这款理财产品的期限，抑或是没有时间和精力去办理理财产品的赎回，被银行自动转为活期存款，即使有时间和精力去办理该款理财产品的赎回，但并不清楚接下来有哪些合适的理财产品可以对接上等原因，导致其无法实现收益最大化。

而互联网金融模式却在一定程度上可以降低信息不对称度，使信息在融资方和投资方之间的分布变得更为对称。如P2P、众筹、阿里小贷等通过大数据技术，就可以更科学、全面地提高信息的对称程度。因此，互联网金融模式的出现及发展可以缓解中小微企业融资难的困境，同样，网络理财公司等互联网金融模式的出现可以有效消除客户投资理财的困惑。这些互联网金融模式下的理财公司可以将不同金融机构发行的理财产品、收益率、期限、风险等分享到互联网上，为客户提供透明、全面的比较。如余额宝这样的理财产品的推出，在一定程度上消除了信息不对称的影响，投资者既可以分享到较高且稳定的收益，同时操作起来也比较方便、快捷。

当然，需要指出的是，互联网金融也并不能完全解决信息不对称问题，因为信息的是否全面、准确和及时既有客观原因，也有主观原因，甚至一些恶意欺诈。因此，互联网金融模式不仅需要更广泛地运用大数据技术，加大信息的收集、整理力度，提高数据处理、分析的能力，从而为差异化定价和风险管理提供技术支持，而且要完善监管，并运用商业保险等市场化方式来更好地管理互联网金融领域的风险。

显然，由于信息差异性的存在，互联网金融与金融互联网两种模式对中介的需求表现出较大的差异，如图1-3和图1-4所示。

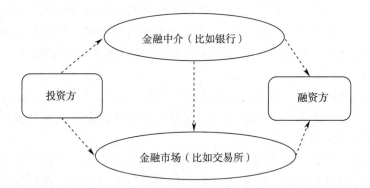

资料来源：谢平、邹传伟、刘海二：《互联网金融手册》，北京，中国人民大学出版社，2014。

图1-3 金融互联网模式（传统金融中介和市场）

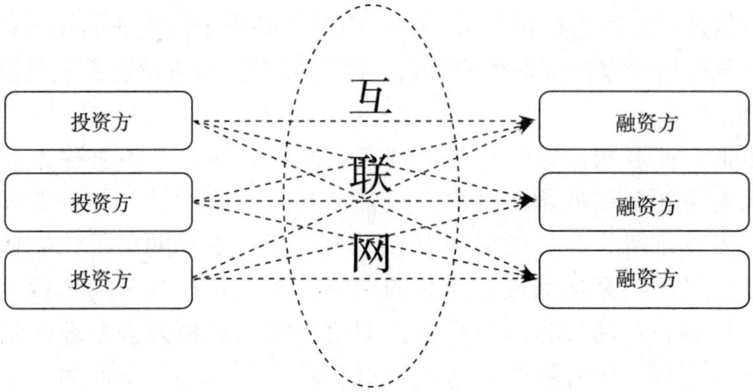

资料来源：谢平、邹传伟、刘海二. 互联网金融手册［M］. 北京：中国人民大学出版社，2014.

图1-4 互联网金融模式（无金融中介或市场）

我们知道，在金融市场，金融中介扮演了重要的角色——为客户提供金融产品或服务。与金融互联网相比，互联网金融的发展更多地体现出去中介化的趋势。

投资方与融资方借助于互联网金融这一平台实现对接，基本上不需要金融中介的介入及参与。从一般意义上来说，互联网金融的去中介化提高了金融市场的运行效率，有效降低了金融市场的运行成本，促进了社会福利的最大化。当然，需要指出的是，互联网金融并不会完全取代金融中介，或者说完全的去中介化是不太现实的。

（八）新技术运用不同

互联网金融公司更愿意通过积极应用新技术来改善客户的体验，进而更好地满足客户需求。因此，互联网金融模式在战略上更加重视大数据、云计算、智能交互、机器学习等新技术的应用，在微观层面上对新技术表现得更加积极、主动和敏锐。此外，互联网金融模式不仅注重新技术的运用对产品品质的提升，而且将其视为一种核心的影响手段。而金融互联网模式则大多是迫于形势，或出于对业务线延伸的补充需要，或出于对互联网金融模式带来的业务空间挤压的反应，或出于金融业的竞争压力。它们在运用新技术时会更多地考虑企业内部的利益均衡，包括人员、组织、制度以及线上线下定价策略等方面的均衡，同时，它们更关心的是新技术是否成熟、是否能够承受产生的潜在风险，业务是否符合监管规定等。总之，金融互联网模式对新技术更加谨慎，往往反应迟缓或被动。另外，金融互联网模式在营销方面更加倾向于依赖客户经理的服务，并不太关注新技术带来的体验服务，因此，在营销方面，新技术往往只是扮演了服务的"小配角"。

（九）安全性及风险管理方式不同

从安全性来看，金融互联网模式相对于互联网金融模式而言相对更强一点，但这是以牺牲客户体验与服务效率为代价的。事实上，互联网金融和金融互联网模式都非常关注客户的安全性保障，只是两者在思维方式以及应对方法上存在较大的差异。互联网金融对待安全性的思维方式是开放、创新和市场化的，而金融互联网的思维方式则是封闭、守旧和非市场化的。

在风险应对方面，互联网金融直面这个"不完美世界"，运用新技术、新方法来管理风险，同时通过引进商业保险等方法来保障客户的利益。比如，支付宝针对快捷支付给出了 72 小时全额补偿的承诺。从 2013 年 4 月 16 日起，支付宝引入平安财产保险公司为快捷支付承保，用户使用快捷支付如果被盗，资金损失将由专业的第三方保险公司提供 100% 的赔付。在管理风险方面，互联网金融还追求良好的客户体验，保障高效率的客户服务。而金融互联网模式则追求所谓的"绝对安全"，通过设计各种烦琐的操作流程和环节来实现对客户的安全保障，其本质上是完全牺牲了客户的体验和服务效率。

（十）监管体系不同

从目前互联网金融或者金融互联网业务的机构来看，大致主要有三类：第一类是拥有正式牌照的金融机构；第二类是拥有开展某些金融业务的相关许可的非金融机构（一些"准金融机构"）；第三类则是没有取得任何金融牌照或者正式许可的互联网公司、创业公司等非金融机构。

相比较而言，前两类（金融互联网模式）的监管基本上可以更多地纳入现有的金融监管体系和法律法规框架内，由现在的"一行三会"来主导；而互联网金融模式则相对复杂，其创新性更为突出，许多又是通过与金融机构合作、联盟等方式间接参与金融业务，既有类似于阿里巴巴这样的互联网巨头，更多的则是许多形形色色存在的"小树""小草"，那么，谁来对它们进行监管，如何监管，以及如何维持既支持创新又规范发展之间的平衡？显然，这是政府监管机构面临的难题，也是迫切需要解决的难题。

尽管互联网金融与金融互联网存在一定的差异，但最终的目的却是为客户提供更好的金融服务，更好地促进实体经济发展，因此，包括监管部门在内，要做的是不要扼杀、不存偏见，关注风险，让互联网金融与金融互联网两种模式自由竞争，共同发展。

1.3　互联网金融的产生与发展

近年来，以第三方支付、网络信贷机构、人人贷平台为代表的互联网金融模式越发引起人们的高度关注，互联网金融以其独特的经营模式和价值创造方式，对商业银行传统业务形成直接冲击甚至具有替代作用。

1.3.1　互联网金融的产生

（一）互联网对用户的渗透改变用户消费习惯

在环境优化和终端技术进步的推动下，互联网的渗透率不断提升，尤其是移动互联网用户得到了急剧上升。截至 2017 年 12 月底，中国移动互联网月度活跃设备总数达到 10.85 亿。互联网已经成为生活的一部分，移动互联网的崛起，LBS（手机定位）技术、移动支付、二维码等技术的应用，更是让用户可以随时随地完成消费行为，便利性大幅提升，越来越多的消费者开始由线下转移至线上。

（二）互联网对产业的渗透引发产业融合

互联网行业在第三次工业革命中诞生，技术平台和底层架构的特性赋予了其强大的联接功能，摆脱了传统的时空、地域的限制，覆盖范围、传输效率和时效性都较传统行业有了质的飞跃。互联网技术开始渗透到各个行业，并引发了以融合为特征的产业革命，产业之间的技术、产品和服务相互渗透和交叉，一种产品或者服务往往是多个产业生产成果的结晶，原有的产业界限日益模糊化。消费者的消费过程往往是线上和线下的多渠道融合，如图 1-5 所示，网络平台和实体门店相互融合，为消费者提供了高效的购物体验。

（三）互联网技术进步弱化金融机构的中介职能

金融的本质功能是融通资金，实现供需双方的匹配，由于需求双方的信息不对称，以银行、证券为代表的一系列金融机构承担起了中介的角色，推动了资金的拥有权和使用权的分离，实现风险和收益的匹配。互联网技术的进步，尤其是社交网络、搜索

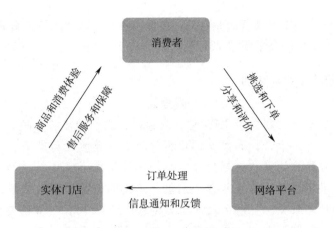

图 1 – 5　O2O 电商的线上和线下融合图

引擎、大数据技术出现以后，市场信息不对称程度减弱，中介的职能将会被削弱，资金的供求双方可以进行面对面交易，双方或多方交易可同时进行，通过拍卖等方式进行定价，供需双方都有透明、公开的机会，市场的公平性和有效性会较传统金融行业大幅度提高，达到接近完全竞争的理想状态。

　　随着互联网和移动互联网对用户和行业的渗透率的提高和深入，未来互联网行业和其他行业的融合是必然趋势，传统行业的生产效率会在互联网技术的驱动下或者主动或者被动地提升。同时我们还应该注意到移动互联网的冲击将会比传统互联网的冲击来得更快、更猛烈。

1.3.2　互联网金融的发展

　　（一）金融科技成为互联网金融发展的升级方向

　　金融科技以数据和技术为核心驱动力，如大数据、云计算、人工智能等技术，被广泛应用于第三方支付、网络信贷、智能金融理财服务等方面，正在改变金融行业的生态格局，影响并渗入人们生活的各个方面。金融科技将进一步增强其在技术领域的应用能力，成为改造传统金融的重要尝试。金融科技对实体经济的支持方式和融资机制将日益呈现出大数据支撑、区块链架构和分布式网络三者融合的特点，对信息基础源头的真实性要求日益提高。

【拓展阅读1】大数据应用案例

百度大数据＋

　　"百度大数据＋"是百度开放的新商业"能源库"，平台基于百度海量的用户数据，与行业垂直数据结合，运用模型算法，帮助企业实现行业趋势的深入洞察、客群的精准触达、分群精细定价和风险防控。截至 2017 年底，"百度大数据＋"平台为 O2O、零售、旅游、房地产、金融和保险六大行业提供行业洞察、客群分析、营销决策、舆论监控、店铺分析、推荐引擎、数据开放平台和选址分析共八项服务。以保险业为例，"百度大数据＋保险"主要面向保险公司，为其提供精准受众营销、差异化产品定价和客户欺诈保预警，有助于保险公司提高营销转化率、降低保险赔付率和风险控制成本。

资料来源：《互联网金融报告2017》。

【拓展阅读2】云计算应用案例

阿里云

阿里云计算有限公司创立于2009年，在杭州、北京和硅谷等地区都设有研发中心和运营机构。公司专注于云计算领域的研究和研发，致力于为政府、企业等组织机构提供最安全、最可靠的计算和数据处理能力，让计算成为普惠科技和公共服务，为万物互联的世界提供源源不断的新能源。阿里云推出的金融云解决方案，为金融行业提供量身定制的云计算服务，帮助金融机构实现从传统IT向云计算的转型。阿里云拥有庞大的用户群体，目前阿里云生态中已经有超过230万用户。此外，阿里云具有强大的计算能力，能够在377秒内完成100TB数据排序，比世界纪录快三倍。阿里云公司的增长速度也大幅领先全球云计算行业。在2016财年，阿里云营业收入超过30亿元，全年增幅达138%。

资料来源：《互联网金融报告2017》。

【拓展阅读3】人工智能应用案例

AlphaSense

AlphaSense是一家智能金融搜索引擎公司，于2008年在加利福尼亚州成立，被称为"金融界的google"。公司在2010年推出面向专业投资者的智能金融搜索引擎AlphaSense，该搜索引擎通过专有的自然语言处理和机器学习算法，帮助投资者透过噪声，筛选出关键性、有效性的数据信息，为专业人士解决信息碎片化的问题。目前，AlphaSense在全球范围内拥有450个企业用户，其中包括JP Morgan、Credit Suisse和Pfizer等知名金融机构。

AlphaSense的搜索对象来自1 000多个卖方调研提供者和35 000多个上市公司，包括券商研究报告、证监会文件以及新闻稿等公开或授权的金融信息。AlphaSense搭载能分辨金融术语语义的功能，当用户搜索"Revenue"时，界面提供的文档除"Revenue"以外，还包括"Sales"或"Top line"等相关的文档。

传统金融机构的从业员工平均每天花费36%的时间调查和整理信息。AlphaSense把网站和数据库上的资料聚集在一起，加上智能搜索功能，能够节省金融从业人员花在信息搜索上的时间，从而将更多时间用于复杂的逻辑判断和分析上。

（二）区块链技术加快驱动信息互联网向价值互联网转变

基于共识机制构建的分布式共享数据解决方案——区块链技术具有去中心化、共识机制、高透明度、无须依赖信任、不可回溯等特性，在解决金融层面的信息不对称、不确定性导致的信任问题方面作出了重大创新，可以有效地以集体方式运转，绕开诸多中介，降低交易和时间成本，提高交易效率，快速地为交易双方建立信任关系，真正实现信息对称，成为互联网金融服务体系的重要基础设施建设。区块链正在推动信息互联网向价值互联网转变，有望改变财税金融、贸易流通、生产制造、社会管理等人类社会活动形态，将对能源交通、金融银行、医疗保健、政府治理、城市建设等多方面产生新的影响。

【拓展阅读4】区块链技术应用案例

Hyperledger

超级账本项目（Hyperledger）是一个推进区块链数字技术和交易验证的开源项目，由 Linux 基金会发起，联合全球 40 多家金融、科技和区块链技术公司，共同致力于加速推动分散式分类账技术的开元区块链专案，通过为企业级的开源分布式账本创建一种跨行业开放标准，让自由开发人员专注于建设强大的特定行业应用、平台和硬件系统，实现几乎所有的数字价值交换，如房地产合约、能源交易和婚姻证书，都能够被安全且高效地跟踪和交易。

2016 年 4 月，Hyperledger 完成了关键领导岗位的部署，成立了由 11 个组织组成的技术指导委员会，由 IBM 出任主席，埃森哲、英特尔、区块链联盟 R3、CME Group 等 10 个组织任技术指导委员，主导整个开源区块链技术发展方向，确保讨论、开展与决策的过程开放透明，并负责评估、管理所有贡献至专案的程式码，借由开放社群的流程，建立出一套初期且统一的底层程式码。2016 年 9 月，万达金融集团正式宣布加入，成为 Hyperledger 第一个来自中国的核心董事会成员。此后，华为集团、恒生电子、深圳前海招股金融服务公司以及深圳新国都技术股份有限公司也相继加入。

1.4 互联网金融的主要模式

互联网金融正处于高速上升期，互联网金融包罗万象，其模式也是纷繁复杂，现阶段互联网金融的模式主要有第三方支付、P2P 网贷、大数据金融、众筹、信息化金融机构、互联网金融门户、数字货币等七大类别。

1.4.1 第三方支付

第三方支付（Third – Party Payment）狭义上是指具备一定实力和信誉保障的非银行机构，借助通信、计算机和信息安全技术，采用与各大银行签约的方式，在用户与银行支付结算系统间建立连接的电子支付模式。

根据中国人民银行 2010 年在《非金融机构支付服务管理办法》中给出的非金融机构支付服务的定义，从广义上讲第三方支付是指非金融机构作为收、付款人的支付中介所提供的网络支付、预付卡、银行卡收单以及中国人民银行确定的其他支付服务。第三方支付已不仅仅局限于最初的互联网支付，而是成为线上线下全面覆盖，应用场景更为丰富的综合支付工具。

从发展路径与用户积累途径来看，目前市场上第三方支付公司的运营模式可以归为两大类：

一类是独立第三方支付模式。独立的第三方支付模式是指第三方支付平台完全独立于电子商务网站，不负有担保功能，仅仅为用户提供支付产品和支付系统解决方案，以快钱、易宝支付、汇付天下、拉卡拉等为典型代表。以易宝支付为例，其最初凭借网关模式立足，针对行业做垂直支付，而后以传统行业的信息化转型为契机，凭借自身对具体行业的深刻理解，量身定制全程电子支付解决方案。

另一类是以支付宝、财付通为首的依托于自有 B2C、C2C 电子商务网站提供担保功能的第三方支付模式。在此类支付模式中，买方在电商网站选购商品后，使用第三方平台提供的账户进行货款支付，货款暂由平台托管并由平台通知卖家货款到达、进行发货，待买方检验物品并进行确认后，就可以通知平台付款给卖家，这时第三方支付平台再将款项转至卖方账户。

第三方支付公司主要有交易手续费、行业用户资金信贷利息及服务费收入和沉淀资金利息等收入来源。

比较而言，独立第三方支付立身于 B（企业）端，担保模式的第三方支付平台则立身于 C（个人消费者）端，前者通过服务于企业客户间接覆盖客户的用户群，后者则凭借用户资源的优势渗入行业。

第三方支付的兴起，不可避免地给银行在结算费率及相应的电子货币/虚拟货币领域带来挑战。第三方支付平台与商业银行的关系由最初的完全合作逐步转向了竞争与合作并存。随着第三方支付平台走向支付流程的前端，并逐步涉及基金、保险等个人理财等金融业务，银行的中间业务正在被其不断蚕食。另外，第三方支付公司利用其系统中积累的客户的采购、支付、结算等完整信息，可以以非常低的成本联合相关金融机构为其客户提供优质、便捷的信贷等金融服务。同时，支付公司也开始渗透到信用卡和消费信贷领域。第三方支付机构与商业银行的业务重叠范围不断扩大，逐渐对商业银行形成了一定的竞争关系。未来，当第三方支付机构能够在金融监管进一步放开，其能拥有目前银行独特拥有的"账户"权益时，那么带给银行的就不仅仅是"余额宝"的试点式竞争，而是全方位的行业竞争。

2013 年 7 月人民银行又颁发了新一批支付牌照，持有支付牌照的企业已达到 250 家。在牌照监管下，第三方支付领域今后更多的是巨头们的竞争，一方面是类似支付宝、快钱、易宝支付等市场化形成的巨头，另一方面是依托自身巨大资源的新浪支付、电信运营商支付以及可能的中石化、中石油的支付平台。随着支付行业参与者不断增多，在银行渠道、网关产品以及市场服务等方面的差异性越来越小，支付公司的产品会趋于同质化，这意味着第三方支付企业需要不断寻找新的业绩增长点。移动支付、细分行业的深度定制化服务、跨境支付、便民生活服务将成为新的竞争领域，拥有自己独特竞争力及特色渠道资源成为众多第三方支付企业生存及竞争的筹码。

1.4.2 P2P 网络借贷

P2P（Peer－to－Peer lending），即点对点信贷。P2P 网络贷款是指通过第三方互联网平台进行资金借、贷双方的匹配，需要借贷的人群可以通过网站平台寻找到有出借能力并且愿意基于一定条件出借的人群，帮助贷款人通过和其他贷款人一起分担一笔借款额度来分散风险，也帮助借款人在充分比较的信息中选择有吸引力的利率条件。

P2P平台的盈利主要是从借款人收取一次性费用以及向投资人收取评估和管理费用。贷款的利率确定或者是由放贷人竞标确定，或者是由平台根据借款人的信誉情况和银行的利率水平提供参考利率。

由于无准入门槛、无行业标准、无监管机构，对P2P网贷还没有严格意义上的概念界定，其运营模式尚未完全定型。目前已经出现了以下几种运营模式：第一种是纯线上模式，此类模式典型的平台有拍拍贷、合力贷、人人贷（部分业务）等，其特点是资金借贷活动都通过线上进行，不结合线下的审核。通常这些企业采取的审核借款人资质的措施有通过视频认证、查看银行流水账单、身份认证等。第二种是线上线下结合的模式，此类模式以翼龙贷为代表。借款人在线上提交借款申请后，平台通过所在城市的代理商采取入户调查的方式审核借款人的资信、还款能力等情况。另外，以宜信为代表的债权转让模式现在还处于质疑之中，这种模式是公司作为中间人对借款人进行筛选，以个人名义进行借贷之后再将债权转让给理财投资者。

从P2P的特点来看，其在一定程度上降低了市场信息不对称程度，对利率市场化将起到一定的推动作用。由于其参与门槛低、渠道成本低，在一定程度上拓展了社会的融资渠道。但从目前来看，P2P网贷暂时很难撼动银行在信贷领域的霸主地位，无法对银行造成根本性冲击。P2P针对的主要还是小微企业及普通个人用户，这些大都是被银行"抛弃"的客户，资信相对较差、贷款额度相对较低、抵押物不足，并且因为中国人民银行个人征信系统暂时没有对P2P企业开放等原因，造成P2P审贷效率低、客户单体贡献率小，以及批贷概率低等现状，并且很多异地的信用贷款，因为信贷审核及催收成本高的原因，不少P2P平台坏债率一直居高不下。截至2018年5月，问题平台发生率持续增长，问题平台数累计达到1 857家（如图1-6），累积转型及停业平台量1 850家，正常运行平台只有1 872家，相比年初出现一定程度的下降。

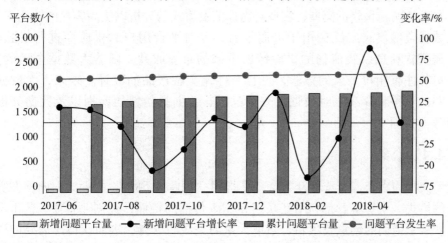

数据来源：网贷之家。

图1-6 P2P网贷平台中问题平台情况统计（2017年6月至2018年5月）

1.4.3 大数据金融

大数据金融是指集合海量非结构化数据，通过对其进行实时分析，可以为互联网金融机构提供客户全方位信息，通过分析和挖掘客户的交易和消费信息掌握客户的消费习惯，并准确预测客户行为，使金融机构和金融服务平台在营销和风控方面有的放矢。基于大数据的金融服务平台主要指拥有海量数据的电子商务企业开展的金融服务。大数据的关键是从大量数据中快速获取有用信息的能力，或者是从大数据资产中快速变现的能力，因此，大数据的信息处理往往以云计算为基础。目前，大数据服务平台的运营模式可以分为以阿里小额信贷为代表的平台模式和以京东、苏宁为代表的供应链金融模式。

阿里小贷以"封闭流程 + 大数据"的方式开展金融服务，凭借电子化系统对贷款人的信用状况进行核定，发放无抵押的信用贷款及应收账款抵押贷款，单笔金额在 5 万元以内，与银行的信贷形成了非常好的互补。阿里金融目前只统计、使用自己的数据，并且会对数据进行真伪性识别、虚假信息判断。阿里金融通过其庞大的云计算能力及数十位优秀建模团队的多种模型，为阿里集团的商户、店主时时计算其信用额度及其应收账款数量，依托电商平台、支付宝和阿里云，实现客户、资金和信息的封闭运行，有效降低了风险因素，同时真正地做到了一分钟放贷。京东商城、苏宁的供应链金融模式是以电商作为核心企业，以未来收益的现金流作为担保，获得银行授信，为供货商提供贷款。

大数据能够通过海量数据的核查和评定，增加风险的可控性和管理力度，及时发现并解决可能出现的风险点，对于风险发生的规律性有精准的把握，这将推动金融机构对数据进行更深入和透彻的分析。虽然银行有很多支付流水数据，但是各部门不交叉，数据无法整合，大数据金融的模式促使银行开始对沉积的数据进行有效利用。大数据将推动金融机构创新品牌和服务，做到精细化服务，对客户进行个性定制，利用数据开发新的预测和分析模型，实现对客户消费模式的分析以提高客户的转化率。

大数据金融模式广泛应用于电商平台，以对平台用户和供应商进行贷款融资，从中获得贷款利息以及流畅的供应链所带来的企业收益。随着大数据金融的完善，企业将更加注重用户个人的体验，进行个性化金融产品的设计。未来，大数据金融企业之间的竞争将存在于对数据的采集范围、数据真伪性的鉴别以及数据分析和个性化服务等方面。

1.4.4 众筹

众筹大意为大众筹资或群众筹资，是指用"团购 + 预购"的形式，向网友募集项目资金的模式。众筹本意是利用互联网和 SNS 传播的特性，让创业企业、艺术家或个人对公众展示他们的创意及项目，争取大家的关注和支持，进而获得所需要的资金援助。众筹平台的运作模式大同小异——需要资金的个人或团队将项目策划交给众筹平台，经过相关审核后，便可以在平台的网站上建立属于自己的页面，用来向公众介绍项目情况。众筹的规则有三个：一是每个项目必须设定筹资目标和筹资天数；二是在设定天数内，达到目标金额即成功，发起人即可获得资金，项目筹资失败则已获资金全部退还支持者；三是众筹不是捐款，所有支持者一定要设有相应的回报，众筹平台会从募资成功的项目中抽取一定比例的服务费用。

此前不断有人预测众筹模式将会成为企业融资的另一种渠道，但从目前国内实际众筹平台来看，因为股东人数限制及公开募资的规定，国内更多的是以"点名时间"为代表的创新产品的预售及市场宣传平台，还有以"淘梦网""追梦网"等为代表的人文、影视、音乐和出版等创造性项目的梦想实现平台，以及一些微公益募资平台。互联网知识型社群试水者——罗振宇作为自媒体视频脱口秀《罗辑思维》的主讲人，其于2013年8月9日上线的5 000个200元/人的两年有效期会员账号，在6小时内一售而空，也称得上是众筹模式的成功案例之一，但很难复制。

自2013年中以来，以创投圈、天使汇为代表的一批针对种子期、天使期的创业服务平台，以一种"众投"的模式进入了人们的视野，并很好地承接了对众筹本意的理解，但是因为项目优劣评判的困难、回报率的极为不确定性，目前仅仅停留在少量天使投资人、投资机构及少数投资玩票的人当中，涉及金额也相对较小。

与热闹的P2P相对，众筹尚处于一个相对静悄悄的阶段。目前国内对公开募资的规定及特别容易踩到非法集资的红线使得众筹的股权制在国内发展缓慢，很难在国内做大做强，短期内对金融业和企业融资的影响非常有限。

从行业发展来看，目前众筹网站的发展要避免出现当年团购网站由于运营模式和内容上的千篇一律，呈现出一窝蜂地兴起、而又一大片地倒下的局面。这就要求众筹网站的运营体现出自身的差异化，凸显出自身的垂直化特征。

1.4.5 信息化金融机构

信息化金融机构，是指通过采用信息技术，对传统运营流程进行改造或重构，实现经营、管理全面电子化的银行、证券和保险等金融机构。金融信息化是金融业发展趋势之一，而信息化金融机构则是金融创新的产物。从整个金融行业来看，银行的信息化建设一直处于业内领先水平，不仅具有国际领先的金融信息技术平台，建成了由自助银行、电话银行、手机银行和网上银行构成的电子银行立体服务体系，而且以信息化的大手笔——数据集中工程在业内独领风骚。

目前，一些银行都在自建电商平台。从银行的角度来说，电商的核心价值在于增加用户黏性，积累真实可信的用户数据，从而银行可以依靠自身数据去发掘用户的需求。建行推出"善融商务"、交行推出"交博汇"等金融服务平台都是银行信息化的有力体现。工行的"融e购"电商平台也在2014年初正式上线。作为没有互联网基因的银行一拥而上推广电商平台，目的何在？

从经营模式上来说，传统的银行贷款是流程化、固定化，银行从节约成本和风险控制的角度更倾向于针对大型机构进行服务，通过信息技术，可以缓解甚至解决信息不对称的问题，为银行和中小企业直接的合作搭建平台，增强了金融机构为实体经济服务的职能。但更为重要的是，银行通过建设电商平台，积极打通银行内各部门数据孤岛，形成一个"网银＋金融超市＋电商"的三位一体的互联网平台，以应对互联网金融的浪潮及挑战。

信息化金融机构从另外一个非常直观的角度来理解，就是通过金融机构的信息化，让客户汇款不用跑银行、炒股不用去营业厅、电话或上网可以买保险，虽然这些是大家现在已经习以为常的生活了，但这些都是金融机构建立在互联网技术发展基础上，并进行信息化改造之后带来的便利。未来，传统的金融机构在互联网金融时代，更多的是如何更快、更好地充分利用互联网等信息化技术，并依托自身资金实力雄厚、品牌信任度高、人才聚焦、风控体系完善等优势，作为互联网金融模式的一类来应对非传统金融机构带来的冲击，尤其是思维上、速度上的冲击。

1.4.6　互联网金融门户

互联网金融门户是指利用互联网进行金融产品的销售以及为金融产品的销售提供第三方服务的平台。它的核心就是"搜索＋比价"的模式，采用金融产品垂直比价的方式，将各家金融机构的产品放在平台上，用户通过对比挑选合适的金融产品。互联网金融门户多元化创新发展，形成了提供高端理财投资服务和理财产品的第三方理财机构，提供保险产品咨询、比价、购买服务的保险门户网站等。这种模式不存在太多政策风险，因为其平台既不负责金融产品的实际销售，也不承担任何不良的风险，同时资金也完全不通过中间平台。目前，在互联网金融门户领域针对信贷、理财、保险、P2P 等细分行业分布的有融 360、91 金融超市、好贷网、银率网、格上理财、大童网、网贷之家等。

互联网金融门户最大的价值就在于它的渠道价值。互联网金融分流了银行业、信托业、保险业的客户，加剧了上述行业的竞争。随着利率市场化的逐步到来，随着互联网金融时代的来临，对于资金的需求方来说，只要能够在一定的时间内，在可接受的成本范围内，具体的钱是来自工行也好、建行也罢，还是 P2P 平台、小贷公司，抑或是信托基金、私募债等，已经不是那么重要。融资方到了融 360、好贷网或软交所科技金融超市时，用户甚至无须像在京东买实物手机似的，需要逐一的浏览商品介绍及详细的比较参数、价格，而是更多地提出需求，反向进行搜索比较。因此，当融 360、好贷网、软交所科技金融超市这些互联网金融渠道发展到一定阶段，拥有了一定的品牌及积累了相当大的流量，成为互联网金融界的"京东"和"携程"的时候，就会成为各大金融机构、小贷、信托、基金的重要渠道，掌握互联网金融时代的互联网入口，引领金融产品销售的风向标。

1.4.7　数字货币

数字货币也就是我们平时所说的网络货币，但又不完全等同于电子货币和虚拟货币。广义的数字货币不仅包括银行系统的电子货币，还包括网络游戏货币、门户网站的专用货币，如腾讯的 Q 币，以及非官方发行的去中心化的虚拟货币，如比特币、莱特币、狗狗币等。

互联网金融模式的分类仅仅是现阶段相对较为认可的一种方式。随着互联网金融的发展，以数据和技术为核心、区块链技术、人工智能渗入金融领域，未来仍将会出现很多未知的领域需要探索，其模式也将会不断地丰富和完善。

📖 本章小结

本章主要介绍了互联网金融的含义、特点及国内外的发展概况，互联网金融的内涵，以及与金融互联网的区别，互联网金融的发展原因与主要模式。互联网金融，广义而言凡是能够充分利用互联网技术开展金融业务的金融活动基本上都可以称为互联网金融。狭义而言是指通过互联网技术和移动通信技术等手段，实现融资、支付和信息中介等功能的一种新兴的金融服务模式。与传统金融相比，它具有基于大数据的运用、具有普惠金融属性、服务更加高效便捷和金融服务低成本化等四个显著特点，这种模式是既不同于商业银行的间接融资，也不同于资本市场的直接融资的第三种金融模式。是否具备互联网精神，能否形成以客户需求为导向并注重客户体验等要素，是互联网金融与金融互联网的本质区别，两者在发展理念及思维方式、管理方式与组织架构、导向与出发点、客户群与客户体验、交易金额与频率、交易价格策略、信息差异性、新技术运用以及安全性与监管体系等方面均存在一些差异。目前，互联网金融主要有第三方支付、P2P网络贷款平台、大数据金融、众筹、信息化金融机构、互联网金融门户、数字货币等七大主要模式。

✍ 想一想、练一练

◎ 思考题

1. 互联网金融的含义是什么？互联网金融有哪些特点？

2. 互联网金融的内涵是什么？

3. 互联网金融与金融互联网的本质区别是什么？

4. 本章第三节介绍了互联网金融发展的三大原因，除此之外，你认为还有哪些因素导致了互联网金融的蓬勃发展？

5. 本章第四节介绍了目前我国互联网金融的主要模式，跟国外相比，你觉得我国的互联网金融存在什么特点？

6. 常见的第三方支付公司有哪些，它们的运作流程包括哪些主要环节，不同的第三方支付公司运作流程之间有什么不同？

7. 你使用过支付宝吗？它具备哪些功能？支付宝网络支付主要存在什么问题？应该如何改进？

◎ 实训题

1. 为了能够掌握我国互联网金融发展的现状及特点，梳理我国互联网金融发展的总体情况，请通过网络搜索，查找我国互联网金融发展的起源、进程及现状。以小组为单位整理资料，制作演示文档汇报我国互联网金融发展的总体情况并分析其发展的特点。

2. 讨论我国互联网金融的主要模式及典型代表。通过上网查找相关资料，了解我国现存的主要互联网金融模式及典型代表；并根据自己的兴趣，分析一种互联网金融模式的典型代表，以演示文档的形式进行班级交流。

3. 数字货币是当前讨论的一个热点，我国也正在积极探索与尝试。为了更好地了解数字货币这种模式，请通过网络搜索，查找中国人民银行数字货币的探索与实践情况，并以演示文档的形式进行汇报。

第 2 章

互联网金融支付

**知识要点**

- ✓ 互联网金融支付的发展
- ✓ 互联网金融支付的类型
- ✓ 桌面支付的特点和应用
- ✓ 移动支付和 O2O 支付的创新及意义

案例导读

网络购物的盛行

2003 年 10 月，远在日本横滨留学的淘宝卖家崔卫平将一台 9 成新富士数码相机，通过支付宝"担保交易"卖给西安买家焦振中，这是该支付工具第一笔交易，却预示着网上支付和网络购物即将空前繁荣。

截至 2013 年底，支付宝实名用户已近 3 亿，其中超过 1 亿的手机支付用户在过去一年完成了 27.8 亿笔、金额超过 9 000 亿元的支付，支付宝成为全球最大的移动支付公司。2017 年全国 5.2 亿支付宝用户的移动支付占比为 82%，创下移动支付的占比新高。由此可以看出整个网上支付产业和网络经济互相联动，更在无形中改变了当今主流中国人的生活模式。

截至 2017 年 6 月 30 日，我国网民数量规模已达 7.51 亿人，庞大的用户基础为网络购物等网络消费的高速增长提供了强劲动力。与此同时，移动互联网不断发展成熟，移动端已经成为互联网接入的主流模式。相比于 PC 端，智能手机等移动设备提供了更便捷的互联网接入体验和更高效精准的信息传递服务，并不断推动消费场景的多元化以及线上线下的更好融合，对包括零售业在内的各个产业产生了深远影响。

中国网络购物行业继续保持高速发展势头，网络购物交易规模在社会消费品零售总额中的占比持续提升，网络购物已成为核心零售渠道之一。电商行业经过约 20 年的发展和成熟，目前已进入全面纵深发展阶段。随着多项电子商务支持政策的出台、物流以及在线支付等配套产业的发展、电商网站与应用的快速普及，越来越多的综合类、垂直类电商企业开始出现。电子商务的快速发展在零售端不断驱动消费格局的重建，用户网络购物的消费习惯也已逐步形成。截至 2016 年底，我国网络购物用户规模已经达到 4.67 亿，已超过美国的人口总数。2017 年 11 月 11 日阿里巴巴公司又创造出多个世界纪录：天猫（TMall.com）双十一成交额达到 1 682 亿元，每秒支付笔数超过 25.6 万笔！

网络购物是通过互联网进行的买卖，在整个过程中必然要有资金的流动。网络购物或者电子商务中必不可少的资金流动，通常是通过安全、高效和便捷的支付工具来完成的。互联网金融中的支付工具及其支付流程，我们在本书中统称为互联网金融支付。

互联网金融支付是指用户通过桌面电脑、移动终端等设备，依托互联网发起支付指令，实现货币资金转移的行为。它主要包含有电子银行支付和第三方支付等形式。电子银行支付通常包含网上银行、手机银行（WAP 或 APP 形式）、电话银行、短信银行、微信银行、自助终端等多种接入或使用方式，其中网银是最重要也是目前电子银行中最主流的支付方式。网上银行支付，需要跳转银行网银页面，按银行要求的信息进行支付。第三方支付，它通过在买家、卖家之间引入第三方的模式，为买卖双方提供了支付信用担保，已经在互联网金融支付方面占据主导地位，如支付宝、财付通、银联在线、快钱、中金支付等。

值得注意的是，在第三方支付公司的阵营中，银联在线 ChinaPay（http://www.chinapay.com/）具有非常独特的地位，其公司全称为银联电子支付服务有限公司，主要从事以互联网等新兴渠道为基础的网上支付、企业 B2B 账户支付、电话支付等银行卡网上支付及增值业务，是由中国银联 China UnionPay（http://cn.unionpay.com/）控股的子公司。正是其隶属于具有"国家队"背景的中国银联，使之具有非常特殊的地位和作用。

图 2-1　网银、超级网银、银联和支付公司

2002 年，中国银联的出现让各大银行的 ATM 完成了互联互通，而 2010 年人民银行推出的超级网银，将实现各大银行网银的互联互通。超级网银是第二代网上支付跨行清算系统，主要处理用户通过在线方式发起的小额跨行支付（金额在 5 万元以下）和账户信息查询业务，主要包括跨行转账、跨行账户查询、资金归集等功能。而传统网络银行也被称为第一代网银，处于银行间"各自为政"的状态。第一代网银只有在同一银行账户转账时才能实时入账，但不同银行账户之间转账时，支付指令则要通过付款人开户银行网银支付平台、人民银行跨行支付系统、收款人开户银行行内业务系统等多级系统，有的环节甚至需要手工干预，因此跨行转账耗时需要一分钟到两三天不等。超级网银作为第二代支付系统则打破了银行之间的壁垒，通过一个操作界面便可查询多家商业银行的账户情况，还可直接向各银行发送交易指令。跨行转账、支付能够实现实时到账，单笔业务 20 秒内即可处理完成，还可以进行跨行账户查询、在线签约……超级网银有着诸多传统网银不可比拟的优势。

2.1　互联网金融支付的发展

"空付"（KungFu）

曾经，一条支付宝将推"空付"的"大新闻"悄然在微信朋友圈里蔓延。据称，消费者今后不需要借助手机、电脑、银行卡，只要凭借脸蛋、手掌，甚至是纹身、宠物等实物就可以实现支付。如果你没带手机、钱包，在一家便利店里挑了一堆日用品，在付款的时候，只要把脸凑近一个支付设备，随便做个鬼脸就完成了支付过程。不仅仅是人脸，甚至戒指、鞋子、宠物或是胳膊上的纹身，都可以完成付款。"空付"的核心功能是：通过对任一实物扫描授权赋予支付能力。在商家处出示该实物，经过独有的技术快速识别后，即可成功完成支付。也就是说，只要运用 APR（Augmented Pay Reality，即增强支付现实技术）和 IRS（Information Recall Secure，即信息回溯保障系统）这两种技术，我们可以脱离开手机，用任何实物进行支付。我们也可以多次对多个实物进行授权，赋予不同价值；还可以将已授权的实物，作为礼品赠与他人。不过，专家表示，随着科技和风控手段的不断提升，实现"空付"并非不可能，预计未来商业银行、互联网金融机构等将在创新支付领域展开"大战"。

虽然目前"空付"是支付宝大胆设想的结果，但是未来在相关风控技术完善的情况下极有可能实现。目前国际上较为流行和安全的超前识别模式有四种：指纹识别、虹膜（虹膜是位于眼睛黑色瞳孔和白色巩膜之间的圆环状部分，由相当复杂的纤维组织构成）识别、人脸识别和掌纹识别。这四种识别模式均可以运用在支付环节，安全系数较高，且极难模仿和复制。当今时代，互联网金融支付正在经历前所未有的变革和创新，一切大胆、全新和摆脱传统束缚的创意都可以成为金融支付的源源动力和实现目标。

2.1.1 传统支付

经济学中的货币，狭义地讲，是用作交换商品的标准物品；广义地讲，是用作交换媒介、价值尺度、支付手段、价值储藏的物品。在发达的商品经济中，它具有价值尺度、流通手段、贮藏手段、支付手段和世界货币五种职能：（1）价值尺度，就是以货币作为尺度来表现和衡量其他一切商品价值的大小，把各种商品的价值都表现为一定的货币量，以表示各种商品的价值在质的方面相同，在量的方面可以比较。商品的价值用一定数量的货币表现出来，就是商品的价格。（2）流通手段，就是在商品交换过程中，商品出卖者把商品转化为货币，然后再用货币去购买商品，货币充当商品交换媒介的职能。（3）贮藏手段，就是货币退出流通领域充当独立的价值形式，把货币当做社会财富的一般代表而储存起来。（4）支付手段，就是货币被用来清偿债务或缴纳税款、支付工资和租金等，货币作为独立的价值形式进行单方面运动。注意到货币的支付手段职能并不是随货币的产生而同时具备的，是随着赊账买卖的产生而出现的。（5）世界货币，是指货币具有在世界市场充当一般等价物的职能。

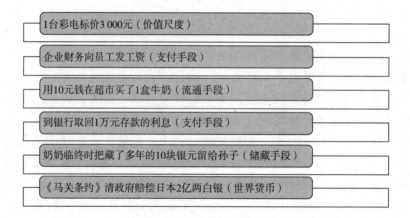

图 2-2 货币的五种职能

随着货币的演进，支付手段也在日益发展。从最初的实物铸币到信用货币再到现代的电子货币，支付手段也从使用金银铜等金属币到广泛发行和采用纸币再到电子信息形式传输货币量值。金融支付在社会经济的飞速发展中，迅速成长和推进。

在互联网和电子商务还没有足够成熟之时，现实经济生活中传统的支付方式主要包括三种形式：现金、票据（汇票、本票、支票）、银行卡（借记卡和贷记卡）。传统方式下，其支付运作速度和处理效率比较低，应用起来不方便。运作成本较高，提供全天候服务困难。而且会增加在途资金和企业运作资金规模，造成财政控制困难。随着互联网的逐步兴起和成熟，银行自然会首先联想到可以将线下业务互联网化，从而逐渐发展出了网络银行。

2.1.2 网络银行

网络银行即由商业银行等金融机构通过互联网向其客户提供各种金融服务的线上银行，其业务包括传统银行业务和因信息技术应用带来的新兴业务。具体业务种类包含开户、销户、查询、对账、行内转账、跨行转账、信贷、网上证券、投资理财等。网上银行又被称为"3A银行"，因为它不受时间、空间限制，能够在任何时间（Anytime）、任何地点（Anywhere），以任何方式（Anyhow）为客户提供金融服务，使客户可以足不出户就能够安全便捷地管理活期和定期存款、支票、信用卡及个人投资等。可以说，网上银行是在互联网上的虚拟银行柜台。根据服务面向的客户不同，网上银行一般分为个人网上银行和企业网上银行。

网上银行发展的模式有两种，一种是完全依赖于互联网的无形的电子银行，也叫"虚拟银行"。所谓虚拟银行就是指没有实际的物理柜台作为支持的网上银行，这种网上银行一般只有一个办公地址，没有实体分支机构，也没有线下营业网点，采用互联网等科技服务手段与客户建立密切的联系，提供全方位的金融服务。以美国第一安全网络银行（SFNB）为例，它成立于1995年10月，是在美国成立的第一家无营业网点的虚拟网上银行，它的营业厅就是网页画面，当时银行的员工只有19人，主要的工作就是对网络的维护和管理。

另一种是在现有的传统银行的基础上，利用互联网开展传统的银行业务交易服务。即传统银行利用互联网作为新的服务手段为客户提供在线服务，实际上是传统银行服务在互联网上的延伸，这是目前网上银行存在的主要形式，也是绝大多数商业银行采取的网上银行发展模式。因此，事实上，我国还没有出现真正意义上的网上银行，也就是"虚拟银行"，国内现在的网上银行基本都属于第二种模式。

随着互联网应用的进一步深化，全民进入电子商务时代。电商时代的B2C、C2C发展非常迅速，在网络交易日渐盛行的时期，买家卖家一般无法见面直接交易，在对对方一无所知的情况下如何进行安全的付款成为一个亟待解决的难题。正因为网络上的交易者之间存在一个支付信任难题，显然通常意义下的网银转账，即单纯提供从买家到卖家直接的资金支付模式是无法破解这个困局的。

在电子商务发展的召唤下，除了对传统支付形式进行互联网化之外（网银），还需要有全新设计的支付模式，这种支付模式的创新设计直接催生了第三方支付公司的迅速发展，给整个支付行业带来了巨大的变革。

2.1.3 第三方支付

在传统方式的交易中，买卖双方都是面对面的一手交钱一手交货，钱和物的互换几乎是即时进行的，也称为同步交换。但是随着网络购物的兴起，相隔千里的人们也能进行买卖商品，这时大多数的实体商品是不可能即时到达买家手中的，也就是说在还没有拿到商品前是否可以付款呢？同样的问题也困扰着卖家，在还没有拿到钱的情况下，是否可以寄出商品呢？买卖商品的钱和物无法即时交换，称为异步交换，网络购物就是一种非常典型的异步交换。这类交易必须要解决相互信任的问题，才能使异步交换逐步进行下去，于是出现了第三方支付平台。

第三方支付平台简单地说就是处于买方和卖方之间具备公信力的第三方，承担担保人和资金托管人的角色。以典型的第三方支付平台支付宝为例，基于其公信力，买方将货款先付给支付宝公司，卖方通过支付宝平台接受到付款信息，可以放心向买家发货。买方收到货物并满意确认接受之后，通知支付宝公司放款给卖方，一次异步交换得以顺利进行。第三方支付平台较好地解决了网络交易中的信用问题，通过引入第三方作为交易者的认证方和交易资金的托管方，简单地破解了网络交易中的信任难题。随着该模式的逐渐清晰和广泛被国人所理解、接受和使用，中国的第三方支付市场也继网银支付之后，蓬勃地发展起来。

另外，在实际的操作过程中这个第三方机构可以是发行信用卡的银行本身。在进行网络支付时，信用卡号以及密码的披露只在持卡人和银行之间转移，降低了通过商家转移而导致的风险。在中国，银联作为所有发卡银行的代表，就具备成为这样的第三方机构的能力，事实上银联也是中国第三方支付市场中的强有力的参与者。

2.1.4 互联网金融支付

（一）互联网金融支付的类型

严格意义上的支付组织类型只有两类：金融机构类支付组织和非金融机构类支付组织。金融机构类支付组织主要是指银行类，其代表支付工具是各家银行的网银。而非金融机构类支付组织是指众多的第三方支付公司，其代表支付工具有支付宝、财付通、快钱、银联在线等。由于中国国情特点，本书倾向于将银联在线支付单独从第三方支付公司中提取出来，则互联网金融支付类型分为三大类别：网银、银联和其他普通第三方支付。

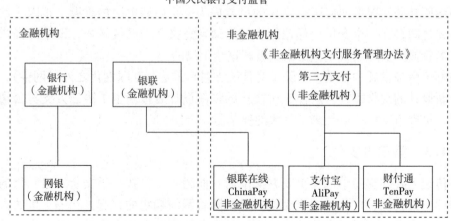

图 2-3　网银、银联和其他第三方支付公司

2010 年 6 月，人民银行出台《非金融机构支付服务管理办法》，首次对非金融机

构从事网络支付、预付卡发行与管理、银行卡收单等支付服务的市场准入、行政许可、监督管理等作出明确规定。同年12月，人民银行又公布了《非金融机构支付服务管理办法实施细则》。根据管理办法，非金融机构支付服务，是指非金融机构在收付款人之间作为中介机构提供下列部分或全部货币资金转移服务：

- ➤ 网络支付；
- ➤ 预付卡的发行与受理；
- ➤ 银行卡收单；
- ➤ 中国人民银行确定的其他支付服务。

其中，预付卡是指以营利为目的发行的、在发行机构之外购买商品或服务的预付价值，包括采取磁条、芯片等技术以卡片、密码等形式发行的预付卡。预付卡又叫储值卡、消费卡、智能卡、积分卡等，顾名思义就是先付费再消费的卡片。

银行卡收单，是指通过销售点（POS）终端等为银行卡特约商户代收货币资金的行为。

（二）第三方支付牌照

根据2010年中国人民银行公布并实施的《非金融机构支付服务管理办法》，第三方支付公司是实行准入许可证制度的，由中国人民银行依据《非金融机构支付服务管理办法》负责颁发《支付业务许可证》牌照，发放的支付牌照有三种：网络支付、预付卡及收单。

支付企业可申请一张或多张牌照。牌照的类别是依据管理办法中对支付企业的大致划分：一是依托大型B2C、C2C网站的网关支付称为网络支付，如支付宝；二是通过销售点（POS）终端的线下支付收单业务；三是储值卡等预付卡服务。

依据管理办法的规定，第三方支付企业，也就是管理办法中界定的在收付款人之间作为中介机构提供三类主要货币资金转移服务的企业被正式纳入人民银行的监管之下。整体来看，人民银行最早在2011年5月发放了首批共27张支付牌照，主要以从事全国业务的支付企业为主，包括支付宝、财付通、汇付天下等以互联网支付为主营业务的第一梯队，获批经营预付费卡发行与受理业务的企业仅为7家。同年8月，人民银行再度向13家支付企业发放牌照，其中银联在线获批，牌照范围涵盖互联网支付业务、移动电话支付业务。2011年底，人民银行又发放第三批支付牌照，三大电信运营商下属支付公司全部实现"持证上岗"，分别是中移动电子商务有限公司、联通沃易付网络技术有限公司以及天翼电子商务有限公司，业务范围集中在移动电话支付、固定电话支付、银行卡收单等。

自2011年起，央行共发放270张支付牌照后就不再发放新的牌照，但是会在每5年对存量牌照进行续展。截至2017年12月4日，全国共有246张有效支付牌照，这也意味着有24家第三方支付机构被注销牌照。在不断注销牌照的同时，央行也早已经不再新发牌照并明确表态，一段时期内原则上不再批设新机构。机构要想获得牌照开展支付业务，唯一合规途径就是并购重组。在监管部门注销牌照的同时不再新增的背景下，存量第三方支付牌照成为了市场的"香饽饽"，不少电商和互联网企业纷纷斥巨资收购牌照：京东、海尔、唯品会、美团点评等都是通过这种方式拿到的支付牌照。

（三）网络支付定义

根据中国人民银行的《非金融机构支付服务管理办法》定义，网络支付是指依托公共网络或专用网络在收付款人之间转移货币资金的行为，包括货币汇兑、互联网支付、移动电话支付、固定电话支付、数字电视支付等。其中移动电话支付主要可以认为是短信支付、STK 支付、USSD 支付、WAP 支付等。

当公司申请开展非金融机构支付服务时，需要明确申请公司所从事的支付服务类型。

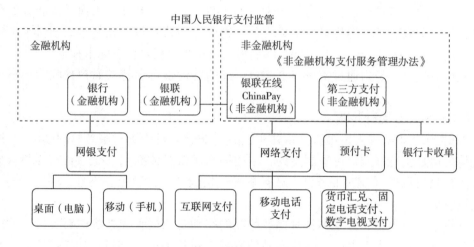

图 2-4 互联网金融支付牌照

例如，中国邮政进入第三方支付领域的申请案例：中国邮政自 2014 年 7 月开通网银业务后，再次投资 1 亿元建立电子支付服务基地，发力手机及互联网支付，中国人民银行重庆营管部已接受其申请，拟申请的支付业务类型为"互联网支付"及"移动电话支付"，业务覆盖范围为全国；使用的支付业务相关系统由该公司独立开发，其所有权完全归属于该公司。

（四）互联网金融支付展望

（1）支付清算的超级集中。互联网金融带来的支付清算功能将会是超级集中支付系统和个体移动支付的统一。理论上，未来完全有可能由央行建立一个支付系统，容纳天量账户，囊括所有个人和企业账户。此时，商业银行账户以及交易所、托管等所有证券类的账户均不存在，央行成为全国的超级集中账户，即超级集中支付系统。这一概念是理解远期互联网支付系统的一个核心。（2）货币的发行和管控机制将会发生极大变化。社会中无现钞流通，二级商业银行账户体系可能不再存在，存款账户都在中央银行，将对货币供给和货币政策产生重大影响。央行发行的电子货币以及各类区块链应用将有机会被广泛接受，虽然目前能看到的还只是社交网络内已经自行发行的货币，可以用于支付网民之间数据商品购买，甚至实物商品购买，并建立了内部支付系统。

2.2 桌面在线支付

"无磁无密"支付

"我的信用卡是有设置密码的,可是网购时怎么不需要输入密码就交易成功了?"当福州肖女士拨打海峡都市报的热线电话时说,这样的网购让她很不安。肖女士所说的这种"无磁无密"支付方式,即不用刷卡、不检验密码,只需信用卡卡号、有效期等卡面信息便可以完成交易。有类似经历的刘先生在苏宁易购网站上购买打印机,付款采用信用卡直付的方式,可网站只要求输入身份证号码、信用卡号、有效期和卡背面的 CVV 安全码,无须输入信用卡密码即可交易成功。无独有偶,最近有不少关于网购机票或其他商品的相似反映。"虽然我购物的网站是知名大网站,但这样的方式仍旧不能让我放心。"刘先生说。在对多位网民的调查显示,其中一部分表示也曾在网购中碰到类似情况,但多数未曾出现问题,信用卡直付的方式简化了程序,挺方便。另一部分人则持反对意见,他们认为,如此网购恐存漏洞,不愿意冒这样的风险去尝试。

银行业人士称,"无磁无密"支付方式,早期主要用于电话支付,目前已开始使用于网站。有银行称,这是国际惯例,实践证明是安全的;但也有银行认为,就目前国内的个人信用情况,这种方式存在安全隐患。网购无须密码,方便?安全?

信用卡无磁无密交易是指持卡人通过网络或者电话进行交易,且交易时无须刷卡(不需要信用卡的磁道信息,称为无磁),也无须输入交易密码(称为无密)。此前这种方式仅限于电话购物,主要是购买机票、财产保险等能记在持卡人名下的商品或服务,现在已经扩大到网购。网购时目前多家国内银行都支持"无磁无密"的支付方式,而且多数银行都认为无磁无密支付很安全。首先,银行对申请使用无磁无密通道的网上商户的审核是极其严格的。其次,在开通该支付业务前,银行与商家已经就防范信用卡盗刷或盗用风险,制定了严格的审核措施,对于卡号、后三码、有效期等信息都必须严格吻合,一旦盗刷商家负有赔偿责任。最后,银行和商户还需要签订保密协议,银行且必须事先征得持卡人同意。

信用卡的使用有联网交易和离线交易两种。所谓离线交易,一般只需提供卡号、有效期、CVV 码、签名等。有时签名甚至都不是必须的。这种交易虽然在网络上发生,但并不是实时完成,是对方在网络上获取消费者相关资料后才申请收款,属于离线交易。

2.2.1 桌面在线支付的概念

(一)桌面在线支付的概念

在线支付是相对于离线交易和线下支付而言的,新兴线下支付区别于网上银行等线上支付，是指通过非互联网线上的方式进行所购商品或服务所产生的费用的资金支付行为。其中，订单的产生可能通过互联网线上完成。新兴线下支付的具体表现形式，包括 POS 机刷卡支付、拉卡拉等自助终端支付、电话支付、预付卡支付、手机近端支付、电视支付以及网点支付等。而在线支付是目前在互联网上从事电子商务的商户普遍采用的收款方式。消费者在互联网环境下选择商户的商品或服务，然后在线付款给商户。按使用的在线支付终端不同可以分为桌面终端和移动终端。

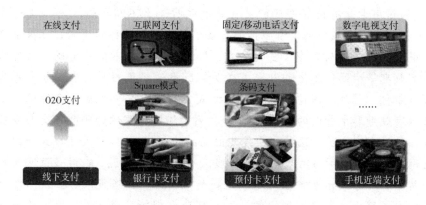

图 2-5　在线支付：桌面在线支付与移动在线支付

桌面在线支付即电脑支付，是最先兴起的互联网支付方式。从某种程度上来说，是桌面在线支付的兴起推动了电子商务产业的发展，尽管近期随着移动支付的兴起，桌面在线支付的地位受到了挑战。

（二）桌面支付类型和浏览器

互联网金融的支付类型有：电子银行（主要是网络银行）支付、第三方支付以及银联支付。桌面在线支付方式在以上每一种类型中都有所体现。在桌面联网电脑上通过使用浏览器程序可以同时支持这几种类型的支付，消费者可以根据自己自身的情况选择或者搭配使用。

桌面电脑运行有互联网浏览器，可以通过浏览器访问各类电子商务网站、网络银行网站以及第三方支付平台网站，从这个意义上说桌面浏览器就是进入在线支付界面的工具，是桌面在线支付的第一个步骤，同时对于在线支付安全也有着非常重要的意义，比如用户名和密码都是要通过浏览器进行交互的。浏览器的种类非常多，所支持的网络标准也不尽相同。如果按照生产商的品牌分，起码也有成百上千种了，但如果按浏览器核心分类，它的种类就会少得多，一般分为四种，它们分别是：Trident、Gecko、WebKit 和 Presto。（1）Trident 核心，代表产品是微软的 Internet Explorer，其他的还有如 Maxthon 遨游、世界之窗、腾讯 TT、Netcapter、Avant 等，但 Trident 只能应用于 Windows 平台，且是不开源的。（2）Gecko 核心，代表作品 Mozilla Firefox，其他的还有 Netscape 6 至 9。它的最大优势是跨平台，能在 Microsoft Windows、Linux 和 MacOS X 等主要操作系统上运行。（3）WebKit 核心，代表作品 Safari、Chrome，其主要特点是开源。（4）Presto 核心，代表作品 Opera，其主要特点是速度快。

2.2.2 桌面在线支付类型（一）——网银

网上银行（在线银行、电子银行，或简称网银）是从互联网时代开始出现的银行服务的新渠道，由商业银行等金融机构通过互联网等向其客户提供各种金融服务。根据服务面向的客户不同，网上银行一般分为个人网上银行和企业网上银行。

（一）网银的优势与不足

从客户的角度来看，网上银行的用户只要有一台可以上网的电脑，就可以使用浏览器或专有客户端软件来使用银行提供的各种金融服务，如账户查询、转账、网上支付等。与传统渠道（如柜台）相比，网上银行最大的特点是方便快捷，24 小时服务，不必排队。

从银行的角度来看，网上银行代表着行业发展的趋势之一。由于网上银行不但可以让银行省下不少布设网点的设施成本，还能大大节省人力成本，因此有些银行对于使用网上银行的客户提供更高的存款年息率，或是通过减免手续费等优惠措施来吸引客户和推广其使用。

从商家的角度来看，在自己的电子商务平台上提供网银支付通道也是非常方便快捷的一种收款方式。但是其不足之处也是很明显的：首先，商家需要面对数量众多的银行，一家一家去谈判，去签约加入其网银支付通道，非常烦琐。其次，对于消费者的浏览器，不同银行的网银在首次使用的时候往往会提示下载安装不同的安全控件，每个消费者在首次使用或者更换电脑、重装系统等场景下都会收到网银提示的下载安装的要求，商家等于是将麻烦进一步带给了自己的客户，降低了服务满意度，间接影响到自己的生意。例如目前国内网上银行的密码输入框，一般采用了 ActiveX 控件，苹果的 Mac 平台，谷歌、火狐等非 IE 系的浏览器，与该控件不兼容，如果银行没有另外重新制作与之兼容的安全控件，用户难以顺利登录网银。虽然可以安装一些第三方免费插件解决这个问题，但这毕竟不是银行官方插件，银行方面从安全角度还是不推荐安装使用。另外，由于网银对银行的研发实力要求较高，还有很多小银行暂时还没有实力开发或购买建立自己的网银，那么对于商家来说想接入其网银都是不可能的了，那么又该如何来服务这些使用小银行账户的客户呢。最后，网银支付最大的安全隐患在于钓鱼网站，因为使用网银支付时，需要跳转页面，进入银行特定页面，这是钓鱼网站的可乘之机，所以网银的不足甚至还体现在其交易安全层面。就算是通过 U 盾等安全措施可以防范此类风险，页面的多次跳转需要等待时间，对于用户来说容易造成干扰和困惑，同样也会影响到用户的体验。

（二）网银的发展与规模

银行也意识到了网银的不足，对于旗下网银的升级改造也一直在进行之中。以2017 年总资产为 3.4 万亿美元而排名全球最大的银行——工商银行为例，由于 B2C 影响面最大，是网上支付的主流。基于对其网银 B2C 支付结构的分析，显示工行网银绝大部分的 B2C 支付金额都在 500 元以下，工商银行的网银就推出了工银 e 支付，这种支付方式以"手机号 + 银行账号后六位 + 手机动态密码"作为安全认证方式，适用于小额在线支付（3 000 元以内），简化了支付流程提升了用户体验。针对页面跳转的诟病，工商银行还推出了"无界面支付"，即由商户系统直接调用网银接口提供客户身份识别和金额，经银行认证之后立即支付并向商户返回结果。同时还开通银行自身的网上商城（工商银行"融 e 购"电商平台），直接吸引客户，增加网银线上的黏性。

图 2-6　工商银行网上银行

以工商银行为代表的商业银行，在面对同业与互联网企业巨大的竞争压力之下不遗余力的开拓市场、提升服务水平。Analysys 易观产业数据库最新发布的《中国网上银行市场季度监测报告 2017 年第二季度》数据显示，2017 年第二季度，中国网上银行客户交易规模达到 503.1 万亿元人民币，环比下降 6.8%。个人网银方面，尽管商业银行在个人网银业务上不断尝试增加新的服务，但仍不断被手机银行及第三方支付替代，个人网银交易额持续下降。企业网银方面，商业银行企业网银用户数保持平稳增长，大行核心企业用户比例较高，整体带动企业网银发展。

（三）超级网银

人民银行推出的"超级网银"，也就是第二代网上支付跨行清算系统。其最大的突破是可实现网银的实时跨行转账（转账上限为 5 万元人民币，对于超过金额 5 万元的支付业务，可以通过大额支付系统等其他渠道办理）和跨行账户查询。简言之，客户只要登录一家商业银行的网银就可以查询在不同银行不同账户的定期存款、活期存款、基金、甚至账户里的理财产品的情况。这在很大程度上解决了客户时间跨度和操作复杂度问题，给客户带来了很大的便利性。这也意味着用户支付资金的时间将更短、成本将更低，网银的使用效率将被大大提高，如果在央行货币供应量不变的情况下，随着资金使用效率的提高，无形中扩大了货币供应量。

目前"超级网银"没有统一登录接口，也就是说没有自己独立的网站。必须以用户已开通的任一家银行的网上银行作为基础平台进行使用。如要进行跨行查询和本人跨行账户互转，首先要进行双方银行的在线签约。以建设银行网银为例，"我的账户"菜单中已经加入了"他行账户服务"的子菜单。签约分为"查询协议"和"支付协议"两种，进行新签约时，选择对方银行，并授权本行的一张银行卡即可进行签约。

成功之后，可在建行网银顺利查询交行借记卡账户信息。

图2-7 从建设银行网银查询交通银行借记卡所进行的签约操作

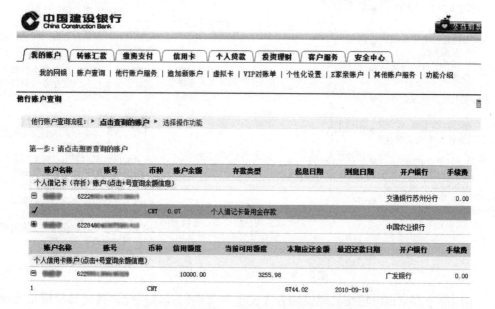

图2-8 建设银行网银查询交通银行账户

总之，网银不仅能为客户提供最大的便捷，降低银行服务的成本，而且带来更为深刻的变化在于转变银行传统的营销方式和经营战略，使银行由经营金融产品的中介机构开始向提供信息和投资理财的服务性机构转换。

2.2.3　桌面在线支付类型（二）——第三方支付

（一）第三方支付

前已述及，所谓第三方支付机构，就是与各大银行签约，独立于商户和银行、具备一定实力和信誉保障的，为商户和消费者提供支付结算服务的第三方独立机构。目前市场上一般将其划分为第三方互联网支付和第三方移动支付。

第三方互联网支付：用户通过桌式电脑、便携式电脑等设备，依托互联网发起支付指令，实现货币资金转移的行为被称为互联网支付。互联网支付与第三方支付形成的交集即为第三方互联网支付。

第三方移动支付：基于无线通信技术，用户通过移动终端上非银行系产品实现的非语音方式的货币资金的转移及支付行为。

人民银行官网2018年1月公布了第五批非银行支付机构《支付业务许可证》的续展结果，其中21家机构顺利续期，又有四家支付机构未获续展。至此经过五批支付牌照续展后，人民银行总共已注销28张支付牌照，支付牌照剩余243张。在强监管基调下，第三方支付市场已出现明显洗牌和整合的迹象，市场的继续调整在所难免，在没有竞争力的支付机构被逐步淘汰之后，寡头垄断格局将更为凸显。

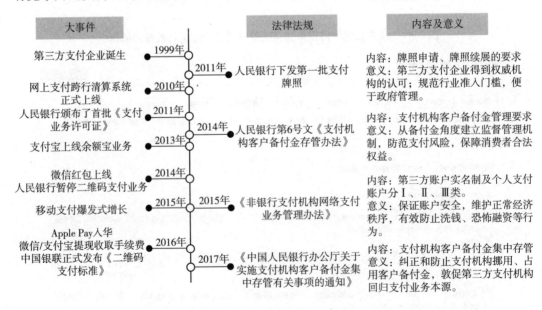

图2-9　中国第三方支付大事件

中国第三方支付市场交易规模随着人民生活节奏的互联网化，其交易规模也飞速增长。中国第三方支付市场的快速增长，一方面得益于用户支付习惯的养成，另一方面也受益于不同年代的不同热点。2013 年以前，中国第三方支付的增速主要由以淘宝为代表的电商引领。2013 年余额宝出现后，金融成为新的增长点。2016 年，以春节微信红包为契机，转账成为交易规模的增长动力。未来随着用户线下移动支付习惯的养成，线下消费将成为新的交易规模增速支撑点。此外值得关注的是，近年来移动端支付规模增速高于 PC 端增速，用户支付习惯向移动端迁移，未来第三方支付将迈向移动支付时代。

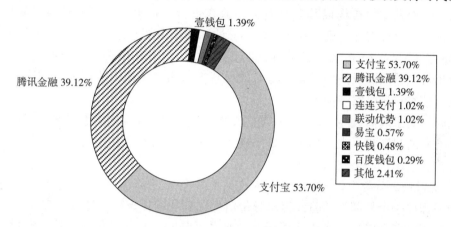

说明：以上数据根据厂商访谈、易观自有监测数据和易观研究模型估算获得，部分企业未涵盖。

资料来源：易观，www. analysys. cn。

图 2－10 2017 年第二季度中国第三方移动支付市场交易份额

根据 2017 年上半年统计数据，从企业市场占有率角度看，支付宝和腾讯金融二者的市场份额达到了 92.8%，仍然占据绝对主导地位。受益于对线下扫码业务的持续投入，支付宝消费类业务和个人转账类业务的交易规模均呈现爆发式增长。腾讯金融开始将支付和理财产品线打通，以更稳定费率获取合作伙伴支持，加上传统社交类支付（红包和社交转账）的优势仍然在继续扩大。平安壹钱包保持稳定增长，在场景拓展上，壹钱包的支付服务开始向线下商业地产、互联网地产、互联网理财、互联网汽车等领域拓展。

（二）第三方支付账户监管

1. 监管背景。第三方支付机构的网络支付业务在得到大力发展的同时，也面临着不少问题和风险，必须加以重视和规范：一是客户身份识别机制不够完善，为欺诈、套现、洗钱等风险提供了可乘之机；二是以支付账户为基础的跨市场业务快速发展，沉淀了大量客户资金，加大了资金流动性管理压力和跨市场交易风险；三是风险意识相对较弱，在客户资金安全和信息安全保障机制等方面存在欠缺；四是客户权益保护亟待加强，存在夸大宣传、虚假承诺、消费者维权难等问题。2015 年 12 月人民银行出台了《非银行支付机构网络支付业务管理办法》（以下简称《办法》），自 2016 年 7 月 1 日起实施。这个管理规范要求对第三方支付账户进行分类管理。

2. 账户特点。支付账户最初是支付机构为方便客户网上支付和解决电子商务交易中买卖双方信任度不高而为其开立的，与银行账户有着明显不同的特点。

一是提供账户服务的主体不同，支付账户由支付机构为客户开立，主要用于电子商务交易的收付款结算。银行账户由银行业金融机构为客户开立，账户资金除了用于支付结算外，还具有保值、增值等目的。

二是账户资金余额的性质和保障机制不同。支付账户余额的本质是预付价值，类似于预付费卡中的余额，该余额资金虽然所有权归属于客户，却未以客户本人名义存放在银行，而是支付机构以其自身名义存放在银行，并实际由支付机构支配与控制。同时，该余额仅代表支付机构的企业信用，法律保障机制上远低于《中国人民银行法》《商业银行法》保障下的央行货币与商业银行货币，也不受存款保险条例保护。一旦支付机构出现经营风险或信用风险，将可能导致支付账户余额无法使用，不能回提为银行存款，使客户遭受财产损失。

同时，为了隔离风险，《办法》规定支付机构不得为金融机构和从事金融业务的其他机构开立支付账户。支付机构尽管不能为金融从业机构开立支付账户，但仍可基于银行账户为其提供网络支付服务。

3. 支付账户分类。《办法》将个人支付账户分为三类（详见表 2-1）。其中，Ⅰ类账户只需要一个外部渠道验证客户身份信息（如联网核查居民身份证信息），账户余额可以用于消费和转账，主要适用于客户小额、临时支付，身份验证简单快捷。为兼顾便捷性和安全性，Ⅰ类账户的交易限额相对较低，但支付机构可以通过强化客户身份验证，将Ⅰ类账户升级为Ⅱ类或Ⅲ类账户，提高交易限额。

表 2-1　　　　　　　　　　　　个人支付账户分类

账户类别	余额付款功能	余额付款限额	身份核实方式
Ⅰ类账户	消费、转账	自账户开立起累计 1000 元	以非面对面方式，通过至少一个外部渠道验证身份
Ⅱ类账户	消费、转账	年累计 10 万元	面对面验证身份，或以非面对面方式，通过至少三个外部渠道验证身份
Ⅲ类账户	消费、转账、投资理财	年累计 20 万元	面对面验证身份，或以非面对面方式，通过至少五个外部渠道验证身份

Ⅱ类和Ⅲ类账户的客户实名验证强度相对较高，能够在一定程度上防范假名、匿名支付账户问题，防止不法分子冒用他人身份开立支付账户并实施犯罪行为，因此具有较高的交易限额。鉴于投资理财业务的风险等级较高，《办法》规定，仅实名验证强度最高的Ⅲ类账户可以使用余额购买投资理财等金融类产品，以保障客户资金安全。

上述分类方式及付款功能、交易限额管理措施仅针对支付账户，客户使用银行账户付款（例如银行网关支付、银行卡快捷支付等）不受上述功能和限额的约束。

《办法》要求支付机构在开立Ⅱ类、Ⅲ类支付账户时，分别通过至少三个、五个外部渠道验证客户身份信息，是为了保障客户合法权益，防范不法分子开立匿名或假名账户从事欺诈、套现、洗钱、恐怖融资等非法活动，是对支付机构提出的监管要求，支付机构负有"了解你的客户"的义务。

目前，公安、社保、民政、住建、交通、工商、教育、财税等政府部门，以及商业银行、保险公司、证券公司、征信机构、移动运营商、铁路公司、航空公司、电力公司、自来水公司、燃气公司等单位，都运营着能够验证客户身份基本信息的数据库或系统。支付机构可以根据本机构客户的群体特征和实际情况，选择与其中部分单位开展合作，实现多个渠道交叉验证客户身份信息。

此外，《办法》还规定，综合评级较高且实名制落实较好的支付机构在开立Ⅱ类、Ⅲ类支付账户时，既可以按照三个、五个外部渠道的方式进行客户身份核实，也可以运用各种安全、合法的技术手段，更加灵活地制定其他有效的身份核实方法，经人民银行评估认可后予以采用。这既鼓励创新，也兼顾了安全与便捷。

4. 支付额度。在支付总额上，经统计分析，并结合未来一定时期内的发展需要，Ⅱ类、Ⅲ类个人支付账户年累计10万元、20万元的限额能够满足绝大部分客户使用支付账户"余额"进行付款的需求。对极少数消费者，或者消费者偶发的大额支付，可以通过支付账户余额支付、银行卡快捷支付、银行网关支付等方式组合完成，因此并不会对消费者支付产生实质影响。

在单日支付限额上，《办法》第二十四条规定，支付机构应根据交易验证方式的安全级别，按照下列要求对个人客户使用支付账户余额付款的交易进行限额管理：（1）支付机构采用包括数字证书或电子签名在内的两类［含］以上有效要素进行验证的交易，单日累计限额由支付机构与客户通过协议自主约定；（2）支付机构采用不包括数字证书、电子签名在内的两类［含］以上有效要素进行验证的交易，单个客户所有支付账户单日累计金额应不超过5 000元［不包括支付账户向客户本人同名银行账户转账］；（3）支付机构采用不足两类有效要素进行验证的交易，单个客户所有支付账户单日累计金额应不超过1 000元［不包括支付账户向客户本人同名银行账户转账］，且支付机构应当承诺无条件全额承担此类交易的风险损失赔付责任。

对于交易验证安全级别较高的支付账户"余额"付款交易，支付机构可以与客户自主约定单日累计限额；但对于安全级别不足的支付账户"余额"付款交易，《办法》规定了单日累计限额。《办法》规定的单日累计1 000元、5 000元的限额能够有效满足绝大部分客户使用支付账户"余额"进行付款的需求。此外，《办法》规定，综合评级较高且实名制落实较好的支付机构单日支付限额最高可提升到现有额度的2倍，以进一步满足客户需求。

需要强调的是，10万元、20万元的年累计限额，以及1 000元、5 000元的单日累计限额，都仅针对个人支付账户"余额"付款交易。客户通过支付机构进行银行网关支付、银行卡快捷支付，年累计限额、单日累计限额根据相关规定由支付机构、银行和客户自主约定，不受上述限额约束。

2.2.4　桌面在线支付应用——支付宝

以天猫、淘宝网为首选购物平台的支付宝，作为中国最具代表性的第三方支付机构，其支付方式多种多样。

（一）余额支付

当支付宝账户中有余额时，输入支付密码即可完成付款。如果没有余额则只需要充值即可。可以通过以下充值渠道进行充值。

（二）快捷支付（含卡通）

在2010年底之前，支付宝的资金渠道是网银，充值消费转账还款，都是网银，结果发现成功率太低，只有60%～65%，这对于电子商务的发展显然不利，于是支付宝研发了快捷支付，打通了一条直连银行的专线，这条专线不涉及网银的很多重业务，只攻支付，这也是为什么大量小银行没有网银，却也能开通快捷支付的原因。2010年底快捷支付上线，2011年6月，支付宝快捷支付就接通了120多家银行和金融机构，支付成功率达到95%。

快捷支付主要包括储蓄卡快捷支付、信用卡快捷支付（小额）、信用卡大额支付（需要卖家开通，店铺带有标识）、信用卡分期支付和支付宝卡通五种类型。

快捷支付是指用户只需有一张储蓄卡或信用卡，无须开通网银及网上支付功能，即可完成付款。付款是通过与银行直连通道进行的，所以无须办理网银。用户可以将支付宝账户与借记卡或者信用卡关联起来，付款时只需输入支付宝的支付密码即可，一个账户可以绑定多张卡，支付方式更便捷。

快捷支付很有竞争力的一点是，它打破了网银的限制，一般网银系统仅仅局限于IE浏览器平台操作，对于不支持IE浏览器的系统平台，用户无法登录与网银建立资金结算通道，这也成为网银在移动远程支付应用上的最大障碍。而快捷支付则打破了这一屏障，可以为Firefox、Chrome等更多浏览器用户进行网上支付，同时也为手机支付业务的兴起提供了基础。另外，快捷支付由于是走支付宝的技术通道，倘若发生资产损失支付宝赔付，但如果网银支付出现资损，银行是不赔付的。但是自2014年3月22日起，四大国有银行纷纷下调了银行卡快捷支付转入第三方支付的限额，比如工商银行、建设银行由快捷支付转支付宝或余额宝单笔限额为5 000元，而网银则可进行大额支付。

快捷支付中一旦提示限额超限无法付款，则建议换卡或网银支付，也可以更换开通信用卡大额支付的卖家购买。判断卖家是否开通信用卡大额支付的方法：付款方式中有标志，店铺若没有信用卡小标识则只支持信用卡小额支付。

2.3 移动在线支付

手机彩票的狂潮

截至2014年6月21日，世界杯开赛9天，我国竞彩型彩票的销售额累计达到40亿元，已经大大超过2010年世界杯期间的23亿元，体彩中心负责人保守预测，2014年世界杯竞彩型彩票销量必然突破100亿。随后，来自7月5日的报道称竞彩足球游戏自巴西世界杯开赛以来已累计销售 95.36 亿元，世界杯期间销量突破 100 亿元指日可待。其中，7 月 5 日当日竞彩总销量高达 6.44 亿元，再次创下竞彩单日销量纪录。

2013 年，我国互联网彩票市场规模达 420 亿元，同比增长 83%，其中 APP 等移动端销售额为 89 亿元，市场份额超过两成。2014 年，随着世界杯、欧冠联赛等的到来，移动互联网彩票领域将进入"井喷年"，按照 2013 年的占比预测，2014 年 APP 等移动端销售额将有望达到 130 亿～300 亿元。

2.3.1 移动在线支付的概念

（一）移动支付

根据 2012 年 12 月 14 日中国人民银行发布的《中国金融移动支付系列技术标准》中的术语定义，移动支付（Mobile Payment）是允许用户使用移动终端对所消费的商品或服务进行账务支付的一种服务方式，主要分为近场支付和远程支付两种。具体地说就是以智能手机等移动通信设备作为用户账户和应用等数据的存储载体和处理工具，利用线下 POS、ATM 等受理终端或线上无线通信网络，实现不同账户之间的资金转移或支付行为。可见其可以分为线下近端移动支付（近场支付）和在线远程移动支付（远程支付）。

近场支付（Proximity Payment）是指移动终端通过实体受理终端在交易现场以联机或脱机方式完成交易处理的支付方式，或称为现场支付。一般是指用户在购买商品或服务时，即时通过移动通信终端向商家进行支付，支付的处理在现场进行。现场支付的接入手段主要使用 POS（或 RFID），利用移动终端与 POS 机之间的射频信号完成信息交互。现场支付可使用的支付账户主要是电子钱包、非金融支付机构交易账户等。

远程支付（Remote Payment）是指移动终端通过无线通信网络接入，直接与后台服务器进行交互完成交易处理的支付方式。用户进行支付时，通过移动通信终端远程将支付指令经过通信网络传送到支付平台处理，远程支付接入方式包括 WEB、WAP、短信（SMS）、语音（IVR）、手机客户端。远程支付使用的支付账户可以是银行卡、非金融支付机构交易账户等。

另外再介绍一下圈存的概念，空中圈存（Remote Load）是指用户在移动终端上发起指令，通过无线通信网络将其在账户管理系统上的资金划转到安全载体上的脱机账户中。

（二）移动在线支付

首先移动支付（Mobile Payment）不等于移动电话支付，移动支付的概念更为丰富。以人民银行对网络支付的业务定义为参照，移动支付包括了网络支付中"移动电话支付"和基于移动通信终端的"互联网支付"，即所谓移动互联网支付。

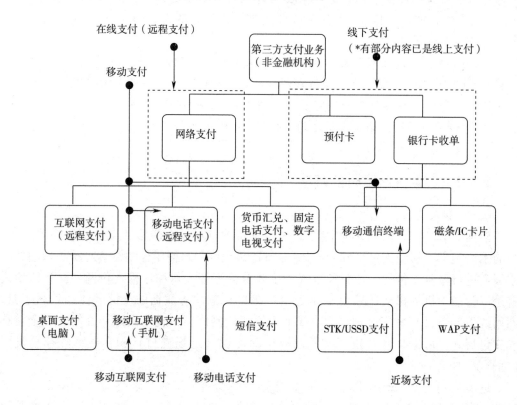

图 2 –11　移动在线支付

　　移动支付主要指通过移动通信设备、利用无线通信技术来转移货币价值以清偿债权债务关系。近年来我国移动支付发展迅速，移动支付的形式更加多样化，出现了短信支付、NFC 近场支付、语音支付、二维码扫描支付、手机银行支付、刷脸支付等移动支付方式。移动支付可以分为近场支付和远程支付，其中远程支付中的互联网支付部分则可以认为是移动在线支付（Mobile Online Payment），即通过手机上互联网利用第三方支付平台或网上银行完成购物支付。

图 2 –12　移动支付的含义

　　移动支付凭借手机，线上线下都可以进行支付，所以终端一直是支付领域创新的永恒话题，谁拥有了终端技术谁就占领了发展的主动权，在未来，必将呈现"无终端不支付、强终端强支付"的格局。长远来看，未来支付终端体系，将是以手机为主、电脑为辅的二元时代，电视、电话只是起到补充作用，ATM 和 POS 机等传统终端可能会在支付领域被逐步边缘化，甚至被淘汰。

2017 年 8 月 4 日，中国互联网络信息中心（CNNIC）在北京发布第 40 次《中国互联网络发展状况统计报告》。其数据显示，截至 2017 年 6 月，中国网民规模达到 7.51 亿，占全球网民总数的五分之一。同时我国互联网普及率为 54.3%，超过全球平均水平 4.6 个百分点。其中，手机网民规模达 7.24 亿。各类手机应用的用户规模不断上升，场景更加丰富。其中，手机外卖应用增长最为迅速，用户规模达到 2.74 亿，较 2016 年底增长 41.4%；移动支付用户规模达 5.02 亿，线下场景使用特点突出，4.63 亿网民在线下消费时使用手机进行支付。

中国支付清算协会 2017 年 4 月 26 日发布的《中国支付清算行业运行报告（2017）》显示，我国支付清算行业发展迅速，业务增量全球第一。2016 年，国内商业银行共处理网上支付业务 461.78 亿笔、金额 2 084.95 万亿元。非银行支付机构共处理互联网支付业务 663.3 亿笔、金额 54.25 万亿元。移动支付行业延续高速发展态势。2016 年，国内商业银行共处理移动支付业务 257.10 亿笔、金额 157.55 万亿元。非银行支付机构共处理移动支付业务 970.51 亿笔、金额 51.01 万亿元。消费方式向移动购物的转变，进一步促进了移动支付行为的普及。

2.3.2 移动网络和手机操作系统

（一）移动网络

手机只有通过网络连接才可以相互呼叫，也才能进一步连通国际互联网 Internet，所以手机连接网络的方式非常关键，往往决定着手机上网速度以及能支持的应用类型和性能。

5G 网络作为第五代移动通信网络，其峰值理论传输速度可达每秒数 10Gb，这比 4G 网络的传输速度快数百倍，整部超高画质电影可在 1 秒之内下载完成。随着 5G 技术的诞生，用智能终端分享 3D 电影、游戏以及超高画质（UHD）节目的时代已向我们走来。

（二）手机操作系统

目前在智能手机端的操作系统有 Android、iOS、Symbian、Windows Phone 和 Black-Berry OS 等。它们之间的应用软件互不兼容。因为可以像个人电脑一样安装第三方软件，所以智能手机有丰富的功能。智能手机能够显示与个人电脑所显示出来一致的正常网页，它具有独立的操作系统以及良好的用户界面，它拥有很强的应用扩展性，能方便随意地安装和删除应用程序（Application，即手机上的 APP）。

2.3.3 移动在线支付类型

（一）APP 手机银行

手机银行属于电子银行业务中的一种，主要的表现形式有 WAP 手机银行和 APP 手机银行。以中国银行为例，其网上银行和手机银行都是中行向广大客户提供服务的渠道，只是一个通过互联网实现，一个通过手机 WAP 网实现。为保持客户体验的一致性，两者的功能设置、服务流程尽量保持统一，减少客户的适应过程，并且二者共享欢迎信息、常用收款人、关联账户和电子支付账户，使用统一的安全机制——"动态口令"，致力于"一点接入，一致服务体验"的目标。再比如工商银行的手机银行，就明确地分为 WAP 和 APP 两种。

图 2-13　中国工商银行手机银行

《2017 中国电子银行调查报告》显示，移动趋势持续深化，手机银行用户比例首度与网上银行持平。2017 年，在地级以上城市 13 岁及以上常住人口中，网上银行用户比例和手机银行用户比例均为 51%；微信银行和电话银行用户比例分别为 28% 和 11%。

（二）第三方移动互联网支付

第三方移动支付包括远程的互联网支付和短信支付等，还包含近端支付。2016 年第三方移动支付总规模达 58.8 万亿元（不含银行），同比增长 381.9%。分析认为，这可以归因为以下三点：首先，移动设备的普及和互联网技术提升为第三方支付供了必要的发展环境；其次，现象级产品的出现使得移动支付用户数大幅提升；最后，对生活场景覆盖度大幅提升使得用户频率增加。但随着移动设备渗透和生活场景覆盖的日趋饱和，行业规模进一步发展需要从新的发力点进行推动。

正如其他的互联网细分行业市场份额高度集中在两三家企业一样，移动支付行业形成支付宝、财付通占据主导地位也是市场选择的结果，而其他市场份额较小的企业也在积极发挥自身优势，走差异化发展道路，加之互联网行业创新速度较快，未来的行业格局对各个参与者都充满了机会与挑战。

2.3.4 移动在线支付应用

（一）支付宝钱包

支付宝钱包是国内领先的移动支付平台，属于手机 APP 应用，功能非常丰富，内置风靡全国的平民理财神器余额宝，还有还信用卡、转账、充话费、缴水电煤全部免费，有了钱包还能便宜打车、去便利店购物、售货机买饮料。

支付宝与余额宝的连通，即支付宝钱包有"自动转入"余额宝功能，使得支付宝钱包将不仅仅是支付工具，能赚钱成为支付宝钱包区别于其他同类产品的最大特色。支付宝钱包 2017 年 12 月 26 日公布的数据显示，支付宝钱包月活跃用户数已超过 2.7 亿（拥有超过 3 亿的实名用户）。

（二）微信支付

微信支付是由腾讯公司知名移动社交通信软件微信及第三方支付平台财付通联合推出的移动支付创新产品，也属于手机 APP 应用。以微信 APP 为载体和入口，用户只需在微信中关联一张银行卡，并完成身份认证，即可将装有微信的智能手机变成一个全能钱包，之后即可购买合作商户的商品及服务，用户在支付时只需在自己的微信支付界面上输入密码，无须任何刷卡步骤即可完成支付，整个过程简便流畅。其特点是将支付工具与社交通信平台相结合，使支付动作不必切换应用，让支付也保持随时"在线"，方便随时使用。2017 年 11 月，腾讯发布的 2017 年第三季度财报显示，微信和 WeChat 的合并月活跃账户数达到 9.8 亿。2018 年 3 月 5 日，全国人大代表、腾讯公司董事会主席兼首席执行官马化腾在十三届全国人大一次会议首场"代表通道"集中采访中，在接受人民日报记者提问时透露，在 2018 年春节期间，微信和 WeChat 的合并月活跃账户数超过 10 亿。

2.4 O2O 支付

Square 和光子支付

在美国，Twitter 的创始人杰克·多西（Jack Dorsey）创办了 Square 公司，它的产品是利用一个可以插入 iPhone 耳机插孔中的白色小方块形状读卡设备来读取信用卡数据，并配合 iPhone 中的 APP 与后端服务器通信并且完成支付，当前的日交易额已经超过 300 万美元，月处理交易高达 100 万笔，读卡器的出货量也有 50 万部。

在中国，平安银行已经与光启公司展开合作，基于光启全球唯一的源头创新技术智能光子技术，以光为介质，利用手机闪光灯，实现支付数据从手机到 POS 机的传输。用户端无须任何投入，只需安装应用软件即可使用。通过光子支付，用户可以体验到更便捷、安全和新颖的移动支付。

面对大连锁卖场的关店潮，人们纷纷指责红火热闹的网络售卖抢了线下店铺的生意；同时，呼吁实体店要积极拥抱互联网。如今，线上线下融合已经成为一股汹涌的零售业洪流。线上线下的零售巨头纷纷向各自的合作伙伴伸出橄榄枝，并积极探索相互融合的新模式。2016年底，亚马逊推出了一家线下实体店 AmazonGo。只需要在进店时扫一下码，选购商品时，系统就会自动把已选的商品添加到亚马逊账户的购物车里，离开店铺时会自动结账从亚马逊账户扣款。不排队，不结账，购物全程无障碍，优越的用户体验让人惊呼其能够逼死各大超市。

2.4.1 O2O 支付概念

"O2O"通常指的是 Online To Offline，是电子商务里的一种模式。但是 O2O 支付的含义则更广，既可以 Online To Offline 也可以 Offline To Online。无论孰先孰后，"O2O"支付方式都可以将线上支付与线下购物结合起来，用户既可以体验线上的便捷，又能看到线下的真实，集网络与实体店购物的双重优点。

（一）用户线上购物的付费习惯是先付费

在线上购物的用户往往都会先付费到第三方支付机构，然后等待卖家发货。这样的付费方式和付费步骤的养成，与第三方支付机构的诚信、信用以及担保功能不无关系。网络消费者通过逐渐适应和长期培养固化就逐步形成了这样的线上购物规则。线上支付之后，需要到线下消费时则需要提供支付凭证，这个凭证的形式可以是账号凭证、二维码凭证、短信凭证或者其他形式的存在。

（二）用户对生活服务消费的付费习惯是后付费

对于 B2C 和 O2O，它们的重要区别之一就是一个卖商品，一个卖服务，也可以说是卖体验。B2C 更多是卖一个标准化的实体产品，对用户来说在哪里都是买同样一个产品，既然能在线上更便宜、更便捷的买到，就算预付费也就无所谓了，虽然有些产品也会涉及售后服务等，但这一般不是最主要的部分。而 O2O 所对应的生活服务往往是没有统一的服务标准的，用户几乎还没有预付费的习惯，因为对这样一个重在体验又非标准的服务，预付费意味着有不小的风险，所以对于服务性消费，用户更乐意后付费。

（三）在线支付是 O2O 闭环的关键点

在线支付不仅代表交易的完成，更是实现 O2O 完整信息闭环的关键。来看一个实例：周一下午4时，正是杭州出租车交接班高峰期，林函的飞机刚刚落地，他没有像其他乘客那样在航站楼车库里无奈地排队，而是直奔一辆已用微信定下的出租车，下午4：20，开始向市区目的地进发。对于做销售的林函而言，更方便的是，这些微信车队的出租车内还贴心地布置了 WiFi，可以时刻保持移动互联，最后，更不必为了车费，在自己的大包袱小行李中翻找钱包，直接就可以用手机上的支付宝钱包"付款"。这就是 O2O 的一次完整的商业闭环。线上实现供求信息的对称；线下完成服务、产品交付；而支付则是粘连二者的关键，从而实现了从线下又回到线上的闭环。假设，林函是用现金支付车费，此时，原有的商业闭环不再完整，真实的消费数据没有被微信车队记录，管理者无法明晰线下发生了什么，接车是否顺利？目的地是否有变化？交易的真实金额多少？如何与司机分成？同时，还失去了解用户偏好的机会，如何发展长线客户……这些问题无法解决，线上和线下各方越来越各自为政。如此，O2O 的商业系统就会陷入低效和活力不足的怪圈。从这个意义上而言银行卡及银联 POS 机支付，也有线下信息的上传线上，也可以促成 O2O 闭环。

无论是线上支付之后要到线下消费，还是反过来，线下消费后要到线上支付，前者往往需要提供线上的支付凭证，而后者则需要提供线上的支付入口。O2O 可能线下支付也不排除线上支付的跨界特点，实际上 O2O 支付可以认为覆盖了一部分线上的支付方式，同时也涵盖了一部分线下的支付手段。目前 O2O 已开发的支付模式多种多样，常见的包括：二维码、POS 机、手机在场支付、短信优惠券、声波支付、摇摇支付等。

2.4.2　O2O 支付类型

（一）条码和二维码支付

1. 作用。在 O2O 支付中，二维码支付可以充当支付凭证。当完成线上支付之后，系统可以自动生成一个含有密码信息的二维码，消费者凭手机二维码即可前往店家消费。另外，也可以倒置场景，先在线下消费，然后出示二维码形式的支付入口，由商家扫码扣款。

2. 限额。随着支付宝、微信扫码支付的普及，手机扫码支付已经成为消费新习惯。为了防范风险，人民银行发布《中国人民银行关于印发的通知》（下简称《通知》），配套印发了《条码支付安全技术规范（试行）》和《条码支付受理终端技术规范（试行）》。据人民银行新规，2018 年 4 月 1 日起，使用支付宝、微信等扫码付款，将正式迎来额度限制，静态二维码付款不能超过 500 元。

O2O 的发展，模糊了互联网支付与银行卡收单两个本来边界明确的市场，这让人民银行颁发的互联网支付和银行卡收单两个牌照及相应业务管理办法面临巨大挑战。在支付工具安全性、成本构成上，线上线下都是两个世界，监管层担心网络支付的入侵会扰乱银行卡收单市场，伤害银行卡收单机构的利益，打破了按照应用场景分类监管的框架。但是很多商户本来就既有网店又有实体店，用户完全可以到店选择商品后，在店里使用手机在网上下单，监管条例很容易被第三方支付绕开。

（二）POS 机支付

在中国，传统的固定 POS（Point of Sales）机终端一般通过电话线拨号的方式连接转接机构（中国银联），再由转接机构联系发卡行，从而实现账务支付。

（三）手机在场支付

NFC 手机在场支付方式是由谷歌、三星、诺基亚、HTC 等手机厂商主导的，是针对手机自身的改造，是将具备 NFC 功能的模块置于手机之中。真正实现了手机与支付的无缝整合，既可以通过手机实现支付也可以实现远程支付，但是用户需更换支持NFC 功能的手机。

（四）短信优惠券＋支付

凭商家线上发送的短信作为优惠券，客户持手机短信去商家消费，消费结束后付款完成整个支付过程。或者是凭短信优惠券抵扣一部分支付款，余款线下支付完成。

（五）声波支付

声波支付的原理是依托超声波，交易过程中发出"咻咻咻"的声音，只是形象地提示支付过程正在进行中。其实，真正的声波人耳无法捕捉，而每笔交易随机生成承载账单信息的超声波，仅5分钟内有效，超时过期，声波传递的超声波是一串随机生成的交易号，声波内容不涉及金额、账户号等信息，即使有人现场录音也不必担心安全问题，这也较大限度保障了支付安全。声波支付能无限接近NFC的使用体验，又不像NFC需投入过多成本，作为一种以软件为主的支付手段，对硬件要求并不高。每台售货机在安装相应软件后，所需配备的硬件——用来接收超声波的麦克风，每个仅40元，相较动辄上千元的NFC接收设备，成本大大降低。由于支付宝手机客户端已自动整合声波支付软件，用户也无须再像NFC支付那样，必须配备NFC手机、NFCSIM卡或NFC银行卡等，他们只需打开其客户端，即可体验。

（六）定位（位置）支付

摇摇手机其实是一个手机的手势操作，它和用手指点击屏幕的操作在本质上并没有太大区别。通过摇摇手机再结合GPS定位，即可得到附近的也在摇摇应用中的手机信息。通过应用的信息交换，就可以得到对方的信息了。如果这个摇一摇应用是支付宝钱包，则就可以获取对方的支付宝账号了。以支付宝的AA制付款为例，首先收款人摇动手机在支付宝上发起一个收款，周围的人同时摇一摇手机选择付款，支付宝系统立刻利用地理位置信息判断哪些人是要收款或付款，然后收款人将可以看到付款人账户出现在自己屏幕上，选择他们的账户就可以向他们收款。

2.4.3 O2O支付应用

（一）Square支付

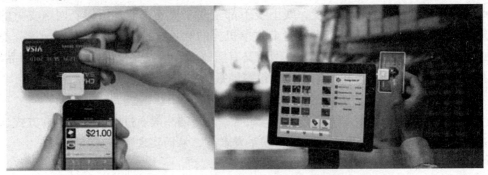

图2-14 Square和Pay With Square收银台

2009年12月2日，Jack Dorsey发了一条Twitter宣告了Square的正式诞生。Square通过自身设备Square Dangle和手机程序将一部普通的手机变成一部POS机，可以直接使用信用卡和借记卡进行付款。Square Dangle 连接手机的音频接口（插耳机的那个地方），它的原理也很简单，刷卡时读取磁条卡的数据，将数字信息转化为音频传输到手机，手机端再通过软件还原数据，并通过手机网络进行通信和支付。

2011 年 5 月 Square 升级，支持无信用卡支付，将信用卡或借记卡与 Square 账户捆绑后，消费者无须刷卡，只需提供名字即可完成支付，从用户角度其旨在取代传统的钱包。

更深入的升级是 2012 年 3 月推出了 Pay With Square 收银台这款产品，从商户角度其旨在取代传统的收银台。主要是对收银台端的应用程序进行升级，利用 GPS 和其他定位服务，使得收银台端的屏幕可以列出所有身在店内且安装了 Square 应用的客户。当用户走进商店或咖啡店时，收银员就已经知道用户光临，因为用户的名字和头像已经显示在店家的显示屏上。结账时，用户只需说出自己的名字，店家在屏幕上点击后即可完成付款。不需要现金，不需要刷卡，不需要签名，甚至不需要从口袋里掏出手机。

（二）盒子支付

盒子支付（iBOXPAY）是深圳盒子支付信息技术有限公司推出的移动支付解决方案和服务，它通过自主研发的硬件与手机应用软件，满足消费者随时随地的移动支付需求。其双向音频通信技术和音频安全信息的金融级加密技术为盒子支付所首创，这也正是它与 Square 最为不同之处。

（三）自动售货机声波支付

图 2 - 15 自动售货机声波支付

自动售货机是一个典型的 O2O 支付的例子，线下到售货机上买饮料，线上付款。

将手机对准自动售货机，扫描屏幕上的二维码，下载安装支付宝手机客户端之后登录，按提示选择售货机中的商品，再点击支付宝钱包上的"当面付"、确认付款。随着手机发出一阵"咻咻咻"的声音，支付成功完成。

（四）摇摇支付

以后去水果店忘记带钱也没关系，不妨问问老板有没有支付宝，摇一摇就能买单。支付宝推出了可以"摇一摇"的支付，能让陌生人之间实现快速手机支付。传统转账需要在柜台办理，此前的支付宝转账也需要输入对方的账号。而这一新的支付，只需要拿出手机"摇一摇"，对方的支付宝账号就自动跑到你的手机上，并进行快速支付。由于省略了输入过程，支付速度提高一倍以上。这特别适合陌生人之间的快速支付，另外也可用于咖啡馆、便利店、水果店等小微商家。目前，具备定位条件（通过基站、网络定位及 GPS）的智能手机都可使用这一功能。

（五）银联的创新 O2O 支付

1. 迷你付。银联迷你付是一种通过互联网渠道受理银行 IC 卡的多用途自助终端。通过 USB 线与电脑连接，用户可使用银联迷你付终端设备及银行 IC 卡，在互联网上安全、便捷地完成消费、转账、信用卡还款、指定账户充值、主账户余额查询、电子现金余额查询等交易。

图 2-16　银联迷你付终端

2. 闪付。在 NFC（近场支付）领域银联也推出了"闪付"。具备"闪付"功能的金融 IC 卡或银联移动支付产品，在支持"闪付"的支付终端上，轻松一挥便可快速支付。目前，国内接受"闪付"的受理终端超过 110 万台。一般来说，闪付的单笔金额不超过 1 000 元，无须输入密码和签名。目前，各地的非接触式"闪付"终端，主要覆盖日常小额快速支付商户，包括超市、便利店、百货、药房、快餐连锁等零售场所和菜市场、停车场、加油站、旅游景点等公共服务领域。

图 2-17　带有银联"闪付"（Quick Pass）
　　　　标识的金融 IC 卡

图 2-18　进行闪付的场景

2.4.4　O2O 支付的发展

O2O 支付未来的发展方向会朝着更便捷、无硬件化趋势发展。现在的 O2O 支付除了智能手机之外，往往要借助一些辅助硬件来实现，比如 SIM 卡贴片、SQUARE 刷卡器等。未来的趋势是对硬件的依赖将会越来越小，甚至于只有一个手机就可进行。比如 SQUARE 已经升级为无卡支付了，再如我们熟悉的信用卡也正朝着无卡支付的方向迅速发展，如果连卡都没了，还有配套的刷卡机具吗？不远的将来可以想象虚拟信用卡将会大行其道。另外像声波支付就是一个很典型的例子，无须 NFC、SIMpass 卡等第三方多余硬件，就凭手机的功能就足以支持支付了。

甚至对于这个唯一的硬件手机，也无法逃脱被简化被变形的命运。将来 O2O 支付的另外一个发展趋势将会是从借助于手机的支付，慢慢过渡到更易于携带的智能可穿戴设备的支付，比如智能眼镜、智能手表、智能手环、智能领带皮带等。

📖 **本章小结**

由传统的支付形式发展到今天的互联网金融支付，形成了电子银行和第三方支付共同发展和促进的一个大舞台。在这个大舞台上多方进行着竞争和博弈，既有来自人民银行的监管，也有银行、银联和第三方支付机构的竞争，还有银行、银联和电信运营商之间的博弈。支付这个领域是个日新月异、发展迅速、创新突出的领域，从经历虚拟信用卡风波，腾讯将解决移动支付难题寄希望于获得银行牌照，到中移动入股浦发银行发展手机支付，这些战略举动无不折射出支付行业正面临着新的挑战、面对着新的机遇，而这些支付方式上的渐变或突变，都将会影响到我们每一个社会人，将对我们的生活方式进行全新的塑造，从而带来崭新的生活体验。

✍ **想一想、练一练**

◎ 思考题

1. 通常互联网金融支付包含哪几种类型？电子银行支付有哪些形式？
2. 中国的非金融机构支付服务一般提供哪些货币资金转移服务？
3. 试举一例说明银联支付和其他的第三方支付公司对于支付市场的竞争。
4. 简述在淘宝网购物时，使用信用卡快捷支付在手续费和支付限额方面的一般规则。
5. 谈谈你对 O2O 支付的理解和看法。

互联网金融系列教材
HULIANWANG JINRONG XILIE JIAOCAI

第 3 章

P2P 网络借贷

 知识要点

✓ P2P 网络借贷的定义及性质
✓ P2P 网络借贷的架构、流程和业务模式
✓ 中国 P2P 网络借贷的发展状况
✓ P2P 网络借贷的运营管理
✓ 中国 P2P 网络借贷的监管与法规

案例导读

宜人贷成功登陆美国纽约证券交易所

美国时间 2015 年 12 月 18 日上午 9 时 30 分，随着一陈清脆的铃声，宜信公司旗下在线 P2P 网络借贷机构宜人贷正式登陆美国纽交所，股票代码为 YRD。P2P 平台宜人贷是国内互联网金融和 P2P 网络借贷机构登陆海外市场的第一股，同时也是纽交所乃至全美股市 2015 年最后一个 IPO。

宜人贷上市的时间是 2015 年底，而这个时间点正好是中国 P2P 网络借贷疯狂增长的拐点。不少大平台接连暴雷，特别是"e 租宝"平台集资诈骗被公安机构立案侦查，投资人超过五百亿资产未兑付，随后引发 P2P 网络借贷行业大地震，监管层对 P2P 行业的政策开始全面收紧。P2P 网络借贷行业旋起了关门、停业和跑路潮，中国 P2P 网络借贷行业仿佛一夜进入

资料来源：和讯网。

图 3-1 宜人贷高管在纽交 IPO 现场

严冬，未来发展被蒙上了一层浓厚阴影。宜人贷的成功上市给当时的中国 P2P 网络借

贷行业犹如寒冬的一束热烈的暖阳，说明国际资本是认可中国 P2P 网络借贷行业的，更认可中国优质的 P2P 网络借贷公司。宜人贷的成功上市不仅是中国 P2P 网络借贷行业发展的里程碑，也将促使中国 P2P 网络借贷优胜劣汰的新市场格局的形成，成为行业发展的分水岭之一，也为后来的信而富、和信贷和拍拍贷在美国上市创造了更好的融资环境和估期预期。

3.1　P2P 网络借贷概述

3.1.1　P2P 网络借贷的定义及性质

（一）P2P 网络借贷的定义

P2P 网络借贷（Peer – to – Peer Lending），即个人对个人的网络借贷。在国际上，P2P 网络借贷又称为债权众筹，是众筹的四大分类之一。在我国 P2P 网络借贷则属于网络借贷业态中的一个分类。2015 年 7 月出台的《关于促进互联网金融健康发展的指导意见》第二章第八条对我国网络借贷进行了明确的分类，指出网络借贷包括个体网络借贷（即 P2P 网络借贷）和网络小额贷款。P2P 网络借贷是指个体和个体之间通过互联网平台实现的直接借贷。

（二）P2P 网络借贷的性质

2015 年 7 月人民银行等十部委出台的《关于促进互联网金融健康发展的指导意见》第八条明确指出在 P2P 网络借贷机构上发生的直接借贷行为属于民间借贷范畴，受《合同法》《民法通则》等法律法规以及最高人民法院相关司法解释规范。个体网络借贷要坚持平台功能，为投资方和融资方提供信息交互、撮合、资信评估等中介服务。个体网络借贷机构要明确信息中介性质，主要为借贷双方的直接借贷提供信息服务，不得提供增信服务，不得非法集资。2016 年 8 月银监会等三部委出台的《网络借贷信息中介机构业务活动管理暂行办法》中将 P2P 网络借贷机构定义为网络借贷信息中介机构，第一章第二条也明确规定：网络借贷中的个体包含自然人、法人及其他组织，网络借贷信息中介机构是指依法设立，专门从事网络借贷信息中介业务活动的金融信息中介公司。该类机构以互联网为主要渠道，为借款人与出借人（即贷款人）实现直接借贷提供信息收集、信息公布、资信评估、信息交互、借贷撮合等服务。所以，从上面两个国家最高层面框架性的 P2P 网络借贷监管法律法规来看，P2P 网络借贷的性质属于民间借贷，P2P 网络借贷机构属于金融信息中介机构，而非金融信用中介，不能为出借方提供增信服务。

不过，从司法的层面来看，P2P 网络借贷对其贷款进行担保具有法律效力。2015 年 8 月最高人民法院出台的《关于审理民间借贷案件适用法律若干问题的规定》第二十二条明确规定："借贷双方通过网络贷款平台形成借贷关系，网络贷款平台的提供者仅提供媒介服务，当事人请求其承担担保责任的，人民法院不予支持。网络贷款平台的提供者通过网页、广告或者其他媒介明示或者有其他证据证明其为借贷提供担保，出借人请求网络贷款平台的提供者承担担保责任的，人民法院应予支持。"从最高人民法院出台的法规来看，虽然也明确了 P2P 网络借贷机构的信用中介性质，但是 P2P 网络借贷机构对其借贷提供担保要承担法律责任，因此，P2P 网络借贷机构对其贷款进行担保合法但不合规。随着，P2P 网络借贷的监管细则不断落地，不合规的 P2P 网络借贷机构难以持续发展。

3.1.2　P2P 网络借贷的发展

（一）线下 P2P 借贷的起源

民间个人对个人的借贷自古有之，但是草根群体，特别是贫困人群很难从民间获得融资，这是一个全球性的金融排斥现象，因此，也没有放贷者把资金分成小份额按纯信用模式借给若干个陌生人，特别是穷人。直到 1976 年，孟加拉济学家穆罕默德·尤努斯打破了穷人是无法获得金融服务的根深蒂固的观念。当年穆罕默德·尤努斯在一次乡村调查中，把 27 美元借给了 42 位贫困的村民，以支付他们用以制作竹凳的微薄成本，免受高利贷的盘剥。同时，也开创线下个人对个人小额借贷融资的一种现代模式。随后，穆罕默德·尤努斯以极大的热情投入对贫困与饥饿的研究和实践之中，并创建了专门为孟加拉社会底层人民融资服务的格莱珉银行（Grameen Bank，意为"乡村银行"）。穆罕默德·尤努斯因"从社会底层推动经济与社会发展"的努力，获得 2006 年度诺贝尔和平奖。

（二）线上 P2P 借贷的起源

2005 年 3 月，世界第一家 P2P 网络借贷机构 Zopa 于英国伦敦成立，P2P 网络借贷行业的帷幕就此展开。英国是银行业相当集中的国家，有 5 家大型银行，几乎垄断了整个行业，被称为"英国五大银行"。垄断就非常容易导致效率损失，英国的个人与企业的贷款在向银行的融资过程中，不但难于获得贷款，而且贷

表 3-1　主要国家的代表性 P2P 网络借贷机构

国家	代表性平台
中国	宜人贷、陆金所、拍拍贷、微贷网
美国	Lending Club、Prosper
英国	Zopa、RateSetter、Funding Circle、MarketInvoice
德国	Smava、Auxmoney、Friendsurance
澳大利亚	SocietyOne、DirectMoney
日本	Maneo 、AQUSH

款手续多，周期长。但客户虽然越发不满，却无可奈何。就像 Zopa 的创始人吉尔斯·安德鲁说的，银行已经有点忘了它们为什么存在了。Zopa 就是在这种英国民众向往的是更简单、更便捷的贷款方式的背景下产生和发展的。Zopa 是 Zone of Possible Agreement 的缩写，意思为一个人最低限（借款者获得的最低贷款利率）与另一个人最高限（投资者获得的最高回报率）的重叠区域。Zopa 将其自身定位为一种连接贷款者（投资者）与借款者的网络平台：借款者登录 Zopa 网站上传借款申请；经过 Zopa 的匹配，投资者借钱给他们，并获得一笔不小的贷款利率作为回报。而 Zopa 收取投资者总资金 1% 的手续费，收取借款者 30~610 英镑不等的手续费。截至 2018 年 2 月，ZOPA

出借金额达到 30 亿欧元，超过 6 万名投资人和 27.7 万名借款人，是英国最为知名的 P2P 网络借贷机构。ZOPA 的成功上线，立即被全世界的互联网创业者所模仿，P2P 网络借贷机构在世界范围内遍地开花。

（三）英国的 P2P 发展概述

2005 年 3 月，世界第一家盈利性的 P2P 平台 Zopa 在英国伦敦上线。2010 年 8 月，英国第二家专注小微企业借贷的盈利性 P2P 平台 Funding Circle 开业。2010 年 10 月，英国第三家盈利性的 P2P 平台 RateSetter 上线。2011 年 2 月，英国第四家专注于票据借贷的盈利性 P2P 平台 MarketInvoice 上线。2011 年 8 月，英国网络借贷机构 Zopa、Rate-Setter、Funding Cirle 联合成立了 P2P 金融协会（P2PFA），以推进英国 P2P 行业标准和建设促进自律规范。2012 年 8 月，P2P Global Investments Funds（P2P 全球投资基金）在伦敦交易所上市。2014 年 4 月，英国金融行为监管局（FCA）发布了《关于网络众筹和其他方式发行不易变现证券的监管规则》对网络借贷进行明确监管。在 2016 年 12 月，网贷平台 Zopa 已向英国金融行为监管局（FCA）和审慎监管局（PRA）递交了银行牌照的申请。截至 2017 年 12 月，英国 P2PFA 成员累积发放贷款达到 80 亿英镑。英国目前大约有 80 家 P2P 网络借贷机构，但 Zopa，Funding Circle，RateSetter 和 Market-Invoice 四家平台占有英国 P2P 行业 85% 以上的市场。

从 2005 年到 2017 年底，英国 P2P 网络借贷机构倒闭、跑路和欺诈的平台数不足英国总平台数的 1%，这主要以下几个方面的原因：一是英国具有良好信用体系。英国有相当完善的个人信用评分制度，主流的信用评分机构（Credit reference agency）有三家：Callcredit、Equifax、Experian。这三家机构拥有大多数英国公民的信用报告（Creditreport），良好的信用体系不但是英国 P2P 网络借贷机构风控的关键依据，也是制约借款人主观恶意违约的重要因素。二是借贷双方的资金在传统银行业进行存管。比如：Zopa 客户的借贷资金与 Zopa 的运营资金分开，被存于 Zopa 在苏格兰皇家银行（Royal Bank of Scotland，RBS）单独的账户里，即使 Zopa 倒闭，投资者也可以安全收回本金。三是出借人资金小额分散。比如：Zopa 在默认模式下，会自动将 2 000 英镑以下投资者的资金分成 N 组 10 英镑借给借款者，如果投资者金额超过 2 000 英镑，则资金至少会借给 200 人。四是自下而上的形成有效的行业监管体系。2011 年 8 月，英国网络借贷行业联合成立了 P2P 金融协会（P2PFA），该协会成为英国 P2P 网络借贷行业监管和维持行业健康运行的关键力量，协会的准则是后续英国出台《关于网络众筹和其他方式发行不易变现证券的监管规则》的重要参照。

（四）美国的 P2P 发展概述

2005 年 10 月，美国第一家的 P2P 网络借贷机构 Kiva 上线，Kiva 是一家纯公益性的 P2P 网络借贷机构。2006 年 2 月，美国第一家盈利性 P2P 网络借贷机构 Prosper 开业。2006 年 5 月，美国第二家盈利性的 P2P 网络借贷机构 Lending Club 上线。2008 年，美国 SEC 认定 P2P 网络借贷属于证券业务。2008 年，Lending Club 主动向美国 SEC 提交注册申请，在 2008 年 4 月至 10 月是注册的"静默期"且停止开展业务。2008 年 10 月至 2009 年 7 月，Prosper 被 SEC 要求强制注册，在此"静默期"也必须停止开展业务，Prosper 也因此被 Lending Club 全面超越并痛失行业第一的位置。2014 年 12 月，Lending Club 在纽交所挂牌，成为全球第一家纽交所上市的 P2P 网络借贷公司。2016 年 5 月，Lending Club 曝出高层违规放贷丑闻，股价大跌 35%。2016 年 5 月，美国财政部发布首份官方《网络借贷白皮书》，呼吁国会制定相关法律，加强对网络借贷行业有效监管，同时保护借贷双方的利益。

美国的 P2P 网络借贷机构数量不到英国的一半，Lending Club 和 Prosper 两家平台的交易量占据了美国 P2P 行业交易量的 90% 以上。与英国一样，美国的问题 P2P 网络借贷机构量也是寥寥无几，原因除了与英国一样具有良好的信用体系、客户资金银行存管、出借资金小额分散等方面外，还有一个重要原因就是 SEC 将 P2P 网络借贷认定为证券业务监管，P2P 网络借贷机构的注册成本就需要 400 万美元左右，而且 P2P 网络借贷机构每天的借贷交易信息都需要报送 SEC 备案，高昂的注册和运营成本阻挡了国际 P2P 网络借贷机构和本国的网络借贷创业者介入美国 P2P 网络借贷市场。另外，从 Lending Club 公布的财报来看，美国的 P2P 网络借贷是利润微薄的行业。

（五）中国的 P2P 发展概述

2007 年 6 月，中国第一家 P2P 网络借贷机构拍拍贷上线，中国 P2P 网络借贷开始萌芽发展。2013 年 6 月，余额宝的爆发引爆了中国 P2P 网络借贷行业，并在"无门槛、无标准、无监管"的背景下开始野蛮发展，可谓鱼龙混杂、鱼目混珠，不乏打着 P2P 之名行诈骗之实的违法分子。2015 年 12 月，中国 P2P 网络借贷行业发生惊天大案，P2P 网络借贷机构"e 租宝"集资诈骗达到 700 亿元，受害人 90 万。就在同一个月份，中国 P2P 网络借贷机构宜人贷登陆纽交所，成为第一家纽交挂牌的中国 P2P 网络借贷中介机构，也是中国第一家登陆资本市场的 P2P 平台。2015 年 12 月底，中国 P2P 网络借贷交易规模接近 1 万亿元，运营的平台数达 3 435 家。2016 年 8 月，银监会等部门发布《网络借贷信息中介机构业务活动管理暂行办法》，中国 P2P 网络借贷行业迎来监管框架法规，行业进行监管时代和洗牌期。2016 年 10 月，银监会等发布《P2P 网络借贷风险专项整治工作实施方案》，行业洗牌力度加大，淘汰机构数量不断增加。2016 年 12 月，中国 P2P 网络借贷交易规模突破 2 万亿元，运营平台数 2 448 家。2017 年 8 月，银监会发布《网络借贷信息披露指引》，网贷行业"1 + 3"制度体系完成。2017 年 12 月，P2P 网贷风险专项整治工作领导小组办公室向各地 P2P 整治联合工作办公室下发了《关于做好 P2P 网络借贷风险专项整治整改验收工作的通知》，中国 P2P 网络借贷机构优胜劣汰进入收官阶段。

中国 P2P 网络借贷行业与美英国两 P2P 网络借贷行业的发展环境完全不同。中国的信用基础设施薄弱，行业缺乏监管，P2P 网络借贷机构在中国遍地开花式的野蛮生成，P2P 网络借贷机构数量和成交规模都远超美国和英国。中国 P2P 网络借贷行业经过 9 年的野蛮发展期，风险开始逐步暴露，问题平台不断攀升，所以，中国对 P2P 网络借贷的监管法规不断出台，监管体系已基本完善，中国 P2P 网络借贷行业正式进入监管时代。2015 年，宜人贷在纽交所成功上市，上市后截至 2017 年的财报表现都十分强劲，受到国际资本的热捧，股价涨幅巨大，随后信而富、和信贷和拍拍贷三家纯

P2P 网络借贷机构登陆美国的证券交易所，这说明中国 P2P 网络借贷行业市场发展前景受到国际资本的广泛认同。

3.1.3　P2P 网络借贷兴起的经济学分析

（一）网络借贷是互联网市场决定的信贷资源配置新模式

市场决定资源配置是市场经济的一般规律，市场经济本质上就是市场决定资源配置的经济。在网络借贷出现之前，投资双方通常是以线下方式进行投融资活动。对于传统金融机构，不论信贷规模的大小，信用分析和定价投入的过程和成本都是相同的，因此传统金融机构对客户的选择有天然的偏向融资体量达到规模的大客户，在传统金融市场中小微企业和普通老百姓很难获得正规的金融资源；对于民间借贷，同样也面临信用分析和定价投入的问题，如果放贷人将资金借给熟悉的人，信用分析和定价的成本很低，但是放贷人要把资金借给一个陌生人，信用分析和定价成本则非常高昂，即使是高利贷也行不通，这就是传统民间借贷是熟人借贷的根本原因。网络借贷利用互联网及相关新兴技术能显著降低交易成本和消除信息不对称，计算机智能算法速度远超于人脑计算，提高风险定价精度和提升了风险管理效率，将借贷交易边界拓展到互联网覆盖区域，资金供需双方可以直接脱媒交易，缩短了交易链条，大幅降低了交易成本，从而改变传统借贷的交易和组织形式。比如，网络借贷双方可以是陌生人，网络借贷平台通过多种应用程序和算法来量化每个借款人的评级和违约概率，从而实现借贷双方在金额、期限和风险收益上的匹配。正如谢平教授等学者所阐述，互联网作为一个由众多应用程序组成的生态系统，本身就可以定义为金融市场。网络借贷利用互联网新兴生态市场，优化信贷资源的资源配置方式、配置结构和配置价格，真正打开了民间借贷的发展空间。

（二）网络借贷具有很强的普惠性和社会功能

网络借贷与正归金融不同，网络借贷立足于小额资金融通服务，网络借贷的融资方是千千万万的小微企业主和普通的老百姓，特别是为年轻人提供投融资服务，这些客户以往是无法从正规金融机构获得相应金融服务的，网络借贷的金额虽然就是几千块钱，几万块钱。但是为小微群体提供了及时、重要和甚至关键的服务。网络借贷通过互联网渠道明显的能更快、更多、更好地惠及三四线城市和农村、偏远地区群体，为这些群体在创造机会、改善公平、消除贫困和缩小收入差距等方面发挥了传统金融机构难以替代的作用。因此，网络借贷具有很强的普惠性和很高的社会价值。

（三）网络借贷具有明显的网络经济特征

网络经济是一种基于互联网，以知识经济为核心的新的经济形态，是一种在传统经济基础上产生的、以现代信息技术驱动的高级经济发展形态。与传统经济相比，网络经济具有正反馈、边际成本递减、边际效益递增、正外部经济性等显著特征。网络借贷是一种典型的网络经济，网络借贷平台和其他基于互联网运营主体一样，在创建和运营的前期先期投入高额的沉浸成本，网络借贷平台交易规模达到或超越一定的"关键规模"就能使边际效益递增，从而实现网络借贷平台平稳或快速发展。网络借贷平台超越"关键规模"就必须尽快将自身规模做大，规模的扩大能让网络借贷发展形成"马太效应"的正反馈良性循环，增强自身的竞争优势。因此，网络借贷平台后期投入的成本低，边际成本递减，甚至可以趋近于零。根据网贷之家的统计，在 2016 年末，排名前 30 的 P2P 网络借贷平台成交量占所有平台成交的 50%。网络借贷还具有正外部经济性，借贷双方和网络借贷平台自身都在网络借贷活动中获得价值增量，也吸引了更多的借贷双方在网络借贷平台进行借贷活动。不过，网络借贷平台与一般的信息中介及运营主体不同，借贷是跨期价值交换，本质还是金融。网络借贷平台并未改借贷中的风险属性和功能属性，所以，网络借贷只有在风险可控的条件下发展才会具有上述的网络经济特征。

（四）网络借贷是金融的供给侧结构性改革

调查数据显示，由于传统银行业的"二八服务"理念，我国有 80% 的居民的融资需求未得到满足，70% 的小微企业的融资需求也无法得到满足。2016 年末，我国网民达 7.31 亿，小微企业数达到 7 000 万家，网络借贷市场的前景广阔。我国是以传统银行业为主导的间接融资体系国家，根据中国人民银行公布的数据，2016 年末小微企业从银行获得的贷款余额为 26.7 万亿元，而我国银行业的总资产达到 232.2 万亿元，小微企业贷款余额占银行业总资产的 11.4%。但小微企业对 GDP 的贡献率达到 60% 以上，提供了 75% 左右的就业和新增 90% 的就业机会，并且直接或间接创造了 50% 左右的出口收入和财政税收。小微企业从银行获得金融资源与其的社会经济贡献明显不相匹配。虽然传统金融机构正在努力增加对小微企业的融资规模，但还是无法满足小微企业的个性化融资服务需求。网络借贷利用互联网创新性将民间金融资源输送给小微企业和普通民众，有效弥补了传统金融机构的短板，有力地服务了实体经济，属于金融行业的供给侧结构性改革。

3.2 P2P 网络借贷的主体架构与业务模式

3.2.1 P2P 网络借贷的主体架构

在中国，P2P 网络借贷的主体架构通常由五个部分组成：P2P 网络借贷机构、借款人、出借人、存管人和增信机构。

（一）P2P 网络借贷机构

P2P 网络借贷机构，即网络借贷信息中介机构，是指依法设立，专门从事网络借贷信息中介业务活动的金融信息中介公司。依据监管要求新设立一家 P2P 网络借贷机构需首先从总部所在地的工商管理部门完成注册登记并领取营业执照，在工商登记注册地的地方金融监管部门完成备案登记，然后按照通信主管部门的相关规定申请获得相应的增值电信业务经营许可证，最后还必须与通过测评的银行业金融机构开展资金存管业务合作后才能正式营业。不过，由于 P2P 网络借贷行业在相关监管法规出台之前就存在大量的 P2P 网络借贷机构，因此 P2P 网贷风险专项整治工作领导小组办公室在 2017 年 12 月向各地 P2P 整治联合工作办公室下发了《关于做好 P2P 网络借贷风险专项整治整改验收工作的通知》（又被称为 57 号文），提出："对于在《网络借贷信息中介机构业务活动管理暂行办法》发布之日（2016 年 8 月 24 日）后新设立的网贷机构或新从事网络借贷业务的网贷机构，在本次网贷风险专项整治期间，原则上不予备案登记"。所以，新设立的 P2P 网络借贷机构通常是指 2016 年 8 月 24 日以后设立的平台，对于之前的 P2P 网络借贷机构可以先完成其他监管合规要求程序和手续，最后再完成备案。

（二）借款人

借款人通俗地讲就是在平台上进行资金借入活动的主体，借款人主体性质有自然人、法人或其他组织三类。根据《网络借贷信息中介机构业务活动管理暂行办法》规定，P2P 借款人应当履行下列义务：

（1）提供真实、准确、完整的用户信息及融资信息；

（2）提供在所有网络借贷信息中介机构未偿还借款信息；

（3）保证融资项目真实、合法，并按照约定用途使用借贷资金，不得用于出借等其他目的；

（4）按照约定向出借人如实报告影响或可能影响出借人权益的重大信息；

（5）确保自身具有与借款金额相匹配的还款能力并按照合同约定还款；

（6）借贷合同及有关协议约定的其他义务。

同时，借款人禁止从事下列行为：

（1）通过故意变换身份、虚构融资项目、夸大融资项目收益前景等形式的欺诈借款；

（2）同时通过多个网络借贷信息中介机构，或者通过变换项目名称、对项目内容进行非实质性变更等方式，就同一融资项目进行重复融资；

（3）在网络借贷信息中介机构以外的公开场所发布同一融资项目的信息；

（4）已发现网络借贷信息中介机构提供的服务为监管禁止的十三种行为时，仍进行交易；

（5）法律法规和网络借贷有关监管规定禁止从事的其他活动。

（三）出借人

出借人就是在 P2P 网络借贷机构上进行资金出借活动的用户，也称为投资人或理财人。出借人主体性质有自然人、法人或其他组织三类。根据《网络借贷信息中介机构业务活动管理暂行办法》规定，参与网络借贷的出借人，应当具备投资风险意识、风险识别能力、拥有非保本类金融产品投资的经历并熟悉互联网。同时，参与网络借贷的出借人应当履行下列义务：

（1）向网络借贷信息中介机构提供真实、准确、完整的身份等信息；

（2）出借资金为来源合法的自有资金；

（3）了解融资项目信贷风险，确认具有相应的风险认知和承受能力；

（4）自行承担借贷产生的本息损失；

（5）借贷合同及有关协议约定的其他义务。

（四）存管人

存管人，即 P2P 网络借贷资金存管机构，是指为网络借贷业务提供资金存管服务的商业银行。网络借贷资金存管业务，是指商业银行作为存管人接受 P2P 网络借贷机构的委托，按照法律法规规定和合同约定，履行网络借贷资金存管专用账户的开立与销户、资金保管、资金清算、账务核对、提供信息报告等职责的业务。网络借贷资金包括借款人、出借人和担保人等进行投融资活动形成的专项借贷资金及相关资金。根据《网络借贷资金存管业务指引》规定，存管人开展网络借贷资金存管业务，不对网络借贷交易行为提供保证或担保，不承担借贷违约责任。委托人应履行以下职责：

（1）负责网络借贷平台技术系统的持续开发及安全运营；

（2）组织实施网络借贷信息中介机构信息披露工作，包括但不限于委托人基本信息、借贷项目信息、借款人基本信息及经营情况、各参与方信息等应向存管人充分披露的信息；

（3）每日与存管人进行账务核对，确保系统数据的准确性；

（4）妥善保管网络借贷资金存管业务活动的记录、账册、报表等相关资料，相关纸质或电子介质信息应当自借贷合同到期后保存 5 年以上；

（5）组织对客户资金存管账户的独立审计并向客户公开审计结果；

（6）履行并配合存管人履行反洗钱义务；

（7）法律、行政法规、规章及其他规范性文件和网络借贷资金存管合同约定的其他职责。

（五）增信机构

增信机构就是指与基于利益共享和风险共担的原则与 P2P 网络借贷机构合作的非银行金融机构，P2P 网络借贷机构与增信机构展开合作来增强出借人的信心，保护出借人的本息收益，并且可以分散自身经营风险。增信机构包括但不限于担保公司、小贷公司、保险公司或资产管理公司等。最为常见的增信机构是第三方担保公司，由第三方担保公司和 P2P 网络借贷机构或借款人约定，当借款人无法履行债务时，第三方担保公司按照约定履行债务或者承担责任。借款人逾期后由第三方担保公司向出借人垫付本息，出借人的债权则转让给第三方担保公司。根据《网络借贷信息中介机构业务活动管理暂行办法》规定，P2P 网络借贷平台不得自身提供担保，但并未禁止第三方担保。而且从后面出台的地方相关监管法规来看，监管层是鼓励有资金实力的增信机构共同参与、分享和稳定 P2P 网络借贷市场的。

3.2.2 P2P 网络借贷的业务流程

P2P 网络借贷的业务流程主要包括以下 11 项内容：

1. 借款人向 P2P 网络借贷机构提出融资申请。

2. P2P 网络借贷机构利用线上或线上线下相结合的技术和手段对借款人进行信用信息收集与信用分析，审核借款人是否符合融资条件并确定借款人的信用等级和借款利率。

3. 借款人融资申请获得通过和确定信用定价后，P2P网络借贷机构则发布借款人的融资项目。融资项目通常又被称为"标"，投资P2P网络借贷就是投资具体的P2P借款标。融资项目一般包括项目名称和简介、借款金额、借款期限、借款用途、还款方式、年化利率、起息日、还款来源和担保措施等。

4. 出借人将出借资金转入资金存管机构，根据自己的风险投资偏好，然后自行或由P2P网络借贷机构自动进行的匹配融资项目。

5. 投融资需求匹配成功后，出借人出借资金将被冻结，出借人的出借资金成为不可用状态，这时的资金又被称为在途资金。

6. 待融资项目达到预先设定的额度后，即项目满标后，借款人融资成功。

7. P2P网络借贷机构发出指令通知资金存管机构将融资款转入借款人的资金托管账户。出借人的本金和利息成为平台待还余额。P2P网络借贷平台通知借款人借款成功。

8. 借款人按照借贷合同按时将应还本息存入资金存管机构。

9. P2P网络借贷机构发出指令通知资金存管机构将借款方偿还的本息转入出借人资金存管机构专户。

10. 增信机构在借入方出现逾期或无法偿还本息时，增信机构承接借入方的债权。

11. 增信机构对投资方的本息进行垫付。

3.2.3 P2P网络借贷的业务模式

（一）根据借款人的性质分类

1. P2P业务模式。P2P（Person to Person Lending）业务模式是个人对个人的借贷，即借款人和出借人都是自然人，如拍拍贷、微贷网等P2P网络借贷机构。

2. P2B业务模式。P2B（Person to Business Lending）业务模式，又被称为P2C（Person to Company Lending）业务模式，是个人对企业的借贷，即借款人是法人，出借方是自然人，如道口贷、金银猫等P2P网络借贷机构。

3. P2G业务模式。P2G（Person to Government Lending）业务模式，是个人对政府机构的借贷。出借方是自然人，借款人是具有政府相关背景或信用背书的企业或组织，与个人购买地方政府发行的固定收益的债券或信托产品类似，如浙里投等P2P网络借贷机构。

（二）根据P2P网络借贷机构项目资产类型分类

1. 纯信用资产模式。纯信用资产模式是指P2P网络借贷机构的借款人利用自身信用进行借款，项目资产全部都是信贷资产的业务模式。纯信用资产模式类似银行信用卡业务模式，根据借款人的信用资质来确定融资资格、额度数量和融资价格，风险控制的难度较大，如宜人贷、拍拍贷等P2P网络借贷机构。

2. 抵质押资产模式。抵质押资产模式是指P2P网络借贷机构的借款人为融资项目提供具有足额或超额价值的实物资产或金融资产进行抵质押融资的业务模式。常见实物资产有房产、汽车、机器设备、存货、仓单等；常见的金融资产有承兑票据、应收账款、股票、存单、债券等。比如微贷网是专注车抵贷的 P2P 网络借贷机构，金银猫是专注票据贷的 P2P 网络借贷机构。

3. 第三方资产合作模式。第三方资产合作模式是指 P2P 网络借贷机构项目资产来源于合作的第三方机构的业务模式，通常项目资产的风险控制由 P2P 网络借贷机构和第三方合作机构管理，通常第三方合作机构以融资项目进行担保。如鑫和汇等 P2P 网络借贷机构的一些融资项目就来自合作的第三方机构。在监管细则出台之前，有一大批 P2P 网络借贷机构的资产来自地方金融交易所的债权资产，这种第三方资产合作业务模式类似于资产证券化，不过监管规则出台后禁止 P2P 网络借贷机构与地方金交所合作的模式。

3.3　P2P 网络借贷在我国的发展状况

3.3.1　P2P 网络借贷机构数量与成交量分析

中国第一家 P2P 网络借贷机构"拍拍贷"在 2007 年 6 月正式上线运营，拉开了中国的 P2P 网络借贷行业发展的序幕。但是由于行业发展环境、法规政策和理财观念等因素，中国的 P2P 行业发展非常缓慢。2013 年，随着余额宝的爆发，普通民众开始关注、理解并参与各种互联网金融理财。中国 P2P 网络借贷以门槛低、收益高、项目多、流动性强等特点获得了众多草根投资人的青睐，中国 P2P 网络借贷行业开始爆发式增长。2013 年，中国 P2P 网络借贷机构数量是 2012 年的 4 倍，达到 800 家。由于巨大的市场前景，在随后的两年，中国 P2P 网络借贷机构在"无门槛、无标准、无监管"的背景下遍地开花、疯狂发展。2015 年末，P2P 网络借贷机构数达到了 3 433 家，相比 2014 年底增长了 1 143 家，机构数量创出历史最高。与此同时，P2P 网络借贷的风险也逐步暴露，并且风险出现高发、频发的态势。随着网络借贷的监管主体明确和 P2P 网络借贷监管法规的陆续出台，行业监管开始从紧从严实施，P2P 网络借贷行业进行入洗牌期，随后两年 P2P 网络借贷机构开始快速缩减，截至 2017 年末，P2P 网络借贷机构只有 1 931 家，为 2015 年的 56%（见图 3 - 2）。2017 年的金融工作会议和党的十九大都明确提出防范金融风险是未来几年的中心工作，在这种背景下，P2P 网络借贷行业将被进一步规范，监管将继续收紧，实力弱小的 P2P 网络借贷机构的生存将面临困境，所以行业的洗牌还将继续，P2P 网络借贷机构的数量将继续下降。

2013 年，中国 P2P 网络借贷机构的成交量开始爆发式增长，与机构数量变化不同，近六年保持高速增长的态势，在 2017 年 12 月达到 28 048 亿元人民币，贷款余额达到 12 245 亿元，创出历史新高，如图 3 - 3 所示。不过，在 2017 年下半年，特别是第四季度，月交易量开始出现萎缩的态势。在行业规范运营和严监管的背景下，以往一些不合规的业务将逐步退出，如 P2P 网络借贷机构来自地方金融交易所的债权转让项目、具有杠杆性的出借人债权转让项目、P2P 网络借贷机构的自融项目等。同时，

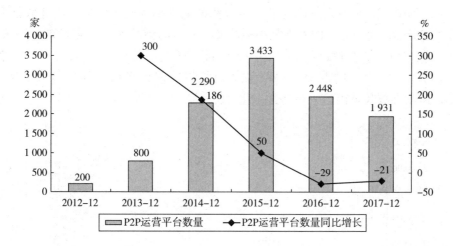

资料来源：Wind。

图 3-2　近六年中国 P2P 网络借贷机构的数量

传统金融机构逐步向互联网服务升级或转型也将挤压 P2P 网络借贷行业的市场。所以，
未来几年 P2P 网络借贷行业的成交量出现滞涨或负增长的概率非常大。

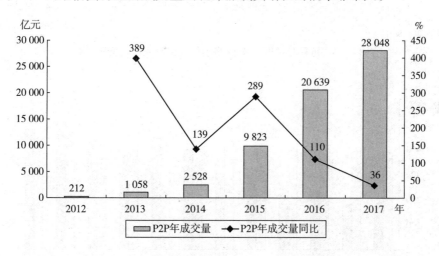

资料来源：Wind。

图 3-3　近六年中国 P2P 网络借贷平台的成交量和成交量同比

3.3.2　P2P 网络借贷的出借人和借款人分析

　　P2P 网络借贷行业近四年的投资人数与借款人数的绝对数量都在快速增加，2017
年出借人数按 12 个月累计超过 5 000 万，借款人数按 12 个月累计超过 4 700 万，这说
明 P2P 网络借贷有越来越多的用户熟悉并参与，P2P 网络借贷行业蓬勃向上发展。不
过值得注意的是，在 2017 年 8 月，借款人的人数在历史上首次超过出借人的人数。其
原因一方面是 P2P 网络借贷机构受单一自然人在同一网贷平台不能超过 20 万元限额政

策的影响，不少 P2P 网络借贷机构平台向消费金融等小额业务转型，还有部分平台对接了现金贷资产，此类业务的共性是小额分散、涵盖的借款人多，使得 2017 年借款人数数量和增长速度均超过投资人数。另一方面行业的监管趋严，知名的 P2P 网络借贷机构纷纷降息，实力较弱的 P2P 网络借贷问题频发都会降低对新借款人的吸引力。2018 年，借款人数超过出借人数将常态化。

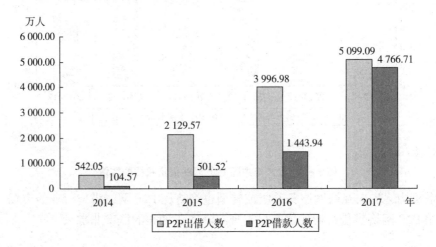

资料来源：Wind。

图 3 - 4　近四年中国 P2P 网络借贷的出借人数与借款人数

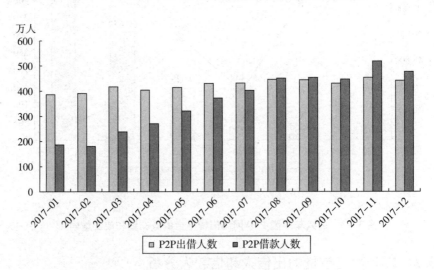

注：年出借人数与借款人数为每年度各个月出借人数与借款人的累加值。
资料来源：Wind。

图 3 - 5　2017 年中国 P2P 网络借贷的出借人数与借款人数

3.3.3　P2P 网络借贷的贷款期限和利率分析

P2P 网络借贷的平均借款期限近四年保持增加，2017 年行业平均借款期限为 9.16

个月，相比 2016 年拉长了 1.38 个月。从近四年各个月的平均借款期限走势看，虽然有波动，但整体趋势向上，其中 2017 年 12 月的平均借款期限高达 10.02 个月。主要是由于监管新规实施，P2P 网络借贷机构的活期理财、拆标错配、期限错配和资金池业务逐步退出，整个行业的长期融资项目规范化，必然导致行业平均借款期限拉长。所以，预计 2018 年网贷行业平均借款期限将继续抬升，或将突破 10 个月。

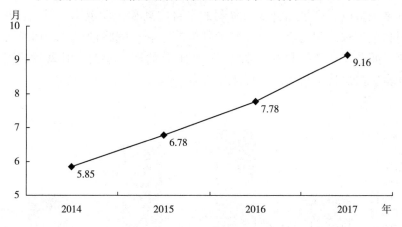

资料来源：Wind。

图 3-6　近四年中国 P2P 网络借贷平均借款期限

P2P 网络借贷的平均出借综合利率保持下降，2017 年 P2P 网络借贷行业平均出借综合利率为 9.45%，相比 2016 年行业平均出借综合利率下降了 117 个基点（1 个基点 = 0.01%）。2017 年平均出借综合利率延续近四年整体下行的趋势，但下降速度有所放缓。原因有：一方面由于体量靠前的平台，大部分都具有强大背景，比较受投资人青睐，但其综合收益率相对较低；另一方面应监管政策要求，资产端借款利率也在逐步下行，综合影响网贷行业综合收益率下行。由于目前整改正当时，预计 2018 年网

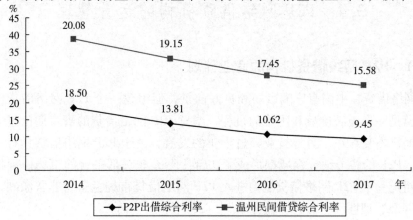

资料来源：Wind。

图 3-7　近四年中国 P2P 网络借贷平均出借综合利率

贷行业综合收益率或将继续下行至9%左右。

3.3.4 P2P 网络借贷的问题平台数分析

2017 年 P2P 网络借贷机构停业及问题平台数量为 655 家，占所有机构总数的 25.3%，相比 2016 年，无论是问题平台数量和占比数均大幅度减少。主要原因是经过两年的行业规范整改，许多综合实力羸弱的平台主动和被动退出。可以预见未来行业的发展环境将愈加规范和健康，行业监管降维的套利空间将消失，2018 年是行业整改的验收之年，问题平台数量和占比数出现一定上升的概率较大，但 2019 年之后，问题平台数量和占比数出现缓慢下降的可能性较大。

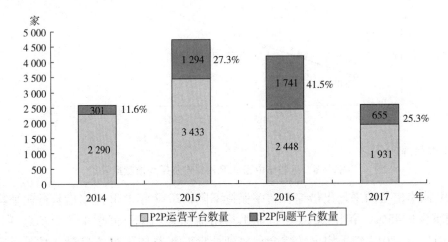

资料来源：Wind。

图 3 – 8　近四年中国 P2P 网络借贷的问题平台数

3.4　P2P 网络借贷机构的运营管理

3.4.1 P2P 网络借贷机构的商业计划

P2P 网络借贷在中国有广阔市场和良好前景，但组建一个 P2P 网络借贷机构进行商业化运营是一个充满挑战和困难的过程，毕竟 P2P 网络借贷的野蛮期已过去，政策套利的空间已不复存在，另外行业经过十年的发展，由于 P2P 网络借贷具有一定的互联网属性，P2P 的各个细分领域都形成了头部平台，非头部平台的市场份额将非常有限的。新组建一个 P2P 网络借贷机构进入 P2P 网络借贷市场竞争将非常激烈，必须要制订一个客观、理性和全面的商业计划。

（一）P2P 网络借贷行业分析

行业分析主要考虑行业整体、盈利模式和监管政策分析三个方面。行业整体方面需要把握行业发展的整体形势，特别是根据行业趋势作出相应的战略调整，还需要详细分析所在地区的网络借贷行业近三年网贷成交量、增长率、民间借贷成交量及贷款余额、人均储蓄规模等方面的精确数据，为运营开展的市场预测提供支持；盈利模式方面几乎难有创新空间，主要盈利来源有借款人的收费、出借人的收费、逾期罚息收费和第三方合作收费，即 P2P 网络借贷机构的收入 = 借款人的收费 + 出借人的收费 + 逾期罚息收费 + 第三方合作收费；监管政策方面必须重点关注和分析。虽然，相关法规和"1 + 3"制度出台行业的监管制度体系基本完善，但是监管层会根据宏观经济环境和行业发展状况对监管制度和方式进行调整和完善，互联网金融协会也会适时出台行业标准，P2P 网络借贷则应及时调整经营活动以适应监管要求。

（二）P2P 网络借贷机构的资源分析

自身的资源分析主要包括资产资源、人力资源、其他资源分析三个方面。资产资源的质量、规模和稳定性决定 P2P 网络借贷机构发展的业务模式和发展空间。P2P 网络借贷的生存根基就是为出借人获取平台资产的风险溢价，所以，P2P 网络借贷机构必须要有能力持续性的获得一定规模的质量保证的资产资源。常见的资产有信用资产、实物资产和金融资产等，对应的业务模式有信用贷、车贷、房贷、票据贷、保理贷、供应链贷等；人力资源决定 P2P 网络借贷机构的发展前景，P2P 网络借贷机构虽被定性为纯信息中介机构，但如不能为出借人赚取预期收益，P2P 网络借贷机构必被出借人抛弃而倒闭，本质上 P2P 网络借贷的核心竞争力还是风险控制，所以 P2P 网络借贷机构的核心成员必须要拥有精通金融业务和互联网运营业务的成员，只有人员结构合理的 P2P 网络借贷机构才符合监管要求，才具有发展前景。其他资源主要有政府资源和媒体资源。政府资源有利于 P2P 网络借贷机构在符合各种监管规定的条件下，在与监管部门交互环节上和行业资源分配时获得优势，进而获得更快的发展速度。

（三）P2P 网络借贷机构的战略分析

战略分析主要包括业务模式、运营模式和行业定位分析三个方面。业务模式有综合类或垂直细分两种选择，P2P 网络借贷机构要根据自身的资源禀赋和长处来选择，通常对于资源有限的机构进行垂直细分是最好的选择。运营模式有纯线上和 O2O 两种选择，由于监管规定除非业务需要不允许设立线下门店，所以只有如车贷之类的业务可以选择 O2O 模式；行业定位则是确定短中长三个期限业务的地区定位和行业定位。

（四）P2P 网络借贷机构的竞争对手分析

竞争对手分析主要有对手的规模、资产出口、架构模式、营销方法和优劣势分析五个方面。对手分析对 P2P 网络借贷新机构进入行业提供了最好参考模板，采用 SWOT 办法分析可行性，从而清楚知道行业的门槛、规则、现状及未来的发展预期是否现实。

（五）P2P 网络借贷机构的业务分析

业务分析分为部门组建和产品设计两大方面。部门组建主要涉及部门及岗位、人员配备和制度管理三个方面。产品设计主要有产品名称、门槛设置、额度及期限、两端利率和操作流程五个方面。

（六）P2P 网络借贷机构的风险分析

风险分析分为系统性风险和非系统性风险两大方面。系统性风险主要是平台合规性风险，而非系统性风险主要包括信用风险、管理风险、业务风险、技术风险和流动性风险五个方面。

3.4.2　P2P 网络借贷机构的营销管理

我国 P2P 网络借贷机构为获得客户，在营销管理方面都是不遗余力、不惜重金。2017 年的第三季度，宜人贷营销相关费用支出约 8.44 亿元，同比增长 37%，而第三季度的总营收为 15.1 亿元。拍拍贷第三季度营销相关费用达 2.25 亿元，同比增长 140.3%，第三季度的总营收为 12.5 亿元。由此可见营销管理是 P2P 网络借贷机构运营管理的重要工作。我国 P2P 网络借贷机构营销模式是以下五种模式的一种或多种组合：一是线下营销，二是线上营销，三是 O2O 营销，四是跨界营销，五是生态营销。

（一）线下营销模式

线下营销模式是 P2P 网络借贷机构通过人工营销人员或设立线下物理场所的方式去挖掘借款人（资产端）和出借人（资金端）。线下营销模式的特点是具有客户体验度好，客户的忠诚度高，市场渗度强，信息准确度高。线下营销模式主要手段有品牌宣传、理财顾问、融资辅导等，曾经的代表平台有宜信、捷越、友信。但新出台的《网络借贷信息中介机构业务活动管理暂行办法》（以下简称《暂行办法》）明确禁止了线下产品营销，P2P 网络借贷机构不得从事线下推广，即不得自行或委托、授权第三方在互联网、固定电话、移动电话等电子渠道以外的物理场所进行宣传或推介融资项目。不过，《暂行办法》并没有禁止 P2P 网络借贷机构因业务需要开设线下经营性物理场所和线下获取资产端的行为。

（二）线上营销模式

线上营销模式是 P2P 网络借贷机构利用第三方在互联网、固定电话、移动电话等电子渠道获得借款人和出借人，其特点是信息透明、高效匹配、交易快捷、成本较低。线上营销模式主要手段有新手注册奖励、新手专标、充值返现、债权转让等，代表机构有宜人贷、拍拍贷、点融网和人人贷等。

（三）O2O 营销模式

O2O 营销模式即 Online To Offline（在线离线/线上到线下）营销模式，是指 P2P 网络借贷机构通过线下人工或物理网点推广和互联网、固定电话、移动电话等电子渠道相结合方式挖掘借款人和出借人，将线下获客引导至网络借贷机构的互联网平台完成交易，其特点是资产端信息真实度高、理财端用户忠诚度高、风险相对较低。O2O 营销模式手段主要采用线下扫街、插卡等方式与线上营销手段相结合的方式，代表机构有微贷网、翼龙贷、红领创投。

（四）跨界营销模式

跨界营销模式是指 P2P 网络借贷机构通过与互联网门户、小额信贷、担保公司等第三方机构合作开拓资产端（借款人）和理财端（出借人），其特点是合作互补、业务关联度高、利益共享、风险共担。跨界营销模式的主要手段是信用担保、逾期回购、项目推荐、代理推广等，代表机构有开鑫贷、鑫合汇等。

（五）生态营销模式

生态营销模式是指 P2P 网络借贷机构通过整合集团生态体系内资源或者外围社会资源，形成跨界融合的营销网络，基于大数据及精准营销手段支持，对融资端与投资端进行广泛有效的需求匹配，其特点是内外资源整合、服务上深度有延展和内容在体验上更丰富。生态营销模式的主要手段是集成推广、投融对接、信用共享、个性定制，代表性机构有平安集团旗下的陆金所。

3.4.3　P2P 网络借贷机构的风险分析

P2P 网络借贷机构的风险分析分为系统性风险和非系统性风险两大方面。

（一）P2P 网络借贷机构的系统性风险

P2P 网络借贷机构的系统性风险就是平台合规性风险，合规性风险表现在 P2P 网络借贷机构能否成功获得地区金融办的备案，以及获得备案后能否继续通过合规经营生存和发展。由于近年来，网贷行业风险有所积聚，爆发了一系列风险事件，比如："e 租宝"非法集资诈骗案，严重损害了广大投资者合法权益，对互联网金融行业声誉和健康发展造成较大负面影响，给金融安全和社会稳定带来较大危害。2016 年 4 月银监会、工业和信息化部、公安部、国家互联网信息办公室等十五部委联合发布《P2P 网络借贷风险专项整治工作实施方案》，在全国范围内开展网贷风险专项整治工作，并设置清晰明确的整治和处置标准，分类处置标准以《关于促进互联网金融健康发展的指导意见》和有关监管要求等作为主要依据：一是网贷机构满足信息中介的定性。二是业务符合直接借贷的标准，即个体与个体之间通过互联网机构实现的直接借贷。三是不得触及业务"红线"，即设立资金池、自融、向出借人提供担保或者承诺保本保息、大规模线下营销、误导性宣传、虚构借款人及标的、发放贷款、期限拆分、发售银行理财和券商资管等产品，违规债权转让、参与高风险证券市场融资或利用类 HOMS 等系统从事股票市场场外配资行为、从事股权众筹或实物众筹等。四是落实出借人及借款人资金第三方存管要求。五是信息披露完整、客观、及时，并且具备合规的网络安全设施。整治后网贷机构将被划分为三类进行处置：一是合规类。二是整改类。三是取缔类。2017 年 12 月，P2P 网贷风险专项整治工作领导小组办公室向各地 P2P 整治联合工作办公室下发了《关于做好 P2P 网络借贷风险专项整治整改验收工作的通知》（57 号文）（以下简称《通知》），对整改验收阶段作出了具体、详细的部署，并采取不同情况的网络借贷机构，分类施策、科学处置的措施：一是对于验收合格的网络借贷机构，应当尽快予以备案登记，确保其正常经营；二是对于积极配合整改验收工作但最终没有通过的机构，可以根据其具体情况，或引导其逐步清退业务、退出市场，或整合相关部门及资源，采取市场化方式，进行并购重组；三是对于严重不配合整改验收工作，违法违规行为严重，甚至已经有经济侦察介入或已经失联的机构，应当由相关部门依据《非法金融机构和非法金融业务活动取缔办法》等相关法律法规予以取缔；四是对于为逃避整改验收，暂停自身业务或不处于正常经营状态的机构，各地整治办要予以高度重视，要求此类机构恢复正常经营后，酌情予以备案；五是对于行业中业务余额较大、影响较大、跨区域经营的机构，由机构注册地整治办建立联合核查机制，向机构业务发生地整治办征求相关意见。

《通知》明确整改验收时间节点和严格政策界限。具体包括：一是根据互联网金融风险专项整治领导小组有关要求，对于在《网络借贷信息中介机构业务活动管理暂行办法》发布之日（2016 年 8 月 24 日）后新设立的网贷机构或新从事网络借贷业务的网络借贷机构，在本次网贷风险专项整治期间，原则上不予备案登记；二是对于自始未纳入本次网贷专项整治的各类机构，在整改验收期间提出备案登记申请的，各地整治办不得对此类机构进行整改验收及备案登记；三是对于《网络借贷信息中介机构业务活动管理暂行办法》规定的十三项禁止性行为及单一借款人借款上限规定，网贷机构应当自 2016 年 8 月 24 日后不再违反，相应存量业务没有化解完成的网贷机构不得进行备案登记；四是对于开展过涉及房地产首付贷、校园贷以及现金贷等业务的网贷机构，应当按照《关于进一步加强校园贷规范管理工作的通知》（银监发〔2017〕26 号）、《关于对"现金贷"业务进行规范整顿通知》（整治办函〔2017〕141 号）的要求，暂停新增业务，对存量业务逐步压缩，制定退出时间表，对于相关监管要求下发后继续违规发放以上三类业务的机构不予备案；五是辖内各网贷机构应当与通过网贷专项整治领导小组办公室组织开展的网贷资金存管业务测评的银行业金融机构开展资金存管业务合作；六是对于在规定时间内没有通过本次整改验收，无法完成备案登记但依然实质从事网贷业务的机构，各省（区、市、计划单列市）应当协调相应职能部门予以处置，包括注销其电信经营许可、封禁网站，要求金融机构不得向其提供各类金融服务等。

很显然，P2P 网络借贷机构是否能顺利备案决定 P2P 网络借贷机构的生死存亡。P2P 网络借贷机构必须对自身整体的合规情况有充分准确的了解，根据自身的实际情况选择自行备案，还是良性退出。虽然备案条件非常严格，过程非常艰苦，但备案成功后无疑对 P2P 网络借贷带来极大的信用效益，提升获客数量和降低多方面的运营成本，让 P2P 网络借贷机构获得新一轮的发展机遇。

（二）P2P 网络借贷机构的非系统性风险

非系统性风险主要包括信用风险、管理风险、业务风险、流动性风险和信息安全风险五个方面。

1. 信用风险。信用风险是指借款人因各种原因未能通过 P2P 网络借贷机构按约足额偿还借款人的债务的可能性。虽然发生违约时，P2P 网络借贷机构作为信息中介机构无须承担损失，但实质上出借人因为信任并远低于民间借贷利率的情况才在 P2P 网络借贷机构向借款人出借资金，如果出借人不能取得预期回报，P2P 网络借贷机构信用声誉将严重受损，出借人将不断撤离而引发 P2P 网络借贷机构的生存危机。信用风险的管理在宏观上涉及经济周期的冷暖、利率的高低、资本市场的冷热和监管政策的松紧。在微观上主要通过大数据分析、智能风控模型等信息化手段和技术在央行征信数据库、行业共享信息数据库、自身积累的客户数据和第三方信用数据库等的支撑下进行贷前调查，尽可能地获取、核实、分析研究借款人的信用等级；贷中核查，尽可能掌握借款人借款的合法性、安全性、盈利性，核实抵质押物和保证人情况；贷后管理，做好包括账户监管、贷后检查、风险预警、到期处理、催收、不良贷款管理、信贷档案管理等。

2. 管理风险。大多数 P2P 网络借贷机构是草根创业，平台的管理运营由个别或少数股东控制，管理制度混乱，有的形同虚设，有的没有缺失。比如 e 租宝、中宝投资平台，制度形同虚设，个别股东完全控制所有的运营和财务，信息完全不透明，最终酿成有史以来数额最大的非法集资诈骗案。所以，管理的不规范将导致极大道德风险。P2P 网络借贷具有互联网和金融的双重属性，但是互联网金融毕竟是新金融业态，高级管理层一类是来自互联网行业，一类是来自传统金融行业。互联网行业崇尚"用户体验""流量为王""快速迭代""生态规模"的冒险性文化，金融行业崇尚"安全第一""严谨规范""层层审批"的稳健的机械式文化。管理层之间行业文化的融合存在一定风险。

3. 业务风险。P2P 网络借贷的借款人多数是无法从正规金融机构获得金融服务的次贷人群。在业务层面，为了保证出借人的本息安全，P2P 网络借贷机构采用多种业务模式来控制风险。比如第三方担保模式，P2P 网络借贷机构与担保公司合作，担保公司对借款项目进行履约担保，一旦借款项目出现逾期或无法还本付息，则担保公司负责将本息偿还给投资人的一种增信及风控模式；还有风险准备金模式，风险准备金是 P2P 网络借贷机构用于出借人无法按时收回投资本息而用于先行赔付的一种风险保证金。风险准备金一般来源于借款人融资成功后，平台先行提取借款人融资总额的一定比例计提入风险准备金；还有大数据量化风控模式，利用大数据、云计算和数据挖掘等构建模型对客户海量的线上及线下的多维度数据进行快速风险评估、信用定价、风险提示的信息化风控技术；还有保险合作模式，P2P 网络借贷机构与保险公司合作，通过对借款人人身保险、财产保险、信用保险等来降低出借人本息回收风险的一种风控模式；还有传统的资产抵质押模式，即 P2P 网络借贷平台要求借款人向平台抵押资产进行担保，才能从出借人手中获得资产价值一定折扣比例的借款额度的风控模式。这些业务都存在一定的风险，第三方担保模式存在担保公司资质是否合规和担保公司本身运营失败而失信的风险；风险准备金存在被监管叫停和压缩存量的风险；大数据量化风控模式存在可信数据辨别难度大、线下活动数据获取难度大和风险模型有效性的风险；保险合作存在要求高、成本高和监管政策的风险。

4. 其他风险。其他风险还包括流动性风险、信息安全风险等。P2P 网络借贷平台仅仅作为连接借款人与出借人的纯信息中介，理论上不存在流动性风险。但是有些 P2P 平台通过各种手段掩饰期限错配和资金错配行为，P2P 网络借贷机构演变成了银行资金池模式，出现了一定的流动风险。还有信息技术风险，许多资源较弱的平台存在信息安全的问题。特别是在 2014 年和 2015 年，不少 P2P 网络借贷机构经常遭受黑客攻击或者敲诈，有些 P2P 网络借贷机构甚至因黑客攻击导致系统瘫痪。随着监管的细化和推进，资金池模式也禁止，流动性风险将大大降低。P2P 网络借贷机构信息安全技术的等级与银行趋同，并需要定期的信息安全评测，信息安全问题将得到极大的改善。

3.5 P2P 网络借贷法规制度与监管政策

3.5.1 国家层面的 P2P 网络借贷的法规与制度

国家层面的 P2P 网络借贷的法规与制度可以分成三个部分，第一个部分是十部委和最高人民法院出台的 P2P 网络借贷两个基石性法规，即《关于促进互联网金融健康发展的指导意见》和《关于审理民间借贷案件适用法律若干问题的规定》；第二个部分是银监会①出台的 P2P 网络借贷"1 + 3"框架性制度政策体系，即《网络借贷信息中介机构业务活动管理暂行办法》《网络借贷信息中介机构备案登记管理指引》《网络借贷资金存管业务指引》和《网络借贷信息中介机构业务活动信息披露指引》，所以"1 + 3" 制度体系又被称为"一个办法三个指引"制度体系；第三个部分是中国互联网金融协会出台的行业规范标准。中国互联网金融协会出台了《互联网金融信息披露 个体网络借贷》和《互联网金融 个体网络借贷 借贷合同要素》两份 P2P 网络借贷的行业规范标准。中国互联网金融协会出台的行业规范标准虽然不是全行业必须遵守的标准，但是会员都需要遵守的标准。目前多数知名的网络借贷机构都是中国互联网金融协会会员。

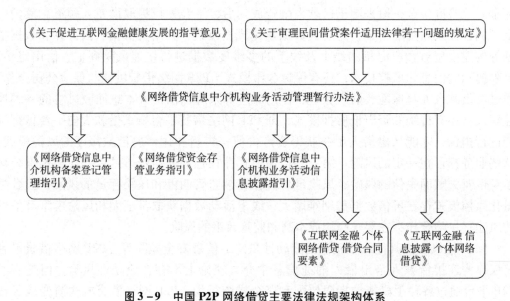

图 3 - 9　中国 P2P 网络借贷主要法律法规架构体系

---

① 2018 年 4 月机构改革，银监会与保监会合并成立银保监会。

（一）P2P网络借贷两个基石性法规

2015年7月，中国人民银行、工业和信息化部、公安部、财政部、国家工商总局、国务院法制办、中国银行业监督管理委员会、中国证券监督管理委员会、中国保险监督管理委员会、国家互联网信息办公室日前联合印发了《关于促进互联网金融健康发展的指导意见》（以下简称《指导意见》），《指导意见》共20条，指出P2P属于民间借贷范畴，受《合同法》《民法通则》等法律法规的支持和规范，给予P2P的合法地位，明确监管单位为银监会。

2015年8月，最高人民法院公布《关于审理民间借贷案件适用法律若干问题的规定》（以下简称《若干问题的规定》），并于2015年9月1日起施行。《若干问题的规定》不但对民间借贷主体范围、合法行为、利率问题作出了清晰的解释，而且对互联网借贷平台的责任作出了明确的界定，《若干问题的规定》分别对于P2P网络借贷机构涉及居间和担保两个法律关系时，是否应当以及如何承担民事责任作出了规定。按照《若干问题的规定》中的条款内容，借贷双方通过P2P网络借贷机构形成借贷关系，网络贷款平台的提供者仅提供媒介服务，则不承担担保责任，如果P2P网络借贷机构的提供者通过网页、广告或者其他媒介明示或者有其他证据证明其为借贷提供担保，根据出借人的请求，人民法院可以判决P2P网络借贷机构的提供者承担担保责任。

《指导意见》和《若干问题的规定》是P2P网络借贷行业两个基石性的法律法规，为后续《网络借贷信息中介机构业务活动管理暂行办法》的制定和出台提供了原则性和框架性的指导。

（二）P2P网络借贷"1+3"框架性制度政策体系

1.《网络借贷信息中介机构业务活动管理暂行办法》。2016年8月，银监会、工业和信息化部、公安部和互联网信息办公室联合公布了《网络借贷信息中介机构业务活动管理暂行办法》（以下简称《暂行办法》），《暂行办法》共八章四十七条，落实了《指导意见》和《若干问题的规定》的有关要求：一是界定了网贷内涵，明确了适用范围及网贷活动基本原则，重申了从业机构作为信息中介的法律地位。二是确立了网贷监管体制，明确了网贷监管各相关主体的责任，促进各方依法履职，加强沟通、协作，形成监管合力，增强监管效力。三是明确了网贷业务规则，坚持底线思维，加强事中事后行为监管。四是对业务管理和风险控制提出了具体要求。五是注重加强消费者权益保护，明确对出借人进行风险揭示及纠纷解决途径等要求，明确出借人应当具备的条件。六是强化信息披露监管，发挥市场自律作用，创造透明、公开、公平的网贷经营环境。下面是《暂行办法》中的核心内容：

（1）明确网贷平台的信息中介定位。《暂行办法》第一章第二条、第三条规定：网络借贷信息中介机构是指依法设立，专门从事网络借贷信息中介业务活动的金融信息中介公司，按照依法、诚信、自愿、公平的原则为借款人和出借人提供信息服务，维护出借人与借款人合法权益，不得提供增信服务，不得直接或间接归集资金，不得非法集资，不得损害国家利益和社会公共利益。

（2）明确网贷平台的监管主体。《暂行办法》第一章第四条规定：银监会负责制定网络借贷信息中介机构业务活动监督管理制度，并实施行为监管。各省级人民政府负责本辖区网络借贷信息中介机构的机构监管。工业和信息化部负责对网络借贷信息中介机构业务活动涉及的电信业务进行监管。公安部牵头负责对网络借贷信息中介机构的互联网服务进行安全监管，依法查处违反网络安全监管的违法违规活动，打击网络借贷涉及的金融犯罪及相关犯罪。国家互联网信息办公室负责对金融信息服务、互联网信息内容等业务进行监管。

（3）网络借贷采用备案制。《暂行办法》第二章第五条规定：网络借贷信息中介机构完成地方金融监管部门备案登记后，应当按照通信主管部门的相关规定申请相应的电信业务经营许可。

（4）划定网贷平台的 13 条红线。《暂行办法》第三章第十条规定：网络借贷信息中介机构不得从事或者接受委托从事的以下十三种活动：一是为自身或变相为自身融资；二是直接或间接接受、归集出借人的资金；三是直接或变相向出借人提供担保或者承诺保本保息；四是自行或委托、授权第三方在互联网、固定电话、移动电话等电子渠道以外的物理场所进行宣传或推介融资项目；五是发放贷款，但法律法规另有规定的除外；六是将融资项目的期限进行拆分；七是自行发售理财等金融产品募集资金，代销银行理财、券商资管、基金、保险或信托产品等金融产品；八是开展类资产证券化业务或实现以打包资产、证券化资产、信托资产、基金份额等形式的债权转让行为；九是除法律法规和网络借贷有关监管规定允许外，与其他机构投资、代理销售、经纪等业务进行任何形式的混合、捆绑、代理；十是虚构、夸大融资项目的真实性、收益前景，隐瞒融资项目的瑕疵及风险，以歧义性语言或其他欺骗性手段等进行虚假片面宣传或促销等，捏造、散布虚假信息或不完整信息损害他人商业信誉，误导出借人或借款人；十一是向借款用途为投资股票、场外配资、期货合约、结构化产品及其他衍生品等高风险的融资提供信息中介服务；十二是从事股权众筹等业务；十三是法律法规、网络借贷有关监管规定禁止的其他活动。

（5）定位小额分散的金融服务。《暂行办法》第三章第十七条规定：网络借贷信息中介机构应当控制同一借款人在同一网络借贷信息中介机构平台及不同网络借贷信息中介机构平台的借款余额上限。同一自然人在同一网络借贷信息中介机构平台的借款余额上限不超过人民币 20 万元，在不同平台借款总余额不超过人民币 100 万元；同一法人或其他组织在同一网络借贷信息中介机构平台的借款余额上限不超过人民币 100 万元，在不同平台借款总余额不超过人民币 500 万元。

（6）要求具有保护客户信息安全的能力。《暂行办法》第三章第十八条规定：采取完善的管理控制措施和技术手段保障信息系统安全稳健运行，保护出借人与借款人的信息安全。网络借贷信息中介机构应当记录并留存借贷双方上网日志信息，信息交互内容等数据，留存期限为自借贷合同到期起 5 年。

（7）出借人与借款人资金实行银行存管。《暂行办法》第四章第二十八条规定：网络借贷信息中介机构应当实行自身资金与出借人和借款人资金的隔离管理，并选择符合条件的银行业金融机构作为出借人与借款人的资金存管机构。目前的银行存管模式有直连和联合存管两种模式，但是新的监管规定只有直连模式才符合监管要求。

（8）强制信息披露。《暂行办法》第三章第九条规定：网络借贷信息中介机构应当对出借人与借款人的资格条件、信息的真实性、融资项目的真实性、合法性进行必要审核，同时在其官方网站上向出借人充分披露借款人基本信息、融资项目基本信息、风险评估及可能产生的风险结果、已撮合未到期融资项目资金运用情况等有关信息。

2.《网络借贷信息中介机构备案登记管理指引》。2016年11月，银监会、工信部、工商总局联合发布了《网络借贷信息中介机构备案登记管理指引》（以下简称《备案指引》），《备案指引》全文共23条，将新旧网络借贷信息中介机构的经营范围、公示、法定代表人承诺、备案内容、ICP许可、银行存管、最终期限都做了详细规定，对网络借贷机构备案给出了明确的指引。主要内容如下：

（1）强调了备案不是增信。《备案指引》第二条强调了备案登记仅对机构的基本信息进行登记、公示并建立相关机构档案，不构成对机构经营能力、合规程度、资信状况的认可和评价。

（2）实行新老平台备案登记区分管理。《备案指引》第三条规定，对新设立平台，在完成工商登记注册、领取企业法人营业执照后，应当于10个工作日内向工商登记注册地地方金融监管部门申请备案登记。第十条规定，对已设立并开展经营的平台，按照分类处置结果，对合规类机构的备案登记申请予以受理，对整改类机构，在其完成整改并经有关部门认定后受理其备案登记申请。申请前还应当先到工商登记部门修改经营范围，明确网络借贷信息中介等内容。

（3）明确了备案至少需要提交的材料。《备案指引》第六条明确了备案至少需要提交九项材料。包括：网贷机构基本信息（如名称、住所地、组织形式等）；股东或出资人名册及其出资额、股权结构；经营发展战略和规划；合规经营承诺；企业法人营业执照正副本复印件；法定代表人以及董事、监事、高级管理人员基本信息资料；分支机构名册及其所在地；网络借贷信息中介机构官方网站网址及相关APP名称；地方金融监管部门要求提交的其他文件、资料。

（4）明确备案登记将作为新平台申请银行存管及增值电信业务许可的前置条件。《备案指引》第十三条、十四条规定，网贷机构须持地方金融监管部门出具的备案登记证明，按相关规定申请增值电信业务经营许可、与银行业金融机构签订资金存管协议，并将相关信息反馈至工商登记注册地地方金融监管部门。

（5）设定了备案工作期限。《备案指引》第九条、十二条规定，新设立的网络借贷信息中介机构办理备案登记的具体时限由地方金融监管部门根据本辖区情况具体规定，但不得超过40个工作日。已经设立并开展经营的网络借贷信息中介机构办理备案登记的具体时限，由地方金融监管部门根据本辖区情况具体规定，但不得超过50个工作日。

3.《网络借贷资金存管业务指引》。2017年2月，银监会发布《网络借贷资金存管业务指引》（以下简称《业务指引》）。《业务指引》共五章二十九条，明确了网贷资金存管业务应遵循的基本规则和实施标准，鼓励网贷机构与商业银行按照平等自愿、互利互惠的市场化原则开展业务。主要内容如下：

（1）明确了网贷资金存管业务的基本定义和原则。《业务指引》明确了存管业务的三大基本原则：一是分账管理。商业银行为网贷机构提供资金存管服务，对网贷机构自有资金、存管资金分开保管、分账核算。二是依令行事。存管资金的清算支付以及资金进出等环节，需经出借人、借款人的指令或授权。三是账务核对。银行和网贷机构每日进行账务核对，保证账实相符，同时规定每笔资金流转有明细记录，妥善保管相应数据信息，确保有据可查。

（2）明确了委托人和存管人开展网贷资金存管业务应具备的条件。《业务指引》明确了存管人为商业银行，存管人应具备责任部门、技术系统、业务制度、支付结算等方面的基本条件。目前，包括国有大型银行、股份制银行、城市商业银行等在内的商业银行均具备开展网贷资金存管业务的条件和资质，银监会鼓励各商业银行根据各自差异化市场定位开展网贷资金存管业务，满足网贷资金存管市场的需求。

（3）明确了网贷资金存管业务各方的职责义务。《业务指引》明确了商业银行作为存管人履行授权保管和划转客户资金等资金存管职责，内容主要包括业务审查、账户开立、清算支付、账户核对、存管报告、档案保管、资金监督等方面；网贷机构作为委托人主要在系统开发、信息披露、数据提供、客户服务等方面履行职责。同时，为做好风险隔离，保护存管人的合法权益，《业务指引》在数据信息真实性和准确性、营销宣传、资金管理运用等方面明确了有关存管人的免责条款，防范商业银行声誉风险。

（4）明确了网贷资金存管业务的具体操作规则。《业务指引》对有关业务细则提出了基本的业务规范，内容覆盖业务模式、合同内容、系统接口、日终对账、信息报告、免责条款等方面，同时明确了存管账户设置的要求，确保账户资金安全。

（5）明确了三项具体落实保障措施。《业务指引》明确了三项具体机制安排：一是过渡期安排。按照"新老划断"原则，对于已经开展网贷资金存管业务的机构预留六个月的过渡期，为网贷机构备案登记、系统改造等工作留出时间，并与《办法》规定的整改过渡期保持一致。二是不得变相背书。除必要的披露及监管要求外，网贷机构不得打着存管人的旗号做营销宣传。商业银行作为存管人，不对网络借贷交易等行为提供担保，不承担借贷违约责任。三是平等商定服务费用。商业银行不得以开展资金存管业务为由捆绑销售或变相收取不合理费用。

4.《网络借贷信息中介机构业务活动信息披露指引》。2017年8月，银监会发布了《网络借贷信息中介机构业务活动信息披露指引》（以下简称《信息披露指引》）、《信息披露内容说明》（以下简称《说明》），《信息披露指引》的出台，标志着网贷行业"1+3"制度框架基本搭建完成，初步形成了较为完善的制度政策体系，《信息披露指引》及《说明》主要明确了网络借贷信息中介业务活动中应当披露的具体事项、披露时间、披露频次及披露对象等，为参与网贷业务活动的各当事方进行信息披露提供了规范的标准和依据，主要内容如下：

（1）明确了信息披露的基本概念和原则。《信息披露指引》明确了信息披露行为的定义，对披露渠道做出具体要求，同时规定了信息披露应当遵循的基本原则，在保护个人隐私、商业秘密、国家秘密的基础上，有效降低因信息不对称给网贷业务活动参与方造成的风险。

（2）明确了在网贷业务活动中应当披露的信息内容。《信息披露指引》披露内容涵盖了网贷机构基本信息、网贷机构运营信息、项目信息、重大风险信息、消费者投诉渠道信息等网贷业务活动的全过程应当披露的信息。并基于对个人隐私、商业秘密、国家秘密的保护，规定了不同的披露对象。同时考虑到披露内容的重要性、变化频率、披露主体等的不同，《信息披露指引》根据披露内容的特性设定了不同披露的时间、频次，便于披露主体有效履行信息披露义务，保障披露对象及时了解、掌握披露信息。

（3）重点对披露的口径、披露标准予以规范。《信息披露指引》特别配套了《说明》一同印发，《说明》对概念模糊、争议较大的披露信息逐一进行解释，与《信息披露指引》具有同等法律效力。通过对信息披露统计口径的标准化，有利于避免信息披露过程中因披露主体的标准不一致，导致披露对象对信息披露内容的混淆、误解。

（4）强调了相关披露主体责任及管理要求。《信息披露指引》对信息披露的责任主体、档案留存、保密规定、处罚措施等方面作出明确的规定。同时，考虑到下一步对网贷行业的合规监管，《信息披露指引》预留了向监管报送的机制，具体报送相关要求另行规定。

（5）明确了整改的过渡期限。《信息披露指引》给予已开展业务的网贷机构六个月的整改期，以便网贷机构满足《信息披露指引》要求，并做好与备案登记、资金存管等工作的衔接。

（三）中国互联网金融协会出台的行业标准

1.《互联网金融信息披露个体网络借贷》。2017年10月，中国互联网金融协会发布了适用于从业机构开展个体网络借贷信息中介业务信息披露的《互联网金融信息披露个体网络借贷》团体标准的公告，披露标准信息披露项为126项，其中强制性披露项为109项，鼓励性披露项为17项。标准保持了与银监会《信息披露指引》的一致性，对从业机构信息披露的要求更加严格，行业信息透明度将进一步提升。

2.《互联网金融个体网络借贷借贷合同要素》。2017年12月，中国互联网金融协会正式发布《互联网金融个体网络借贷借贷合同要素》团体标准（以下简称《标准》）。该《标准》定义并规范了27项借贷合同必备要素。《标准》规定了个体网络借贷业务中借贷合同的必备要素，用于指导网络借贷信息中介机构制定借贷合同。

《标准》还要求对借款人逾期做出具体说明：借款人按合同约定到期未足额偿还借款本金及（或）利息。偿还是指借款人或其他第三方依据合同约定将本金及（或）利息实际划付至资金存管账户。另外，《标准》还提到了还款方式：还款方式包括到期一次性还本付息、等额本息、等额本金、按月付息到期还本及其他方式，对应的具体含义及计算公式，并举例说明。

3.5.2 地方层面的 P2P 网络借贷的监管政策

2016 年 8 月《网络借贷信息中介机构业务活动管理暂行办法》发布以后，各地监管政策相继出台，P2P 网贷行业的监管频度、力度和精度都在强化，目前已经出台 P2P 网贷行业相关监管政策的省市地区包括浙江省、广东省、福建省、江苏省、上海市、北京市以及广西壮族自治区（以下简称广西）等，具体如表 3-2 所示。

表 3-2　　　　　　　　　　　中国 P2P 网络借贷地方性行政制度

省市地区	发布时间	制度名称
北京	2017 年 7 月	《北京市网络借贷信息中介机构备案登记管理办法（试行）（征求意见稿）》
上海	2017 年 6 月	《上海市网络借贷信息中介机构业务管理实施办法（征求意见稿）》
	2017 年 12 月	《上海市网络借贷信息中介机构合规审核与整改验收工作指引表》
	2017 年 12 月	《上海市网络借贷信息中介机构备案登记法律意见书编写指引》
	2017 年 12 月	《上海市网络借贷信息中介机构网络借贷信息中介业务经营信息专项披露报告编写指引（征求意见稿）》
	2017 年 12 月	《上海市网络借贷信息中介机构网络借贷信息中介业务经营情况专项审核报告编写指引》
	2017 年 12 月	《上海市网络借贷信息中介机构公安网安部门"信息系统安全审核回执"申请指引》
广东	2017 年 2 月	《广东省网络借贷信息中介机构业务活动管理暂行办法实施细则（征求意见稿）》
	2017 年 2 月	《广东网络借贷信息中介机构备案登记管理实施细则（征求意见）》
	2018 年 1 月	《深圳市网络借贷信息中介机构整改验收指引表》
	2018 年 1 月	《广州市网络借贷中介机构现场检查细则（征求意见稿）》
	2017 年 10 月	《深圳市网络借贷信息中介机构事实认定及整改要求》
	2017 年 9 月	《深圳市网络借贷信息中介机构业务退出指引（征求意见稿）》
	2017 年 7 月	《深圳市网络借贷信息中介机构业务备案登记管理办法（征求意见稿）》
浙江	2017 年 12 月	《浙江省网络借贷信息中介机构业务活动管理实施办法（试行）（征求意见稿）》
	2017 年 12 月	《浙江省网络借贷信息中介机构备案登记管理实施细则（试行）（公开征求意见稿）》
福建	2018 年 1 月	《福建省〈网络借贷信息中介机构备案登记管理实施细则〉（试行）（公开征求意见稿）》
	2017 年 3 月	《厦门市网络借贷信息中介机构备案登记法律意见书指引》
	2017 年 3 月	《厦门市网络借贷信息中介机构备专项审计报告指引》
	2017 年 2 月	《厦门市网络借贷信息中介机构备案登记管理暂行办法》
	2017 年 11 月	《关于进一步规范网贷机构管理工作的公告》

续表

省市地区	发布时间	制度名称
江苏	2017 年 12 月	《江苏省网络借贷信息中介机构备案登记管理暂行办法（征求意见稿）》
广西	2017 年 5 月	《广西壮族自治区网络借贷信息中介机构备案登记管理实施细则（征求意见稿）》
	2017 年 5 月	《广西壮族自治区网络借贷信息中介机构业务活动管理暂行办法实施细则（征求意见稿）》

以下从备案材料、备案时间、信息报送、银行存管、备案符合条件方面具体分析不同省市地区监管的差异：

1. 备案材料的对比。不同地方备案材料基本上大同小异，机构备案材料主要包括平台基本情况、股东信息、管理层信息、战略规划，营业执照、合规经营承诺书等。仅深圳要求不论是新设机构还是已存续机构均需提交银行资金存管协议以及平台公司账户信息；仅上海要求提交本市公安局网络安全部门出具的"信息系统安全审核回执"、营业场所证明材料以及公司章程；广东、广西要求提交公司内部控制相关管理办法。已存续机构的补充备案材料包括运营数据、整改报告（情况）、财务审计报告、专项审计报告、合规法律意见书等。已存续机构的补充备案材料中，整改报告、专项审计报告、合规法律意见书，分别从平台、会计师事务所、律师事务所三方确认平台的合规情况，上海、深圳地区以上三个材料均需要提交。

2. 备案时间的对比。北京、上海新设机构备案登记不超过 80 个工作日，已存续机构则不超过 100 个工作日；广东、广西、深圳、厦门新设机构备案登记不超过 40 个工作日，已存续机构则不超过 50 个工作日。上海、北京登记备案时间明显要长于其他省市地区，这两个地区的平台数量也最多。

3. 信息报送的对比。上海则要求 P2P 网贷平台每月 5 日前报送上月经营情况、财务情况。广东、广西要求 P2P 网贷平台定期信息披露公告文稿和相关备查文件每季度结束后 1 个月内报送；银监会发布的《网络借贷信息中介机构信息披露指引》中，并没有明确平台信息报送的时间，仅要求"将信息披露公告文稿和相关备查文件报送其工商登记注册地地方金融监管部门、国务院银行业监督管理机构派出机构，并置备于网络借贷信息中介机构住所供社会公众查阅"。

4. 银行存管的对比。目前出台监管细则的省市地区中，浙江省、上海市和深圳市要求存管银行"属地化"（在本地设有经营实体），其他地区对此并没有要求。

5. 平台备案的其他条件。有些地区对网络借贷机构备案还需要满足一些其他特殊条件。比如，深圳更是对于平台组织架构、办公面积、高管资历、开户银行等提出了明确的要求：需要设置风控合规部门、销售监督和投诉受理部门；经营场所面积应当不小于 100 平方米；从事金融业相关工作 5 年以上，并具有大学本科以上（含）学历的高级管理人员不少于 3 名；网贷机构主要资金结算账户（包括网络借贷资金专用账户）应当开设在商业银行在深圳市行政辖区内的分支机构等。

3.5.3　地方性互联网金融协会出台的 P2P 网络借贷规范标准

一些地区成立了地方性的互联网金融协会，这些地方性的互联网金融协会是地方互联网金融从业机构最主要也是最重要的协会自律组织，出台相关制度规范以约束会员从业行为，促进行业健康发展。目前，东部地区有 8 个省市地区成立协会自律组织，出台的相关制度规范也较多；中部地区有 3 个省市地区成立了行业自律组织，西部地区和东北地区各有 1 个，很多地区还没有成立自律组织。虽然协会出台的规范标准不具有法律条例和行政制度的威慑性、强制性和处罚性，但是互联网金融从业机构不成为协会成员不遵守协会标准则难以得到官方和民间的广泛认可，在发展上会遇到诸多障碍。目前，不少地方性互联网金融协会出台的 P2P 网络借贷规范标准，如广东互联网金融协会向所属会员单位下发的《关于规范我会广东省（不含深圳）网络借贷信息中介机构会员单位出借人之间债权转让业务的通知》；深圳市互联网金融协会发布的《网络借贷信息中介机构常用合同指引（征求意见稿）》和《深圳市网络借贷信息中介机构催收行为规范》（征求意见稿）；上海市互联网金融行业协会发布的《上海市网络借贷电子合同存证业务指引》和《上海个体网络借贷（P2P）平台信息披露指引》。

3.5.4　美英两国的 P2P 网络借贷监管与中国的对比

（一）美国的 P2P 网络借贷监管

美国的 P2P 网络借贷监管的主要监管法律法规有：一是《证券法》，监管重点是强制融资主体的信息披露；二是《诚实借贷法》，监管重点为信息披露、广告监管和借款人贷款处理；三是《平等信用机会法》，规定了在允许的情况下，可获得消费者信用报告；四是《电子资金转账法》，规定了消费者有权从自己账户中划拨电子资金；五是《金融服务现代法》，监管重点是限制金融机构向非关联第三方泄露信息。六是《多德—弗兰克法案》，规定了消费品金融产品及服务的金融机构监管。

美国 P2P 网络借贷监管采取功能监管，监管主体也呈现出多元化，目前为多部门分头监管、州与联邦共同管理，包括证券与交易委员会（SEC）、消费者金融保护局（CFPB）、联邦贸易委员会（FTC）等参与其中，但以 SEC 和 CFPB 为主，对投资者的保护主要是通过联邦和州的证券登记和强制信息披露条款（SEC 监管），对借款人的保护主要是通过消费者金融服务和金融产品保护相关条例（CFPB 监管）。

美国 P2P 网络借贷机构被定性为债券交易商，实行牌照管理。所以需要履行类债券金融机构义务。美国 P2P 网络借贷机构必须在 SEC 进行注册，注册成本大约是 400 万美元；信息披露更是要按照证券公司来做，包括初次注册时的招股书、定期的 10 - K（年度报表），8 - K（重大事件表格），10 - Q（季报）等一个也不能少；SEC 还要求 P2P 平台每天在 EDGAR（电子化数据收集、分析及检索系统）上传当日平台上列出的所有借款人信息资料，以便在出现违约时能有效追索。

（二）英国P2P网络借贷的监管

英国的P2P网络借贷监管的主要监管法律法规有：一是《关于网络众筹和通过其他方式发行不易变现证券的监管规则》，监管重点是P2P网络借贷最低资本要求、客户资金、争议解决及补偿和信息披露；二是《消费者信贷法》，监管重点是信息披露、利率、期限披露、版照制；三是《金融服务与市场法》，授权英国金融服务管理局批准网络借贷平台业务；四是《英格兰银行法》，对金融信贷有明确规定与约束；五是《P2P小额信贷准则》，规定了P2P小额信贷的借款者不能获得来自"金融服务补偿计划"的违约金补偿；六是《消费者信贷法》，规定了借贷机构首先要在英国公平交易办公室办理信贷许可证。

P2P网络借贷在英国发展初期被界定为消费信贷，具体划入债务管理类消费信贷业务，由公平贸易管理局（Office Fair Trading，OFT）和金融服务管理局（Financial Service Authority，FSA）共同监管。在2011年8月，行业三巨头Zopa、RateSetter和Funding Circle就自发成立了P2P网贷行业协会（Peer - to - Peer Finance Association，P2PFA），主动要求英国政府监管该机构的运行并且为行业立法。虽然英国政府短时间内无法出台相关的法律法规，但是考虑到该协会的会员陆续增加，占到了全英国P2P网贷行业95%的市场规模，其出台的8项会员准则、10项运营规则和详细的会员章程基本上可以规范全行业的发展，填补了暂时的法律真空。2013年英国政府成立了金融市场行为监管局（Financial Conduct Authority，FCA）以代替公平交易局和英国金融服务管理局（FSA）来管理P2P网络借贷行业。所以，目前英国P2P行业由政府行政为主，协会自律补充的监管模式。

英国P2P网络借贷被认定为替代性金融信息机构，也实行牌照性管理，受到密切的监管。其主要义务有：一是向FCA的报告要求。包括：财务状况报告、客户资金报告、投资情况报告和投诉情况报告。二是允许消费者单方合同解除权。签署服务协议后14天内消费者一旦请求返还，则必须偿还。三是平台倒闭后借贷管理安排。平台为此应制定关于管理未到期借贷、向出借人分配偿还资金、追踪延迟支付或违约支付的适当计划。四是争端解决规则。为解决平台借贷引发的纠纷，平台应当建立正式的投诉处理程序，受理投诉程序的有关细节应当在其网页上公布。

（三）中美英P2P网络借贷监管模式对比

在行业准入方面美英两国采取牌照制许可，而中国采用备案制许可；在最低资本金方面美英两国都有最低注册资本金要求，而中国则没有；在监管主体方面，英国则是由FCA单一主导监管，中美两国则采用多头协同监管；在监管法规方面，中英两国出台了专门的监管法规，而美国则没有；在信息披露方面，三个国家都对信息披露有严格的标准和要求；在负面清单方面，中国专门制定了十二条负面清单，美英两国则没有；在平台定位方面，中英两国将P2P网络借贷机构定位为纯信息中介，而美国则将平台视为债券交易商（见表3－3）。

表 3 – 3 　　　　　　　　　　　　中美英三国 P2P 网络借贷的监管对比

比较项目	美	英	中
牌照制经营	√	√	×
最低资本金限制	√	√	×
单一主导监管	×	√	×
专门出台监管法规	×	√	√
信息披露充分	√	√	√
设置负面清单	×	×	√
信息中介	×	√	√

本章小结

P2P 网络借贷指个体和个体之间通过互联网平台实现的直接借贷，属于民间借贷范畴，是纯信息中介。P2P 网络借款拓宽了小微企业的融资渠道，服务了实体经济的发展，属于金融服务供给侧改革。P2P 网络借贷由借款人、出借人、P2P 网络借贷机构、存管人和增信机构五个主体构成，完成投资服务有十一个步骤。P2P 网络借贷按借款人类型分为 P2P、P2B 和 P2G 三种业务模式。P2P 网络借贷在我国发展经历的萌芽发展期、野蛮发展期、法规出台期和监管整治期，整个行业依然还具有上升的动力，但是平台数量、成交规模和投资人数正步入负增长或停滞期。P2P 网络借贷机构的运营涉及商业分析、营销管理、风险管理等，都需详细谋划与精心实施。目前，P2P 网络借贷行业的"1 + 3"（一个办法三个指引）监管制度体系已经出台，各地方的监管办法在"1 + 3"的基础上陆续出台，银保监会与地方金融办"双头"对行业的整顿正在紧锣密鼓地展开，行业洗牌加速的同时发展环境将出现健康有序的新格局。

想一想、练一练

◎ 思考题

1. P2P 网络借贷与一般的纯信息中介有什么相同点和不同点？

2. 为什么美国和英国的 P2P 网络借贷机构数量远低于中国的 P2P 网络借贷机构数量？

3. 什么是 P2P 网络借贷的"1 + 3"监管制度体系？

4. P2P 网络借贷机构主要面临哪些风险？

5. 我国 P2P 网络借贷的监管主体有哪些？这些监管主体的主要职责是什么？

◎ 实训题

1. 请你以出借人的角色选一家公开上市的 P2P 网络借贷机构进行注册和投资，分析这个 P2P 网络借贷机构的高层团队、成交规模、逾期率、坏账率和出借人本息保障模块？

2. 请你查阅网贷之家（http：//www. wdzj. com），分析一下近三年北京、上海、深圳和广东这四个地区哪个地区问题数量与总运营平台之比最高？你认为主要是由哪些因素导致的？

第4章

众筹融资

 **知识要点**

✓ 众筹的定义及分类
✓ 奖励众筹的主体架构、交易流程和设计流程
✓ 股权众筹的交易流程和风险分析
✓ 股权众筹成功的核心因素分析

案例导读

第一部众筹成功的国产电影《西游记之大圣归来》

国产3D动画电影《西游记之大圣归来》（以下简称《大圣归来》）上映20天便揽下了7.3亿元票房（截至2015年7月30日），一时之间，好评如潮。这部动画电影创下了中国电影的诸多纪录。其中，最值得称道的是，它不仅是第一部票房超越好莱坞动漫电影的国产大片，而且是第一部众筹成功的国产电影。据悉，参与《大圣归来》投资的有89位众筹投资人，总计投入780万元，兑付时预计可以获得本息约3 000万元。也就是说，在几个月的等待后，89位众筹投资人平均每人获益25万元，令众筹这一互联网金融投融资方式再次引发关注。

4.1 众筹的概述

4.1.1 众筹的起源

众筹作为大众集资以达到某种目的方式自古有之，如果考虑到捐赠性质的众筹，历史之久远就无从考究，比如大家集资修桥修路，一些宗教组织募捐集资建造寺庙、教堂等也属于众筹之列，但捐赠式众筹现象既无完整的体系，也无对投资人的回报，不符合商业模式特征。回报式众筹的雏形最早可追溯至18世纪，当时很多文艺作品都是依靠一种叫做"订购"的方法完成的。例如，莫扎特、贝多芬采取这种方式筹集资金，他们去找订购者，这些订购者给他们提供资金。当作品完成时，订购者会获得一本写有他们名字的书，或是协奏曲的乐谱副本，或者可以成为音乐会的首批听众。

4.1.2 众筹的定义与分类

现在我们所说的众筹通常指的是现代众筹，是筹资人利用互联网渠道向不特定公众进行项目宣传推介和筹资并给予出资人某种特定形式的回报。从抽象的角度看，众筹是利用互联网将离散化、碎片化和多元化的资源通过金融活动进行整合而实现价值创造的过程。

在国际上根据融资人对出资人的回报类型将众筹分成捐赠众筹、奖励众筹、债权众筹和股权众筹四大类。

1. 捐赠众筹（Donate - based crowd - funding）。捐赠众筹是一个单纯的赠与式筹资，即筹资人无须向投资者提供任何形式的回馈。投资人通过资金支持项目获得心理或精神上的满足感。比如：中国的腾讯公益众筹平台和美国的众筹网站 YouCaring 都属于捐赠众筹平台。

2. 奖励众筹（Reward - based crowd - funding）。奖励众筹是筹资人在项目完成后给予投资人一定形式的回馈品或纪念品的筹资模式。回馈品大多是项目完成后的产品，比如：基于投资人对于项目产品的优惠券和预售优先权。目前，在我国奖励众筹一般指的是预售类的众筹项目，团购自然包括在此。

3. 债权众筹（Lending - based crowd - funding）。债权众筹是投资者对筹资人的项目或公司进行投资，获得其债权，未来获取利息收益并收回本金的筹资模式。在我国债权众筹就是 P2P 网络借贷。

4. 股权众筹（Equity - based crowd - funding）。股权众筹是投资者对筹资人项目投入资金后可以得到筹资人与项目直接相关组织的股份，或其他与项目有关的具有股权性质的衍生工具的筹资模式，它是众筹模式中风险最大、投资素质要求最高和流程最为复杂的一种模式。比如：中国的蚂蚁达客平台和美国的众筹网站 AngelList 都属于股权众筹平台。

4.1.3 众筹的国内外发展现状

（一）国外众筹的发展现状

最近几年世界上诸多国家和地区的互联网众筹的发展比较迅速，互联网众筹也层出不穷，但美国和英国的众筹平台是众筹的发源地，规模和影响力也最大。

1. 美国的众筹发展。2001 年，世界上第一个众筹网站 ArtistShare 宣布在美国成立，2003 年便开始进行音乐项目的众筹活动。国外的众筹平台相对国内来说表现得更为成熟、模式多样、种类繁多。在美国的众筹平台中，Kickstarter 与 Indiegogo 最知名且最受欢迎。Kickstarter 是目前为止全世界最大最知名的综合性众筹平台之一。2009 年于美国纽约成立，至 2017 年底，超过 14 万多个成功的融资项目，投资人超过

1 400 万,融资总额超过 35 亿美元。该平台的用户主要分为两类:一类是具有创新思维并急需资金的人;另一类是愿意将资金投资到创意项目中的人。目前在 Kickstarter 网站上创意性的活动主要有音乐、动画、网页设计、平面设计等。网站的项目涉及 13 个种类:美术、电影、音乐、戏剧、摄影等。

Indiegogo 是目前美国第二大众筹平台,自 2008 年创建以来,业务遍布全球各地。该平台包容性极强,在项目的评判方面并无严格限制。平台上的项目大体可分为三类:一是发明与创业;二是创意与艺术;三是社会项目。另外,Indiegogo 不限定客户的具体类型,无论是企业融资还是个人融资都可 IU。

美国股权众筹平台的代表 AngelList 成立于 2010 年 1 月 1 日,由创业家 NavalRavikant 和风险投资家 BabakNivi 联合创立。目前在这个平台上注册的创业企业数量有 55 万家,有 4 万多名合格投资者、6 000 多家创投机构以及 3 000 多家创业孵化器。公司总部位于创业、企业云集的加州硅谷,是一幢几百平方米的破旧办公楼,这家总共才有 30 多名员工的初创企业,已经成为全球股权众筹行业的风向标。

2. 英国的众筹发展。英国是互联网众筹整体发展水平仅次于美国的活跃地区,而且模式主要以股权众筹为主。英国现行的法律体系对股权众筹的发展较为有利,而且英国政府当局化推出了一系列减税措施来鼓励股权众筹,所以互联网服权众筹在英国等许多欧洲国家的发展是十分迅速的。Seedrs 和 Crowdcube 是目前英国最大的具有代表性的两个股权众筹平台。

Crowdcube 是目前为止英国最大的股权式众筹平台,同时也是世界上第一个股权众筹平台,其于 2011 年 2 月正式上线。任何人都可对企业进行投资并且获得股权。Crowdcube 自成立以来,展现出了巨大的发展潜力。截至 2017 年底,在 Crowdcube 平台上已经实现超过 4 亿英镑的融资额,共有 641 个项目获得了成功融资,超过 50 万名的注册投资人。投资项目包括食品、零售、科技、健康等 15 个行业。在英国前 10 个股权众筹的项目中,依靠 Crowdcube 成功融资的就有 7 个之多,这充分说明了 Crowdcube 在英国的影响力之大。

Seedrs 于 2012 年 7 月正式上线,被看作 Kickstarter 的"英文版"。Seedrs 也是一个股权众筹平台,融资者把相关项目信息发布到 Seedrs 平台上,众筹投资者便可选择合适的项目进行投资,并有获得一定股权的权利。同时,Seedrs 会帮助众筹的投资者进行项目的投后管理工作,从而获取现金收益。Seedrs 自成立之后发展十分迅速,截至 2017 年底,在 Seedrs 平台上已经实现超过 3 200 万英镑的融资额,共超过 600 个项目获得了成功融资。项目涉及的领域包括艺术、时尚、IT、食品、社交等 14 个领域,大多数项目位于伦敦。

(二) 国内众筹的发展现状

国内的第一家互联网众筹平台"点名时间"于 2011 年 5 月成立,宣告我国互联网众筹时代的到来。随后,"追梦网""众筹网"等一系列众筹平台如雨后春笋般发展起来。2013 年以后,BATJ 等互联网巨头纷纷布局众筹市场,互联网金融在 2015 年后监管开始完善,一大批早期创业的草根平台被淘汰出局。截至 2016 年底,我国有 383 家处于运营状态的众筹平台，其中奖励众筹平台 111 家，股权式众筹平台 182 家，纯公益众筹平台 8 家。

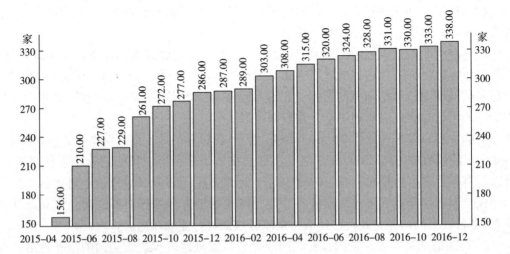

数据来源：Wind。

图 4 – 1　正常运营的众筹平台数量

截至 2016 年 12 月底，全国范围内众筹行业的问题及转型平台数量高达 265 家，其中在 2016 年 10 月、11 月出现问题及转型的平台就有 94 家。究其根源，问题主要来源多为众筹平台发生了提现困难等问题。整体来看，互联网众筹平台在 2016 年出现较大问题的原因一方面是因为平台规模小，没有大平台具有的资源优势，因此会导致经营无法继续运行；另一方面则是由于缺乏相关法律规范，监管政策不到位，业务运作不到位等，于是风险开始凸显。2016 年 10 月证监会等十五部门联合印发了《股权众筹风险专项整治工作实施方案》，未来众筹行业可能会先从非公开股权融资入手，随着监管规范措施的不断深入，众筹行业将会迎来发展潜力。

截至 2016 年 12 月底，我国互联网众筹平台主要分布在 27 个省市，其中大多位于经济发达的沿海地区。北京拥有 88 家众筹平台，数量位列榜首；广东拥有 84 家，居于次位；山东和上海分别排名第三和第四，为 64 家和 48 家；浙江名列第五，拥有 32 家；江苏排名第六，拥有 20 家。

4.2　奖励众筹

4.2.1　奖励众筹的概念

奖励众筹（Reward – based crowd – funding）是筹资人在项目完成后给予投资人一定形式的回馈品或纪念品的筹资模式。回馈品大多是项目完成后的产品，比如基于投资人对于项目产品的优惠券和预售优先权。目前，在我国奖励众筹一般指的是预售类的众筹项目，团购自然包括在此范畴。但奖励众筹与团购存在商业逻辑上的根本不同。

团购利用的是商品规模效应，集合了类似顾客的相近似需求，利用商品的通用性，尽可能扩大商品的采购规模，有效降低采购成本。奖励众筹产品通常是创新性产品，处于产业链的最前端，针对性地满足潜在顾客个性化或空缺性需求，将特殊需求的长尾集中起来，达到可经营规模。奖励众筹在产品的设计方面基于顾客的需求，通过满足支持者的需求，达到一定的支持量并收到预定目标的众筹的款项后，产品众筹才启动项目生产，项目支持人获得约定的回报后奖励众筹才算成功。

4.2.2　奖励众筹的特征和优点

奖励众筹具有以下四个特征。

（一）融资模式的开放性

相对于传统的融资方式，奖励众筹更为开放。奖励众筹的筹资与出资都与年龄身份职业等无关，能否获得资金也不再是由项目的商业价值作为唯一标准。筹资人在众筹平台上展示项目，让更多的媒体、消费者和投资人获取项目信息，任何互联网用户只要有认可的融资项目，就可以出资给筹资人，筹资人很有可能通过众筹方式获得项目启动的第一笔资金，所以融资模式的开放性为更多小微企业或有创意能力的个人创业提供新的路径。

（二）项目融资门槛较低

奖励众筹融资门槛比较低，门槛通常是融资项目中一个产品的单价附近。当然，有些奖励众筹平台还设有抽奖众筹或无私捐赠等筹资环节，让只有一元的平台投资人也有可能获得筹资项目的产品，或让愿意无私捐赠的平台用户向筹资项目捐款。

（三）市场测试与销售前置同步完成

项目通过众筹从出资人筹资，出资人真金白银的出资是对筹资项目最大的认可，也是最真实的市场调查，能准确反映出项目产品未来的市场前景。所以奖励众筹的一个重大的价值在于：让出资人先行出资，再去生产项目产品，市场测试与销售前置同步完成，极大地降低了筹资人的创业成本与风险。

（四）有效吸引潜在长期支持者

最早对项目提供支持的出资人都是潜在的铁杆粉丝。这些出资人甚至有望在日后成为项目的成员。只有当出资人在乎你所做的事情时，出资人才会心甘情愿为项目发展献资献智。所以，每笔出资都可能是项目成长的潜在资源和动力。

从奖励众筹特征可以得出奖励众筹有两个突出优点：一是可以降低融资门槛，有效促进微创业。微创业，是指使用微小的成本，以微平台或网络平台为重要载体，在细微的领域进行创意开发的创业活动。其主要特点是可批量复制、投资微小、产生效益快。微创业是缓解当前我国大学生就业压力的有效途径之一。但是，在目前金融管制的大背景下，民间融资渠道不畅、融资成本较高等问题阻碍了微创业的发展，而奖励众筹是一种更大众化的融资方式，它为微创业者提供了获得成本更低的、更快捷的资金的可能，可以很好地解决"融资难"问题。项目发起人通过众筹平台把大众的微小资金汇集，以获得从事某项创业活动的资金，突破了传统融资模式的束缚，每个投资人也可以参与项目的策划、咨询、管理与运营，由于互联网的开放性特征，投资人不受地区、职业和年龄等限制，只要具有一定的资金能力、管理经验和专业技能即可。这种依托众筹平台的微创业活动在实现了"众人集资、集思广益、风险共担"的众筹理念的同时，也积累了经验和人脉。二是可以激发"草根"创新创业，塑造创新业文化。奖励众筹不仅是一种投融资活动，还是一种草根创新创业模式，奖励众筹能成为"草根"通向创新创业的桥梁。奖励众筹为每个"草根"创新者（即项目发起人）提供了获取资金、市场和人脉等重要资源的平台，而不同的投资人因为有着不同的专业背景以及不同的价值观，可以直接对项目提出自己的观点和意见，项目发起人会对此认真评估并进一步完善方案。双方的互动拉近了生产者与消费者之间的距离，这种注重用户交流和体验的行为类似于"大规模定制"行为，极大地降低了产品的市场风险。互联网的技术特征和商业民主化进程决定了"草根"创新时代的到来，每个人（文艺、科技人才等）都可以发挥自身的创新与研发能力，并借助社会资源把自己的创意变为现实的产品，进而成为创业者，最后塑造沉淀成为可贵的创新创业文化。

4.2.3 奖励众筹的主体架构和交易流程

（一）奖励众筹的主体架构

奖励众筹在运营过程至少有筹资人，投资人、众筹机构和资金托管机构四个主体。

1. 筹资人。筹资人又称发起人，是指具有创意项目，需要获得资金的企业或个人，通过筹资人成功地完成项目样品。筹资人通过众筹平台可以同时或部分满足其融资需求、融智需求、营销需求和资源需求，在众筹融资过程中筹资人可完成产品规模生产的资金募集，市场需求测试，营销前置，渠道整合和智慧导入等传统产销模式不可能实践的目标。

2. 投资人。投资人是筹资人的项目和回报感兴趣的并有资金能力支持项目的众筹平台的注册用户。投资人通过众筹平台可以同时或部分满足其消费需求、参与需求、体验需求和投资需求。在众筹融资过程中投资人可物质回报、参与回报、体验回报和精神回报。

3. 众筹机构。众筹机构是连接筹资人和投资人的互联网平台中介团队，又是筹资人项目的审核者、辅导者和监督者，还是公众出资人的重要利益维护者，同时还为筹资人提供如财务审核、技术咨询、法律文档等各种增值支持服务。

4. 资金托管机构。资金托管机构是众筹平台的战略合作伙伴，全程为投资人的资金进行第三方托管，对投资者的资金安全进行全程保障。目前，奖励众筹平台的资金托管机构多为第三方支付机构，也有少量的传统银行业金融机构。

（二）奖励众筹的交易流程

奖励式的交易流程主要分为四步：

1. 筹资人向众筹平台提交创意项目和项目融资申请。

2. 筹资人的众筹申请在众筹平台审批通过后，然后在众筹平台上发布创意项目，设定筹资目标和筹资日期。

3. 投资人在众筹平台上选择感兴趣的创意项目，然后开始进行投资，投资的金额将冻结在资金托管机构。如果在众筹日期截止筹集到的资金未达到目标，那么该次众筹失败，项目撤回该融资项目，资金托管机构解冻投资人的资金并将资金返还给投资人；如果在众筹日期截止时成功筹集目标金额，则该众筹项目成功，筹资人获得融资，投资人确认投资。

4. 筹资人获得众筹资金后，使用募集资金运营实施融资项目，众筹平台监管项目资金的使用情况并提供建议，融资项目完成后筹资人按合同约定将项目产品给予投资人。

4.2.4 奖励众筹的设计流程

在我国有京东众筹、淘宝众筹等众多的奖励众筹平台，但奖励众筹的设计流程都大同小异，通常有以下八个步骤：

1. 项目团队产生一个好玩有趣容易实现的商业创意或样品。

2. 由专业众筹导师做众筹设计，主要对众筹商品的融资及投资人进行分层设计，包括纵向分层与横向分层，加入混合众筹要素。这要求创业导师熟悉金融逻辑、法律逻辑、商业逻辑、心理逻辑。

3. 与未来能实现该商业创意的生产单位达成合作意向书。例如出版图书需要项目团队与出版社签订出版发行意向书，如果是一个智能硬件需要项目团队与电子生产企业签订委托加工意向书。

4. 与传媒机构达成合作协议。由文案编写一个打动人心的故事，由传媒机构负责众筹产品上线后的宣传推广。

5. 与众筹平台签订合作协议，产品上线。众筹平台最好找京东众筹、淘宝众筹、众筹网这样的专业众筹网站，也可以利用免费的微信、QQ、社交网站发布众筹产品进行众筹。

6. 众筹得到预定目标后与支持人签订产品预购协议或者劳务协议。混合众筹下可能会有捐赠协议、入股协议、债务协议。

7. 吸收众筹过程中支持者对产品的改进意见，最终设计方案由生产单位生产出产品。

8. 向投资人交付产品或者服务，并听取投资人的反馈意见。

4.2.5 奖励众筹案例分析："褚橙策划人胡海卿的创业新品"

（一）案例概况

2015年1月，褚橙策划人胡海卿在京东众筹平台发起"褚橙策划人胡海卿的创业新品"奖励众筹项目（项目地址：https：//z. jd. com/project/details/4132. html），通过众筹方式销售其公司小米、莲子、苹果为主的农产品。项目设定在2015年02月05日前得到筹资不低于5万元人民币的支持众筹才算成功。最终，项目在设定的到期日共获得383名支持者的超过11万元人民币的筹资。胡海卿把农产品的销售做成奖励众筹并获得很大的成功，非常值得关注和分析。

图 4-2　褚橙策划人胡海卿的创业新品众筹首页

（二）融资层次设计

1. 支持 ¥1。限额 2 000 份，投资人将获得由京东官方随机抽取 150 名支持者赠送价值 24.99 元甄的小米 1 份 ×310g，抽奖规则及中奖名单在话题区公布，同账号多次支持仅算一次。

2. 支持 ¥19。限额 300 份，投资人将获得甄的黄小米礼盒装 1 份 ×310g。

3. 支持 ¥49。限额 200 份，投资人将获得甄的黄小米礼盒装 1 份 ×310g + 贺喜莲子 4 联包 1 份。

4. 支持 ¥189。限额 100 份，投资人将获得甄的小米四色礼盒装 1 份 + 潘苹果 2.0 贺岁版（12 枚装）1 份（黄小米白色装 310g + 黄小米黑色装 310g + 绿小米 310g + 白小米 310g + 潘苹果 2.0 贺岁版）。

5. 支持 ¥699。限额 50 份，投资人将获得年货大礼包 1 份：甄的小米家庭装 2.5kg + 特级淡干海参 50g + 贡果级宁夏枸杞 100g + 特级若羌灰枣 100g + 全干瑶柱 100g + 特级空心桂圆肉 100g + 特级核桃仁 100g。

6. 支持 ¥1 299。无限额，投资人将获得养身年卡：甄的小米家庭装 2.5kg×12 个月，每个月第一周寄出，首次发货赠送贺喜莲子 4 联包 1 份。

7. 支持 ¥1 799。限额 1 000 份，投资人将获得企业年会员工手礼：（甄的黄小米礼盒装 1 份 ×310g×100 盒），企业福利、员工手礼最佳之选。

8. 支持 ¥1 999。限额 1 000 份，投资人将获得潘苹果 2.0 贺岁版 1 份 + 贺喜莲子 1 份 +699 元年货大礼包；邀请您参加北京、上海、广州、深圳、杭州、成都举办的线下沙龙；邀请您加入探谷邦，参加与知名电商平台合作的甄选星农人计划。获得 2015 年 2 月初 "Workface 创始人学院公开课——《胡海卿 90 分钟实话农产品品牌化》" 北、上、广、杭巡讲入场券 2 张，在 Workface 与胡海卿面对面，聆听探谷经典案例及新农业创业干货分享。

9. 支持 ¥49 999。限额 20 份，投资人将获得 1 999 元档的所有权益；成为探谷

2015 年产品体验师——全年出品免费优先体验；农产品品牌及互联网化解决方案——为您的产品提供一次免费咨询；成为探谷合伙人，符合探谷理念并拥有真正优质的农产品资源，还可以与我们成为合伙人。您支持此项后，我们将第一时间与您对接产品信息和咨询诉求，立项分析并实地调研，为您出具解决方案。彼此认可的项目，我们将与您一起投资孵化新品牌。

（三）成功因素分析

1. 文化营销。该众筹项目通过文化营销来提升农产品的文化内涵达到与一般农产品的本质区别，让投资人形成一种品牌认识进而提升所售农产品的附加价值。比如：将莲子命名为贺喜莲子，贺喜莲子最终能上市是因为一次善意的助力故事。

2. 品质营销。该众筹项目通过品质营销来告诉投资人所出售农产品具有优质的等级，而不是一般品质的农产品，让投资人相信所售农产品有品质保证而提升所售农产品的附加价值。比如：苹果产自苹果之乡，小米产自皇贡米地，莲子产自产莲世家。

3. 分层营销。该众筹项目对投资人根据资金实力和不同需求进行纵向分层并通过价格和产品的横向分层实现联通的分层营销，从而使众筹项目能让对项目感兴趣的所有层次的投资人都能从不同的融资层次进行出资参与项目。比如：支持¥49 999 层次就是有 2 位出资人的出资，这个层次的主要产品不是农产品，而是农产品互联网化的品牌建设和推广的智力产品，很显然出资人出资的目的是解决农产品的经营需求。

4. 平台营销。该众筹项目最终选择在京东众筹进行融资也是成功的重要因素。因为农产品在没有成熟的品牌时很难高于市场价出售，农产品互联网化品牌建设和营销的解决方案的需求也非常小众，如果该众筹项目是在小平台开展，浏览的用户不够，项目的失败风险就非常大。

4.3　股权众筹

4.3.1　股权众筹的概念

《关于促进互联网金融健康发展的指导意见》（以下简称《指导意见》）给出了股权众筹融资（Securities – based Crowdfunding）的明确定义，主要是指通过互联网形式进行公开小额股权融资的活动。《指导意见》还明确指出股权众筹融资必须通过股权众筹融资中介机构平台（互联网网站或其他类似的电子媒介）进行。股权众筹融资中介机构可以在符合法律法规规定前提下，对业务模式进行创新探索，发挥股权众筹融资作为多层次资本市场有机组成部分的作用，更好地服务创新创业企业。股权众筹融资方应为小微企业，应通过股权众筹融资中介机构向投资人如实披露企业的商业模式、经营管理、财务、资金使用等关键信息，不得误导或欺诈投资者。投资者应当充分了解股权众筹融资活动风险，具备相应风险承受能力，进行小额投资。股权众筹融资业务由证监会负责监管。

4.3.2　股权众筹的特征

（一）融资模式的创新性

全世界对公开性的证券融资都进行非常严格的监管，通常都需要完全符合标准的信息披露，并符合公开融资的程序才可以进行公开的证券融资，其目的就是能尽可能的保护投资者，公开融资的证券市场能健康持续发展。苛刻的融资标准，导致企业公开证券的融资时间和资金成本都很高，小微企业很难从公开证券市场获得融资。股权众筹融资通过股权众筹融资中介机构，利用互联网网站或其他类似的电子媒介进行融资，由于简化和宽松的监管要求，信息披露、时间和资金成本都大大降低，所以，股权众筹属于创新性的融资模式。

（二）融资主体的小微性

从全球视角看，进行股权众筹融资模式创新的国家都是为解决小微企业融资难而进行探索，特别是希望股权众筹能为创新创业企业融资服务。从另一个角度看，通过股权众筹融资的规模远低于私募和公开资本市场的融资规模，投资人在进行股权众筹融资时也被限定为小额融资，股权众筹理想的融资主体为小微企业，特别是具有高新技术背景、市场成长预期空间和较高成长特性的创新创业企业。

（三）投资要求的低门槛性

通过股权众筹的融资企业只要符合现代公司管理制度，自主拥有融资项目并能自由转出股权，即可进行股权众筹；对于投资人，通常没有额外的限制，只要能符合股权众筹融资项目的最低投资额度就可以参与股权众筹投资，在我国股权众筹平台通常要求最低投资额度为 2.5 万元人民币。

（四）投资级别的高风险性

融资企业的成长面临诸多的不确定性，股权众筹投资回报周期长，投资后要退出至少需要一年时间。投资者投资后获得的股权流动性差，股权众筹的股权转让不存在公开的交易市场，退出渠道非常有限，所以流动性很差。小微企业的运营波动性很大，初创企业的失败概率很高，企业股权众筹融资成功后的成长过程仍存在诸多风险因素，融资企业运营随时都面临失败的可能，如果融资企业运营失败，投资人将血本无归。股权众筹投资级别的风险很高。

4.3.3　股权众筹的融资模式

股权众筹的融资模式可以分为以下三类。

（一）个人直接股东模式

直接股东模式是出资者直接在众筹平台上浏览列出的可投资项目，然后挑选认为有潜力的企业进行投资。筹资项目成功后，出资者通过众筹平台的电子化程序签订转让协议、股权凭证在内的文件并在公司登记注册，在收到纸质的股权证书（通常分为 A 股和 B 股两种）、投资协议书等文件后，投资者则直接成为该融资企业的股东，持有 B 股的投资者对公司的决策具有投票权。这种模式主要集在英国，如英国著名的股权众筹平台 Crowdcube 和 Seedrs。

（二）基金间接股东模式

投资者直接在众筹平台上浏览可投资项目，然后挑选认为有潜力的项目进行投资，资金并不经过众筹平台，而是转入一家风投基金，由风投基金把所有投资人募集的资金注入项目公司，投资者是股权众筹平台中项目个股的基金持有者，基金的面值和项目公司的股票的价值是等值的。在这种融资模式中投资者是项目公司的间接股东，其所有投票权被基金代理，投资者对融资项目公司基本上没有影响力。美国著名股权众筹平台 Fundersclub 采用此模式。

（三）集合直接股东模式

集合直接股东模式又被称为"领投＋跟投"模式和辛迪加模式，在该模式中执行"领投人"制度，通常由众筹平台指定一名具备一定的行业资源、影响力、丰富投资经验和很强风险承受能力的人充当投资的领导者与协调人（相当于 VC 中的 GP），其他的投资人追随领投人进行投资（相当于 LP），领投人与跟投人会签订管理协议确定双方的权利和义务，领投人和跟投人都是公司的直接股东，但通常情况下由领投人担任项目公司重要股东并参与管理，跟投人作为出资方也享有重大事项的投票权，但不用参与一般性事务。著名的集合直接股东模式的股权众筹平台有美国的 AngelList、澳大利亚的 ASSOB、我国的京东东家和天使汇等。

4.3.4　股权众筹主体架构与交易流程

（一）股权众筹运行的主体架构

股权众筹在运营过程至少有项目融资人（创业者）、公众投资人、众筹机构和资金托管机构四个主体。

1. 项目融资人。项目融资人一般是试图通过众筹平台为自主具有但缺乏资金支持的项目进行融资的小微企业创业者，其融资的项目具有高新技术、创新商业模式和市场高成长预期等特征，并还处于种子期或初创期。同时，项目融资人必须成立公司，遵循现代公司治理制度，建立可对外售股权的制度，还必须具备众筹平台规定的条件，如国籍、年龄、资质和学历等，并必须在众筹平台注册并与之签订服务合约，明确权利和义务之后，经众筹平台审核通过才能进行项目融资。

2. 公众投资人。公众投资人是众筹平台上注册的众多的"草根天使"，通过众筹平台选取项目，但是投资之前，必须通过众筹平台的资格审核，成为合格的投资者，才能对中意的项目进行规定额度内的投资并获得项目公司的对应股份，享受普通股东的权利，甚至对创业者的决策施加影响，如果公司盈利就能获得回报。

3. 众筹机构。众筹机构是平台的搭建者和运营方，又是项目融资人的审核者、辅导者和监督者，还是公众出资人的重要利益维护者，同时还为投融双方提供如财务审核、技术咨询、法律文档、交易撮合等各种支持服务。因此，众筹平台的多重身份特征决定其流程复杂、功能全面、责任重大。

4. 资金托管机构。资金托管机构是众筹平台的战略合作伙伴，其功能类似于 P2P

网络借贷的资金托管人，全程为公众投资人的资金进行第三方托管及分期支付，对投资者的资金安全进行全程保障。目前，资金托管机构有第三方支付机构也有传统银行业金融机构。

（二）股权众筹的交易流程

股权众筹的交易流程主要分为四步：

第一步是发起人在众筹平台上发布创意项目，投资人在平台上选择感兴趣的创意项目，达到项目匹配的目的。

第二步是发起人在众筹平台上设定筹资目标，投资人开始进行投资。

第三步是众筹中项目发起人可以与投资人进行有效沟通，继续完善项目创意，以达到筹资的目标。

第四步是项目发起人达到筹资目标后，使用资金运营实施项目，而投资人可以监管项目资金的使用情况。交易流程如图4-3所示。

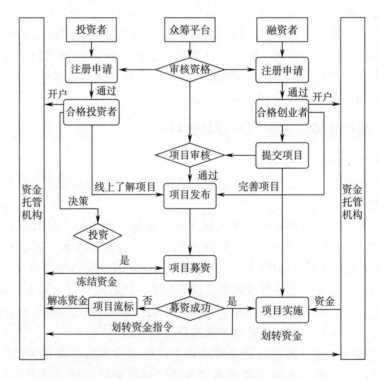

图4-3 股权众筹的交易流程

4.3.5 股权众筹平台的核心能力分析

（一）股权众筹平台必须具备挖掘好项目的能力

股权众筹是项目发起人通过股权众筹平台发布的以股权融资为目标的众筹模式。如果将股权众筹平台认为是一种特殊的电商平台，则该平台销售的商品为初创型公司的股权等金融产品。与电商平台不一样的地方在于，股权众筹平台的产品质量保证需要平台团队具备挖掘好项目的能力。简而言之，就是股权众筹平台依靠自身的竞争力，在众多网络提交的项目中找出有发展潜力的、高增长且有价值的好项目。在判断一个股权众筹项是否属于好项目时，股权众筹平台通常从以下几个维度识别。

1. 融资项目是否为有潜力的朝阳产业或高增长行业。目前，股权众筹平台融资成功的项目大多来自 TMT（Telecommunication，Media，Technology，即电信、媒体和科技）行业或消费生活行业。项目的来源行业在发展上是政府支持或鼓励发展的战略新兴行业。

2. 融资项目的商业模式有一定的创新性或清晰的可行性。融资项目的商业模式相比于传统商业模式要有一定的创新性，如果没有创新则很难体现出优势。为什么多数的融资成功的项目来自于 TMT 行业，就是因为这些行业可以利用新技术、新媒体和新渠道构建新的商业模式，对传统的商业模式进行破坏甚至颠覆。比如"互联网＋"的行业创新，对传统的商业模式进行破坏性颠覆，不但能取代原有的市场地位，而且能以更低的边际成本和更高的效率服务用户。如果项目的商业模式创新性不强，那么商业模式必须是清晰可行的，而且项目在盈利模式上要显示出有比较优势。

3. 创业团队结构合理和能力出色。只有结构合理和能力出色的创业团队才有可能将项目创业成功。创业团队中管理、技术、市场、财务和法律的成员都有，最好有一些团队成员具有创业的经验，当然，好的教育背景和年轻的创业团队则更有成功的潜力。

4. 创业项目的融资估值合理。融资企业的估值方法通常有市盈率（PE）、市净率（PB）、市销率（PS）等多种方法。创业公司成长过程中通常会经历天使轮、A 轮、B 轮、C 轮、D 轮、E 轮、Pre – IPO 轮、IPO 等融资阶段。但用不种方法对同一阶段的公司进行估值时，公司的估值往往大不一样。这就要求众筹平台对创业项目能基于自身的经验进行合理的估值，如果融资项目的股权价格估值过高，平台在发布项目时则要相当谨慎。

为了保证项目质量，股权众筹平台应当严把准入关，对融资者发布的项目进行尽职调查，从行业、财务及法律等角度对融资者准备众筹的项目进行严格的审核及筛选。对于达不到融资标准的项目坚决将其淘汰，确保将优质的有潜力的好项目发布。虽然，股权众筹平台是为投融资双方提供投融资信息服务的信息中介，其法律属性为居间人。但是，股权众筹平台仍负有对项目进行审核的基本义务。从平台可持续的角度，平台必须把握好项目准入门槛，决不能放纵低质量的项目发布，更不能与项目发起方有关联或利益捆绑，即便通过一时的忽悠成功，但在后续的公司项目实际运作中必将出现问题，那么平台的声誉和口碑将急转直下，进而影响平台的生存。

（二）股权众筹平台必须具有良好的投资者权益保障机制

投资者是股权众筹平台生存的基石，众筹平台只有为投资者提供良好的服务和切实维护好投资者的保障才能吸引更多的投资人，投资人的增加有利于平台找到更多融资项目，进而提高为投资人提供优质项目的概率。众筹平台应当为投资方提供优质的保障、体验与服务，围绕投资者来构建股权众筹的体系与生态才能实现可持续的发展。

目前，比如京东东家、大家投等股权众筹平台将投资人发展作为平台发展的核心因素，当拥有海量的投资人，特别是吸引具有较强的领投能力的投资人之后，也会吸引更多的优质项目在平台上融资，从而形成一个良性循环的局面。众筹平台可以通过以下措施来保障投资者的利益。

1. 严格进行合格投资人的认证与审核。为了避免不具有早期项目股权投资经验与能力的自然人或机构成为平台注册的合格投资人，影响投资的质量与效率，平台应当设置好合格投资人的注册及认证门槛。如果平台为了盲目追求投资人注册数量而不注重质量，不仅与股权众筹未来监管的政策法规不相符，而且也会大大降低对具有领投能力的投资人或投资机构入驻平台的吸引力，同时，由于缺乏投资经验和风险意识较低，一旦项目出现投资风险，就很可能会引发纠纷，影响到平台的发展。因此，平台需要做的是吸引高品质的合格投资人入驻平台，并使其成为股权众筹平台的活跃用户。

2. 必须对投资人资金进行银行托管。投资者在股权众筹平台进行投资时，资金的安全性是一个不小的顾虑。为了打消投资者的顾虑，股权众筹平台必须将投资者的资金存放在传统银行业金融机构进行第三方托管及结算服务，这也符合未来的监管要求。同时，股权众筹平台自身的 IT 系统要安全可靠，为用户提供良好的资金操作体验。

3. 坚决有效的监督投资人的资金投向。对于大多数投资者最为担心的问题是投资资金被融资者中途更改资金用途或任性使用，甚至卷款跑路。因此，股权众筹平台应当与项目融资方在银行共同开立共管账户，约定具体的资金拨付条件，并要求项目融资方提供资金具体使用凭证，对融资方实际使用资金的情况进行全程监管。一旦发现融资方资金投向不明，或明显违背约定资金使用投向并且无合理逻辑，平台方有义务通知投资人并共同采取有效措施进行制止。

（三）股权众筹平台必须具有快速撮合投融意向的模式

基于互联网股权众筹的特点是股东分散、投资小额，且投资人之间多数不认识、不熟悉，投资素养、风险偏好、投资能力也不尽相同，所以，如何提高项目融资方与投资人之间的投融意向并快速进行撮合就非常关键和重要，这就涉及投融模式的设计与安排。股权众筹平台通常可以采用以下快速撮合模式。

1. 直接股东模式。直接股东模式是投资人直接在股权众筹平台与项目融资方签约，投资人以自然人的名义进入融资企业并成为融资企业的股东，这种模式手续简单直接，从投资人的角度来看，绝大多数投资人最愿意采用此模式，因为自己的股东权益能在融资企业的相关登记中直接体现，在主张股东权益时不受第三方的影响。比如人人投的项目就采用直接股东模式。但是，从平台和融资人的角度来看，直接股东模式则并不是理想的选择，因为众多股东给融资企业的治理上带来一定的难度，比如股东大会如何召开，相关的公司登记手续办理比较麻烦。另外，根据我国的《公司法》，在融资企业上市之前股东的总人数是不能超过 200 人，所以，如果股权众筹的人数众多，这种模式则无法操作。

2. 股权代持模式。股权代持模式通常在熟人之间开展，陌生人之间由于信任成本过高则很难采用此模式。但是如果众筹投资人在投资后，经过接触、交流和沟通，在一定程度的熟悉情况下，也可以采用股权代持模式。但是，如果公司能发展到 IPO 融资阶段，代持模式将会成为上市的法律障碍之一，在 IPO 之前必须解除代持。

3. 合投模式。合投模式由众多的投资人成立一个或几个投资主体进行投资的模式。采用合投模式可以有效降低效交易成本，提高投资效率和有利于权益保障，在实践操作中通常有以下两种组织模式。

（1）设立有限合伙企业。投资人通过有限合伙企业作为投资主体投资融资企业。在合伙体中，要选定一位具有投资经验和投资能力的投资机构或个人作为领投人，也是合伙体中的一般合伙人（GP），GP 受 LP 的委托在投资后参与融资企业的管理之中，其余的投资人为合伙体中有限合伙人（LP）。在该模式中，为了有效调动 GP 的积极性，合伙体要采取一种合理的激励机制，通常有两种方式：一种是由融资企业给予 GP 更为优惠的投资价格或一定的股份；另一种是 LP 给予 GP 一定比例的投资收益，比如合伙体投资收益的 20％归 GP 所有。但是，有限合伙企业的股东人数不能超过 50 人。

（2）设立持股公司。投资人通过持股公司作为投资主体投资融资企业。在公司治理结构和管理安排上，由具备一定的行业资源、影响力、丰富投资经验的领投者代表公司参与投资后的管理，也就是由领投人或机构作为持股公司的管理人。有限责任公司的众筹股东实际人数也不可超过 50 人，采取公司作为投资主体模式，需要缴纳双重税，即公司缴纳所得税后在股东分配投资收益时应再缴纳个人所得税。而有限合伙组织股东只需缴纳 20％的个人所得税，即一层征税。

（四）股权众筹平台必须具有清晰可行的运营规则

清晰可行的运营规则不但是股权众筹平稳持续运行的制度保障，也是投融双方义务和权利的准则，一旦平台与融资方或投融双方发生民事纠纷或法律纠纷时，运营规则是重要的权利主张依据。因此，股权众筹平台必须设立明确的运营规则，该规则一旦确立，就不得随意改动。股权众筹平台的运营规则至少要包括以下几个部分。

1. 平台管理规则。平台管理规则中应明确规定众筹平台的服务宗旨、签约主体、服务内容、规则的适用范围、平台的权利及义务、投资双方行为规范、服务佣金标准、违约责任、知识产权归属、协议终止及争议解决、保密约定、不可抗力说明等主要条款。

2. 投资人管理规则。投资人管理规则应明确规定投资人实名认证流程、合格投资人认证流程、领投人的权利及义务、股权认购规则、投资意向书与投资协议细则、投资保证金及违约情形、投资人承诺等主要条款。

3. 融资人管理规则。融资人管理规则应明确规定融资人的标准、禁止行为、融资人应当向平台承担的义务、融资人应当向投投人承担的义务、服务佣金标准、不可撤销的融资要约、投资协议的履行、接受平台及领投人监督及质询的承诺、股权退出、投融资双方线下协议的变更和罚则等主要条款。

4. 融资人信息披露规则。融资人管理规则应明确规定融资人的信息披露义务、融资项目上线前的信息披露义务、融资项目上线后的信息披露义务、平台的督导作用、信息披露起止日期等主要条款。

5. 风险揭示书。风险揭示书主要包括重要提示和风险提示。风险提示书一定要把股权众筹的特点充分说明，对股权众筹的高风险进行充分揭示，把投资适当性做好做实。

4.3.6　股权众筹的风险分析

股权众筹是互联网应用普及、实体经济变革和金融服务创新三者共同促进下产生的新兴金融形式，且处于发展初期，与其他新兴事物的发展初期一样，必然存在诸多不足，甚至是弊端，故存在诸多风险。

（一）法律风险

股权众筹本质还是一种小额化的私募权益性融资，但全网络化的融资流程并不符合传统的证券融资的法律法规，因此股权众筹在各国发展中的共同性问题之一就是其合法性问题。但欧美对股权众筹发展的诉求响应较快，颁布法案明确其合法地位，出台监管措施来促进其健康发展。比如：美国颁布的 JOBS 法案和 SEC 出台的众筹监管法规，英国金融行为监管局（FCA）发布的《关于网络众筹和通过其他方式发行不易变现证券的监管规则》。但我国还未出台股权众筹相关法律法规，在《证券法》《公司法》和《刑法》的限制下，股权众筹发展空间被极大地压缩，并游走于法律的灰色地带。我国的股权众筹都通过"线上＋线下"两段式完成投融资过程，众筹平台承担线上创业项目的审核、展示和披露职责，平台必须确保项目真实存在，否则就脚踩"非法集资"的红线。当创业项目达到募集额度后且投资人不超 50 人，则投融双方转入线下，相关投资人成立合伙企业，依《公司法》与创业者签订股份转让协议，众筹平台不参与股权的转让和交割，从一定程序上避免了非法发行股票的嫌疑，但始终无法回避项目宣传方式上的公开性，如果严格按照《证券法》中的"非法公开发行股票罪"的规定，股权转让信息在互联网公布，就满足"信息公开"的要件。由于目前我国金融创新的环境比较宽松，对"信息公开"的法律性质界定尚无定论，但其折射出的法律风险不能小视。所以，截至 2017 年底所有的股权众筹平台都是以互联网非公开股权融资的名义开展业务。

（二）模式创新风险

模式创新风险是指原创的商业发展模式过于创新或创新不足，脱离现实的社会经济状况，最终因发展瓶颈导致失败的风险。股权众筹作为一种去中心化、点对点的创新性的互联网金融投融资模式，其涉及的主体及与传统的股权转让程序存在极大差异，在提高融资效率的同时，也暴露出诸多因创新引发的风险。首先，众筹平台根据创业者提交的商业计划书来决定能否在平台上融资，并对融资项目进行一定的调查，帮助审核通过的项目团队确定发行价格和出让股权比例，但众筹平台无任何准入门槛和资质要求，其工作的专业性、科学性和合理性非常值得怀疑。其次，我国股权众筹采用的是"领投＋跟投"运营模式，领头人主要代表众多"微股东"负责对创业项目投后管理，监督和通报公司的运营。由于投后管理可能是一个非常漫长的过程，领投人能否在资本退出之前始终尽心尽力履行职责是一个巨大的疑问。最后，互联网经济具有先发优势、马太效应、赢家通吃的特性，股权众筹平台经过一个"野蛮"生长阶段之后，必定将重新洗牌，绝大多数规模小的众筹平台将面临被兼并或关闭。在这个波动阶段，股权众筹将释放出大量风险，能否保护好投资人利益让人担忧。

（三）道德风险

在股权众筹融资模式中，众筹平台取代传统中介并压缩和精简了传统金融市场严密完整的程序，融资的初创企业在财务审核和信息披露方面获得极大豁免，使初创企业融资更加开放、自由和高效。但是保护投资者利益的制度还未完全跟上，众筹平台和初创企业均存在较大的道德风险。众筹平台的收入完全依赖于成功筹资的创业项目，绝大多数平台收取的费用为项目融资总额的5%。在经济利益的驱动下，缺乏合格项目的参照标准，又无监管约束，平台极易在主观上降低创业项目上线门槛，放行更多项目进入众筹平台募资。同时，不能排除平台与融资企业之间存在内幕交易、关联交易，甚至是"自融"行为的可能性，如果不能有效消除平台的道德风险，必将导致"柠檬市场"现象，对股权众筹的健康持续发展产生巨大的冲击。初创企业为了尽可能受到投资人的青睐，提高募资的成功率和公司估值，在项目的描述上将倾力包装，尽量回避项目的风险，采用一些极度乐观或是夸大和误导性的宣传以吸引投资者。当企业成功融资后，在追求自身利益最大化的强大引力下，又有必要信息披露的豁免庇护，企业很可能不按契约，擅自更改募集资金的用途或者违规使用资金，将给投资者的利益造成显著损害。

总结股权众筹存在风险问题的本质，不难发现是主要源于监督机制不健全所致，如果不能为股权众筹建立有效的监督机制，不但自身难以健康发展，影响正常的金融秩序，增加金融风险，而且也将对整个互联网金融发展产生严重不利的影响。

4.3.7 股权众筹的监管与法规

相比网络借贷，我国股权众筹的监管法规和制度的制定则明显滞缓。我国股权众筹监管法规和制度建设分成三个阶段：第一个阶段是2014年12月至2015年6月。中国证券业协会出台了《私募股权众筹融资管理办法（试行）（征求意见稿）》，将股权众筹定义为私募股权众筹。第二个阶段是2015年7月。人民银行等十部委联合出台的《关于促进互联网金融健康发展的指导意见》，放弃了"私募股权众筹"的概念，给出了股权众筹的概念，肯定了股权众筹中介机构的价值，明确股权众筹划归证监会监管。第三个阶段是2015年8月之后证监会印发的《关于对通过互联网开展股权融资活动的机构进行专项检查的通知》，纠正了证券业协会对股权众筹的定义，明确指出面向特定人群的资金募集不属于股权众筹，但股权众筹具体定义并未明晰。我国股权众筹监管政策的演变如表4-1所示。

表 4 – 1　　　　　　　　　　股权众筹政策演变的三个阶段

时间	政策名称	政策内容	变化
2014 年 12 月 证监会	《私募股权众筹融资管理办法（试行）（征求意见稿)》	• 对股权众筹平台的定义私募股权众筹，准入标准、职责、所禁止行为作出规范等；对融资者的职责和禁止行业作出规范 • 设定了相对严苛的投资者的门槛，其中关键一条是"投资者单个融资项目的最低金融不低于 100 万元人民币的单位和个人"	将股权众筹定义为私募股权众筹，因此所有监管细则都落在 2014 年 6 月出台的《私募投资基金监管管理暂行办法》框架之内
2015 年 7 月 中国人民银行等十部委	《关于促进互联网金融健康发展的指导意见》	• 股权众筹融资主要是指通过互联网形式进行公开小额股权融资的活动。股权众筹融资必须通过股权众筹融资中介机构平台进行 • 股权众筹融资中介机构可以在符合法律法规规定前提下，对业务模式进行创新探索，发挥股权众筹融资作为多层次资本市场有机组成部分的作用	放弃了"私募股权众筹"的概念，肯定了股权众筹中介机构的价值，明确股权众筹行业的监管机构
2015 年 8 月 证监会	《关于对通过互联网开展股权融资活动的机构进行专项检查的通知》	• 未经国务院证券监督管理机构批准，任何单位和个人不得开展股权众筹融资活动 • 一些市场机构开展的冠以"股权众筹"名义的活动，是通过互联网形式进行的非公开股权融资或私募股权投资基金募集行为，不属于《指导意见》规定的股权众筹融资范围 • 通过各地方机构对股权众筹平台开展对股权融资平台的检查工作	股权众筹的概念重新被定义，即面向特定人群的资金募集不属于股权众筹，但何为股权众筹未被明晰

从已出台的股权众筹相关的监管法规与制度来看，股权众筹目前大的障碍是法律主体地位不清晰。股权众筹目前尚且与《证券法》存在一定的冲突，但为扫除股权众筹的法律障碍，《证券法》有可能于 2018 年下半年进行修改。同时，国务院的相关会议也在积极推动证监会进行股权众筹的试点工作。只要法律障碍扫除，股权众筹也有可能迎来发展期。

（一）股权众筹第一案案情

2015 年 1 月 21 日，飞度公司与诺米多公司签订《委托融资服务协议》，诺米多公司委托飞度公司在其运营的"人人投"平台上融资 88 万元（含诺米多公司应当支付的 17.6 万元），用于设立有限合伙企业开办"排骨诺米多健康快时尚餐厅"合伙店。协议签订后，诺米多公司依约向飞度公司合作单位"易宝支付"充值 17.6 万元，并进行了项目选址、签署租赁协议等工作。飞度公司也如期完成了融资 88 万元的合同义务。但在之后的合作过程中，"人人投"平台认为诺米多公司存在提供的房屋系楼房而非协议约定平房、不能提供房屋产权证、房屋租金与周边租金出入较大等问题，之后双方与投资人召开会议进行协商未果。

2015 年 4 月 14 日，飞度公司收到诺米多公司发送的解除合同通知书，通知自即日起解除《委托融资服务协议》，要求其返还诺米多公司已付融资款并赔付损失 5 万元。

同日，飞度公司亦向诺米多公司发送解约通知书，以诺米多公司违约为由解除了《委托融资服务协议》，要求诺米多公司支付违约金并赔付损失。后双方均诉至法院，原告飞度公司诉请：（1）诺米多公司支付飞度公司委托融资费 44 000 元，（2）诺米多公司支付飞度公司违约金 44 000 元，（3）诺米多公司支付飞度公司经济损失 19 712.5 元。反诉原告诺米多公司诉请：（1）飞度公司返还 17.6 万元并支付相应利息；（2）飞度公司赔偿诺米多公司损失 5 万元。

（二）股权众筹第一案的判决

2015 年 9 月 15 日下午，海淀法院对备受关注的原告（反诉被告）北京飞度网络科技有限公司（以下简称飞度公司）与被告（反诉原告）北京诺米多餐饮管理有限责任公司（以下简称诺米多公司）居间合同纠纷一案进行公开宣判，该案为全国首例众筹融资案。结合双方履约情况，法院对本案本诉、反诉诉请进行了相应处理，最终判决：

1. 被告北京诺米多餐饮管理有限责任公司于本判决生效之日起十日内给付原告北京飞度网络科技有限公司委托融资费用 25 200 元、违约金 15 000 元。

2. 反诉被告北京飞度网络科技有限公司于本判决生效之日起十日内返还反诉原告北京诺米多餐饮管理有限责任公司出资款 167 200 元。

3. 驳回原告北京飞度网络科技有限公司其他诉讼请求。

4. 驳回反诉原告北京诺米多餐饮管理有限责任公司其他反诉请求。

（三）股权众筹第一案的判决意义

很明显，此次民事纠纷案最终以北京飞度网络科技有限公司获得胜利，本案虽系个案，但对于我国股权众筹的发展无疑具有积极意义。

1. 一是从司法层面发出支持股权众筹发展的积极信号。从本案判决内容看，法院对本案涉及的众筹融资交易整体上持支持和鼓励的态度，认定涉案合同有效，这与《关于促进互联网金融健康发展的指导意见》鼓励和支持互联网金融发展的指导思想相符，为股权众筹融资行业在我国的健康规范发展留下了空间。

2. 二是从司法层面给出股权众筹的性质。系统地将当前众筹融资领域内的一些问题进行了梳理评述，也呈现出众筹融资行业具体交易的细节问题。就社会最为关注的交易合法性问题，法院从裁判角度进行了具体分析和梳理，认为案中交易不属于"公开发行证券"。

3. 三是从司法层面明确了《关于促进互联网金融健康发展的指导意见》是互联网金融案件的重要司法参照。我国目前尚未出台专门针对众筹融资的法律，但我国《民法通则》第六条规定："民事活动必须遵守法律，法律没有规定的，应当遵守国家政策。"本案人民法院的认定，也是适用《关于促进互联网金融健康发展的指导意见》所宣示的国家政策。

📖 本章小结

众筹是利用互联网将离散化、碎片化和多元化的资源通过金融活动进行整合而实现价值创造的过程。根据融资人对出资人的回报类型将众筹分成捐赠众筹、奖励众筹、债权众筹和股权众筹四大类。众筹的主体架构由四部分组成：筹资人、出资者、众筹平台中介机构和第三方资金托管机构。奖励众筹设计流程包括八个步骤。股权众筹也是项目公司通过互联网渠道向普通投资者筹资，投资者得到的回报是可以获得未来收益的公司股权。股权众筹具有融资模式的创新性、融资主体的小微性、投资要求的低门槛性和投资属性的高风险性四个特征，融资模式分为直接股东模式、基金间接股东模式和集合直接股东模式。股权众筹在促进实体经济发展、改善和增加社会就业、提高国家的创新力和激发全民创新创业方面具有显著价值，同时也面临法律、道德及监管机制不完善等方面的风险。

想一想、练一练

◎ 思考题

1. 众筹模式和非法集资有什么区别？如何鉴定？

2. 众筹分为哪四种类型？

3. 奖励众筹与传统商品相比有哪些突出的优势？

4. 股权众筹的特征有哪些？它相对于商品众筹有何异同？

5. 你认为股权众筹的主要风险有哪些？该如何尽可能地规避这些风险？

6. 请到京东奖励众筹平台，查看一个你感兴趣的筹资项目，请分析筹资项目文化营销、品质营销和分层营销的优缺点。

◎ 实训题

1. 请比较京东众筹、众筹网和淘宝众筹中的众筹奖励平台的设计流程、产品定位和盈利模式方面有什么不同？

2. 请比较京东东家和蚂蚁达客在合格投资人设定、投资模式及盈利模式方面有什么不同？

第5章

互联网基金销售

 知识要点

✓ 基金与互联网基金的本质
✓ 互联网基金的含义
✓ 互联网基金的特征与创新点
✓ 互联网基金的销售模式
✓ 互联网基金的发展趋势

案例导读

5年前，天弘基金是如何从行业垫底，一跃成为行业第一的？

各家基金公司2017年年报显示，天弘基金旗下产品以566.92亿元的利润，稳居行业第一。这是天弘基金在行业坐上行业头把交椅的第5个年头，在此之前，其因为连年亏损在行业排名中垫底，但2013年6月开始，天弘基金仅用了1年多时间，就奇迹般崛起，跃升至行业第一。

天弘基金成立于2004年11月，是全国性公募基金管理公司之一。它的飞速崛起离不开与支付宝的结缘。于2003年上线的支付宝本来主要是为了解决网购支付的信任难题。但随着阿里线上业务的逐渐成长，用户的要求也不断扩大。其中持续被用户诟病的就是：钱在支付宝上为什么没利息？恰好2012年5月，支付宝获基金第三方支付牌照，于是能让用户存钱还可以获得利息的方案顺势被团队捣鼓出来。

2013年6月，支付宝找到了彼时处于困境却决意创新的天弘基金。随后，天弘基金推出首只互联网基金——天弘增利宝货币基金（即余额宝），改变了整个基金行业的新业态。仅一年多，天弘基金用户破1亿，资金近6000亿元，成了中国基金行业翘楚。

资料来源：搜狐财经网，http：//www.sohu.com/a/227063728_212351。

对于这一现象，人们不禁要问余额宝为何可以在短短五年间发展如此之快？货币市场基金并非新兴事物，为何成为"余额宝"后开始了完全不同的发展模式？事实上，余额宝发展的推动因素并非单一，其中一个重要的原因是互联网发展的推动。得益于互联网发展的不仅仅是余额宝一只基金，更是整个基金行业，互联网基金已经成为了一个单独的大类。

根据中国互联网络信息中心（CNNIC）发布的第 41 次《中国互联网络发展状况统计报告》显示，截至 2017 年 12 月底，我国网民规模达 7.72 亿，其中手机网民规模达 7.53 亿元，占了总量的 97.5%。在网民上网的具体用途中，除了网上银行占 51.7% 外，有 1.2881 亿是用于互联网理财，占了总量的 16.7%，有 6 730 万网民用于网络股票或基金交易，占了 8.7%，分别是网民利用网络进行互联网金融活动的第二和第三位。这与基金公司积极寻求与互联网公司的合作、拓宽销售渠道、注重产品创新、加强客户体验有关，由此掀起互联网基金销售热潮。

5.1 基金概述

余额宝之所以被广泛用于理财，很大程度上与之友好的投资途径和界面有关，以至于人们几乎忽略了其作为基金这种投资工具的本质。但事实上，余额宝是基金中流动性、变现能力最强的货币市场基金。要认识互联网基金首先需要认识其作为基金的本质。

5.1.1 基金的含义

基金，即证券投资基金（在我国也称为投资基金），是一种将众多不特定投资者的资金集中在一起，委托专业的基金管理人进行投资管理，委托专业的基金托管人进行资产托管，基金投资所得收益按照投资者出资比例分享的一种投资制度。它主要是通过向投资者发行股票或受益凭证（基金份额），将社会上普通投资者手中小额闲散资金或者机构投资者的资金等集中起来，交给专业的基金管理人投资于各种金融资产，包

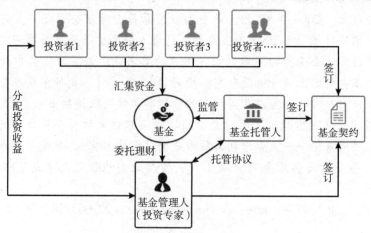

图 5-1 基金运作流程图

括股票、债券、货币市场工具、外汇等，获得的收益按投资者出资比例进行分配。为了保护投资人的利益，基金集中起来的资金交由基金托管人进行保管。因此，基金实现了资金的使用和保管相分离。基金管理人和基金托管人按照基金资产规模获得一定比例的管理费收入和托管费收入。

5.1.2 基金的特征

（一）组合投资、分散风险

在投资领域中，有一个非常普遍的规律：组合投资可以分散非系统性风险。就是说，如果把资金分散到不同的产品上进行组合投资，则可以降低非系统性风险。之所以可以降低非系统性风险，是因为组合中不同产品在一段时间内价值上升和下跌存在差别，因此，投资组合中某些证券市值的下降可以由另一些证券市值的上升来弥补。作为单一投资者而言，由于资金有限，难以进行范围广泛的组合投资，因此投资风险高。基金将中小投资者的小额闲散资金汇集成一笔数额较大的资金后，就可以把资金投资于不同国家、不同行业的多种金融产品上，从而最大限度地降低非系统性风险。

（二）集合投资、专家管理

基金以证券作为投资对象，而证券市场容易受政治、经济以及其他因素的影响，普通投资者由于自身专业知识、精力、信息等方面的限制，难以通过证券投资获取收益。而基金是把大众的资金集中在一起并交给专业的基金人进行管理，基金管理人拥有众多的经济专家、财务专家以及投资分析师，具有非常丰富的投资经验和娴熟的投资技巧，与普通投资者相比，一般都能够获取更好的投资收益。

（三）利益共享、风险共担

从基金的定义可以看出，基金的资金来自于大众投资者，这些资金委托给基金管理人管理，委托给基金托管人保管，从本质上讲，基金是属于投资者的，因此当基金资产进行证券投资后获得了一定的收益，理所当然收益由投资者共享。投资有风险，当基金资金委托给基金管理人管理时，也可能会存在亏损。当出现亏损时，亏损也由投资者共担。基金管理人一般只按照基金资产规模的一定比例定期提取管理费。当然，基金管理人通过投资使基金获得了一定的收益，基金资产规模就会扩大，基金管理人管理费也会增加。

（四）严格监管、信息透明

每个国家对基金普遍实行严格而全面的监管，包括实行严格的行业准入标准和审批程序，制定严格的从业人员管理制度，进行严密的日常行为监管等。同时，基金在发行时，需要按照规定的内容和格式标准披露招募说明书和基金合同，明确基金投资范围、投资理念、投资策略、投资限制、业绩衡量基准、风险评估工具等内容。在日常运作过程中，需要定期和不定期披露会计报告、投资组合、主要投资指标和重大事项等。公开透明的信息披露，一方面方便投资者了解基金的投资情况，另一方面也为基金监管提供了条件。

（五）独立托管、保障安全

基金资产是属于投资者的，因此，基金在运作过程中，实行基金管理和资金保管相分离的制度，以保障资金的安全，对投资者负责。基金资产由专门的托管人负责保管，对于基金管理人运用资金负有监督的义务，促进基金管理人规范化运作基金。

5.1.3 基金的类型

基金种类繁多，从不同的角度可以对基金进行不同的分类，而且随着基金的不断创新，基金的种类会越来越多。在此，选择几种最常见的基金分类进行介绍。

（一）契约型基金和公司型基金

按照组织形式进行划分，基金可以分为契约型基金和公司型基金。

契约型基金一般由基金投资者、基金管理人、基金托管人之间所签署的基金契约而设立，各方权利和义务由基金契约体现——基金管理人依据法律、法规和基金合同的规定负责基金的经营和管理运作；基金托管人则负责保管基金资产，办理基金名下的资金往来；基金的投资者通过购买基金份额，享有基金投资收益。目前，我国的基金全部是契约型基金。

公司型基金是指按照《公司法》而成立的以盈利为目的的股份制投资公司（基金）。投资者通过购买基金发行的股份而成为公司的股东，具有包括决议权、利益分配请求权、剩余资产分配权等股东所具有的权利。投资者通过股东大会选举董事会，对公司事务行使形式上的控制权，实际的经营者一般为与基金签订投资委托协议的专业的投资顾问商。目前，美国的基金主要是公司型基金。

它们之间的主要区别见表5－1。

表5－1　　　　　　　　　　契约型基金和公司型基金的区别

项目	契约型基金	公司型基金
信托财产法人资格	没有	具有
信托财产运用依据	信托契约	公司章程
发行的筹资工具	受益凭证	股票或者债券
投资者地位	对资金运用没有发言权	享有股东权利

（二）封闭式基金和开放式基金

按照基金单位是否可以增加或赎回划分，基金可以分为封闭式基金和开放式基金。

封闭式基金是指基金发行总额和发行期在设立时已确定，在发行完毕后的规定期限内发行总额固定不变的证券投资基金。封闭式基金在基金合同中会明确规定封闭期（目前我国封闭式基金封闭期为15年或者5年），在封闭期内，封闭式基金的投资者不能向发行机构赎回基金份额，基金份额的变现必须通过证券交易场所上市交易。合同期满，封闭式基金清盘结束，也可以修改基金合同后继续运作。

开放式基金是指基金发起人在设立基金时，基金单位总数不固定，投资者可以在规定的时间和场所要求申购或赎回基金单位的一种基金。投资者既可以通过基金销售机构买基金使得基金资产和规模由此相应的增加，也可以将所持有的基金份额卖给基金并收回现金使得基金资产和规模相应的减少。

它们之间的主要区别见表5-2。

表5-2　　　　　　　　　　　　　　封闭式基金和开放式基金的区别

项目	封闭式基金	开放式基金
规模	固定	不固定
存续期限	确定	不确定，理论上可以无限存续期
交易方式	上市交易	一般不上市，通过基金管理公司或者代销机构申请申购或赎回
交易价格	市价	交易日基金单位资产净值
信息披露	每周公布基金单位资产净值，每季度公布资产组合	每日公布基金单位资产净值，每季度公布资产组合
投资策略	全部资金可以进行长期投资	基金资产中需保持一定现金和流动性资产（防止赎回）

（三）股票型基金、债券型基金、混合型基金和货币市场基金

按照基金投资对象进行划分，基金可以分为股票型基金、债券型基金、混合型基金和货币市场基金。

股票型基金是指投资于股票的基金。按照中国证监会对基金类别的分类标准，80%以上的基金资产投资于股票的为股票型基金。股票型基金以普通股作为主要投资对象，相对于其他类型基金而言，预期收益比较高，风险比较大。

债券型基金是指主要投资于债券的基金。按照中国证监会对基金类别的分类标准，80%以上的基金资产投资于债券的为债券型基金。在我国，债券型基金的投资对象主要是国债、金融债和企业债。通常，债券为投资人提供固定的回报和到期还本，风险低于股票，所以相对于股票型基金，债券型基金具有收益稳定、风险较低的特点。

混合型基金是指同时以股票、债券和货币市场工具作为投资对象的基金。按照中国证监会对基金类别的分类标准，投资于股票、债券和货币市场工具，但不符合股票型基金、债券型基金分类标准的基金。其风险低于股票基金，预期收益则高于债券基金。

货币市场基金是指投资于货币市场上短期（一年以内）有价证券的一种投资基金。该基金投资对象包括国库券、商业票据、银行定期存单、银行承兑汇票、政府短期债券、企业债券等短期有价证券。与前面三种基金相比，货币市场基金流动性强，安全性高，投资成本低，收益却比银行存款高。余额宝正是当下最为典型的货币市场基金，具备货币市场基金的特质。

5.2 互联网基金的概述

5.2.1 互联网基金的概念

有的人认为互联网基金就是传统基金销售的互联网化，而有的人认为互联网基金

是基于互联网平台的基金销售，我们认为互联网基金是以云计算、大数据、社交网络等现代信息技术为支撑，通过互联网渠道实现交易，参与资金门槛微小，费用低廉，并具有金融属性的新型基金销售模式。基于这个概念，上述两种对互联网基金的理解都没有错，都属于互联网基金的范畴，但都只涉及了互联网基金的一个方面，并不全面。因此，互联网基金的内涵应一般包括两个方面内容：一是基金销售在互联网上的延伸。基金公司由于其自身网点比较少的局限性，以及存在着募集份额数量、募集资金、募集期限等方面的要求，一般会采取直销和委托银行、证券公司、保险公司等机构销售（即代销）相结合的方式销售基金（我国的封闭式基金销售只能采取代销的方式），从而在募集期限内达到基金发行成功要求。随着互联网的发展，基金公司及代销机构与时俱进，积极与互联网结合，开发出网络销售渠道，基金销售也逐渐从线下销售转为线上销售。由此可知，从本质上讲，基金销售只是和互联网相结合，仍然属于传统基金销售的范畴。二是以互联网平台公司为载体的基金销售。这里面又包括两种情况，一种是具有独立基金销售牌照的网销平台。平台公司具有独立基金销售牌照，可以独立进行基金销售，但平台公司本身不发行基金，只是帮助其他基金公司销售基金。另一种是互联网平台的基金销售。平台公司本身不具有基金销售的牌照，不能独立销售基金，只能通过与基金公司的合作开展业务，包括提供支付结算服务、流量导入等。以互联网平台公司为载体的基金销售与传统的基金销售有本质的区别，也是基金与互联网深度融合的产物，因此，一般在讲到互联网基金时，更多的时候说的是以互联网平台公司为载体的基金销售。随着互联网的快速发展，互联网与基金合作的加深，互联网基金的内涵将更加丰富。

5.2.2　互联网基金的特征

互联网基金作为传统基金的拓展和延伸，有着基金的共同的特征，但又体现了基金未来的发展趋势。虽然诞生时间不长（特别是以互联网平台公司为载体的基金销售），但发展很快，原因就在于相比于传统基金销售，互联网基金具有其自身显著的特征。

（一）基金投资简便

基金组合投资、分散风险的特征吸引着大量的投资者从股市、债市转入基金市场，促进了基金市场的繁荣，但传统的基金投资理财方式一般需要投资者现场办理（如开户），而基金投资时间和客户上班时间一般是重合的，给客户投资基金带来一定的障碍和不便的同时，也阻碍着基金市场的扩大和发展。而互联网基金基于互联网销售基金，客户足不出户就可以进行基金投资，给客户带来极大的便捷度。

（二）费用成本低廉

互联网基金以货币市场基金为主，传统的货币市场基金以货币市场工具（银行定期存单、国债、同业拆借等）作为投资对象，属于低风险、低收益的品种。由于投资标的有限，货币市场基金之间收益差异较小，要提高投资者收益率，方法之一就是降低产品的相关费用成本。互联网基金依靠互联网平台交易和大数据分析为基础开展业务，比以商业银行为主要销售渠道的传统基金销售模式效率更高且成本（包括管理费、托管费等）更低，提高了投资人的收益率。

（三）参与门槛更低

我国传统公募基金的初次申购门槛一般为 1 000 元，即使采取定时定额投资，每次定额投资的金额也至少为 100 元，银行理财产品的投资门槛更高，一般 5 万元起步，这极大限制了普通客户的投资选择。互联网基金消除了产品的申购门槛，将申购起点调整为 1 元，部分产品甚至更低为 0.01 元，可基本认为零门槛，使得任何人都可以参与其中。

（四）用户体验更佳

客户投资理财产品是为了获取一定的收益，但客户一般对投资对象知之甚少，未来收益不明确。互联网基金模式实现了基金销售的金融脱媒，基金公司通过互联网平台公司将基金产品直接送达海量的互联网客户群体面前。客户可以通过网络平台自行完成对基金信息的对比、甄别、匹配和交易，且业务操作均可通过手机等移动终端来实现，操作过程便捷流畅，给予客户极佳的交易体验。

（五）选择空间更大

传统基金销售模式一般包括直销和代销，无论哪种销售模式，对于客户而言，选择面都比较狭窄。在直销模式下，客户一般只能投资一家基金公司的基金；在代销模式下，即使是最常见的银行代销，也只能投资银行代销的部分基金。相比而言，以互联网平台为载体的基金销售，平台公司会和几乎所有基金公司合作销售基金，客户在平台公司注册成功后，就可以投资互联网平台上所有的基金，可选基金更多，选择面更大。

5.2.3 互联网基金的创新点

互联网基金推出伊始，就获得了网民的高度认同和青睐。究其原因，是互联网基金在多方面进行了创新。

（一）互联网基金对基金业态进行跨界创新

互联网基金摆脱了商业银行单一销售渠道的束缚，依托互联网平台进行直销，接近一般均衡定理描述的无金融中介状态，实现基金销售渠道的"脱银行化"，客户数量却呈现指数级增长。第三方互联网平台机构与基金公司并非简单的基金代销服务关系，而是一种深度跨界融合的状态，在符合监管部门的各种约束下，全面革新基金产品的服务体验。

以余额宝为例，余额宝是第三方支付业务与货币基金产品的组合创新，开创了基金公司跨界电商平台直销基金的"触电模式"。余额宝上线伊始颇有争议。支付宝公司只有基金销售支付结算资格牌照而没有基金销售资格牌照，根据《证券投资基金销售管理办法》规定，支付宝公司不得代销基金。为了实现余额宝规避监管风险，支付宝公司和天弘基金公司合作并经过一系列的设计与安排，实现了支付宝利用余额宝直销增利宝基金的模式，从而成功地规避了监管风险。余额宝的另一大新亮点就是将基金融合成为客户电子商务整体解决方案的重要一环。通过支付宝平台，余额宝给客户提供了集现金管理、理财增值、购物交费、提现转账功能于一身的电子商务流动资金管理需求一揽子解决方案。

（二）互联网基金在产品服务和客户体验上的创新

基金公司通过共享互联网平台的客户资源信息，有效分析其互联网平台客户资金理财管理需求风险偏好，并通过互联网平台帮助客户构建理财方案，为特定客户群体定制产品并主动推送。互联网基金依托互联网平台完美地解决了困扰基金销售多年的"客户体验"难题。

同样以余额宝为例，天弘基金公司准确地把握支付宝客户备付金的理财需求，即在保证备付金安全性和流动性的条件下，尽可能获得收益。余额宝针对以上理财需求在产品服务和客户体验上进行了诸多创新。比如，余额宝首次将客户基金资产融入客户即时（T+0）消费场景，为客户提供理财增值的同时，又不影响客户的支付体验；余额宝产品设计上突出为每一位支付宝客户的服务理念，余额宝转入资金门槛上仅需1元，是所需资金门槛最低的一只基金。余额宝让客户每天看见备付金"每1元"按天复利增值，不少客户通过余额宝尝试了人生的第一次理财，享受到"人人理财"带来的魅力和增值感。在客户体验上，余额宝为客户提供了一个极佳的服务体验。支付宝公司和天弘基金公司在后台系统为余额宝提供了大量技术支持，为支付宝客户提供了"一键开户"流程，尽可能利用其便捷的操作转化每一个支付宝客户成为余额宝客户。客户将钱转入余额宝，就即时购买增利宝，而客户如果选择将资金从余额宝转出或使用余额宝资产进行购物支付时，则相当于赎回增利宝基金份额，所有流程操作即时生效，便捷流畅。

（三）互联网基金在技术应用方面的创新

目前，互联网基金都是货币型基金。货币基金投资管理的核心是流动性管理，因为流动性会极大地影响到产品的收益性和安全性。互联网基金共享互联网平台积累的海量用户活动数据，利用大数据、云计算等信息科学技术建立流动性评估模型，对流行性进行科学预测，以实现流动性和收益性的高效匹配。

还是以余额宝为例，根据2017年年度报告，截至2017年底，余额宝用户共计4.74亿户，其中个人投资者占比高达99%，平均每户持有3 329.57元；2017年实现利润524亿元，总规模达到近1.58万亿元，与2016年底相比，几乎翻倍（2016年底余额宝总规模为8 082.94亿元）。在2017年"双十一"当天，成交金额超1 682亿元，全球消费者通过支付宝完成支付14.8亿笔，支付峰值为25.6万笔/秒，还有"大促"和节前消费等影响流量巨幅波动的节点。这些都对货币市场基金的流动性管理提出了更高的要求。天弘基金与支付宝公司合作，利用大数据、云计算建立量化的流动性评估模型，对余额宝的流动性做出较准确预测，实现余额宝流动性与收益性的良好匹配，让客户的备付金增值得到充分的安全保证。

以上创新使得互联网基金在过去的几年快速发展，受到了众多投资者的追捧。甚至在2018年1月31日，天弘基金为防止余额宝货币市场基金规模过快增长并保持长期稳健运行，自 2 月 1 日起至 3 月 15 日，设置余额宝每日申购总量。而余额宝的广泛而频繁使用也由此产生了新的指标，例如余额宝情绪指数（见图 5－2）。这一指数是 2015 年 11 月 5 日，天弘基金在 2 亿多余额宝用户每日交易行为及数据基础上，利用百亿交易大数据，应用大数据分析模型和云计算技术，编制发布了"余额宝入市意愿情绪指数"，将其简称为余额宝情绪指数，该指数反映了余额宝用户参与股市的意愿，为普通投资者提供了新视角，帮助散户更全面认识市场。由于该指数是基于 2 亿用户、数据，编制出的描述用户入市意愿变化的情绪指数。对于一般投资者而言，余额宝情绪指数可以帮助散户全面认识市场、作出自己的投资决策，若情绪指数上涨，投资者可以选择跟随多数入市或是寻找其他适合自己的投资方式。

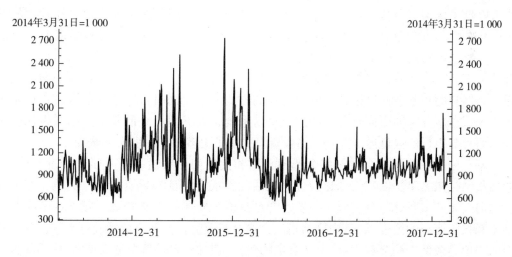

数据来源：wind 数据库。

图 5－2　余额宝情绪指数

5.3　互联网基金的销售

"互联网基金销售"是由"互联网""基金""销售"三个基本词语复合而成的词组，因此，互联网基金销售包含着以"互联网"为平台的基金销售和以"互联网基金"为销售对象的市场销售两种含义。其中，前者是指利用网络技术对金融业务进行网络市场调查、网络促销等，以便将基金与服务引向消费者的过程；后者是指专门针对基于网络技术的基金和服务进行全方位的推介和推销活动。

目前，由于对互联网基金还存在着不同的认识，因此，互联网基金的销售存在着不同的模式，一般而言，我国互联网基金有三种不同的销售模式：传统基金销售机构的网络化、独立基金销售机构的网销平台和基于互联网平台的基金销售机构。

5.3.1 互联网基金销售模式

（一）传统基金销售机构的互联网化

传统基金销售机构的互联网化是指基金公司本身开展网上直销，或者具有基金销售资格的银行、证券公司、保险机构等传统基金销售机构开展网销的业务。基金直销分柜台交易和网上交易两种方式，柜台交易是比较传统的方式，随着互联网金融的推进，很多基金公司开发出网上交易系统，方便投资者网上交易。同时，投资者网上交易还享受一定的折扣，柜台交易一般是没有折扣的。再者，在基金公司直销平台上购买还有另一好处，就是可以低成本甚至零成本转换同一平台的基金，以广发基金为例，通过零手续费先购买货币基金，再转换为其他基金仅需支付原基金转换费用的一折，大大降低了成本。但基金公司直销平台可选择的产品一般都是自家产品，比较大的基金公司，产品可能会更丰富些，但投资者选择范围有限，也无法满足投资者对基金的比价、比业绩的更高要求。由于银行、券商等金融机构营业网点众多，渠道广泛，因此通过银行、券商等代销渠道也是购买基金的主流方式。银行开发出自身的网上交易系统，客户购买基金通过柜台、网上交易的方式进行，同时银行还为投资者提供基金定投等特色服务。券商拥有自己的网上交易系统，大券商上线的基金产品线也比较全面，而且与银行的渠道形成互补，给投资者提供了更多的产品和渠道选择。

基金公司在销售基金时，都会选择自销和代销两种渠道发行基金，并发布公告，给出代销机构名单。以"安信比较优势灵活配置混合型证券投资基金"为例，在发行日之前公布"安信比较优势灵活配置混合型证券投资基金开放申购、赎回、转换及定期定额投资业务的公告"，其中明确指出：通过基金管理人网上交易进行申购，单个基金账户单笔最低申购金额为10元（含申购费），追加申购最低金额为单笔10元（含申购费），网上直销单笔交易上限及单日累计交易上限请参照网上直销说明；通过本基金代销机构进行申购，首次申购最低金额为人民币10元（含申购费），追加申购的最低金额为人民币10元（含申购费）；销售渠道包括银行类和证券类，投资者投资前必须事先了解，以便合理地选择投资渠道。

从表面上看，基金销售加入了物联网元素，但从本质上讲，这种模式只是把自身业务与互联网技术相结合，通过自身的网站，将线下销售业务转为线上，面对的仍然是其固有的客户，模式本身并未呈现突破性创新，类似于商业银行的网上银行。中国证券监督管理委员会的数据显示，截至2017年底，共有129家基金管理公司销售自有基金产品；共134家银行、124家证券/期货/证券投资咨询机构、10家保险机构拥有基金销售牌照，销售第三方基金公司产品。

【案例链接】

如何用银行卡网上购买基金

银行卡网上买基金有两个概念：一是在银行的网上银行（网银）买，网上银行买基金和银行柜台是一样的属代销，申购费一般是1.5%，目前很多银行开展优惠促销活动，有打折，一般打7.5~8折；二是在基金公司网上购买，在基金公司网上购买属直销，申购费率一般是0.6%，会打4~6折。网上银行很多没开通基金转换业务，很不方便，有的虽开通转换，但转换没有优惠。

用银行卡购买基金一般遵循以下流程：

1. 拿银行卡、身份证到银行，向大堂经理（或保安）说要开基金账户。他们都会告诉你流程。填完一些表格资料提交，就会给你一张证券卡，作为投资基金的资金账户。

2. 网上交易。这样还不能在网上交易，你当天需办一张 USBkey。它是个 U 盘一样的东西，是为了网上交易安全而办理的。没有在电脑上接上 USBkey 任何人都无法在网上交易。

3. 这个 USBkey 是有密码的，不要和证券卡、银行卡的密码混淆了。一定要记住。办完 USBkey 就向大堂经理问清楚使用流程（他们一般都很热情），并且要记住要让他为你安装好证书。

4. 在自己家电脑上接上这个 USBkey 就可以直接登录网银买卖基金了。

注意：买哪家的基金就要先开立哪家基金的账户。要买就点击买，要卖就点击卖。

资料来源：和讯网，http：//funds. hexun. com。

（二）独立基金销售机构的网销平台

独立基金销售机构的网销平台是指具有基金销售资格的独立基金销售机构通过建立网销平台进行基金销售。这些网销平台本身已取得证监会颁发的基金销售牌照，能够合法合规开展基金销售业务，如天天基金网、好买基金网等。独立基金销售机构本身并不发行基金，其网销平台只是作为基金发行者的代理方。这种模式也可以称为基金代销模式（B2C），独立基金销售机构的盈利来自于基金管理公司的管理费分成。据中国证券监督管理委员会统计，截至2017年底，共有108家独立基金销售机构拥有基金销售牌照，销售第三方基金公司产品。

其基本流程如图5-3所示。

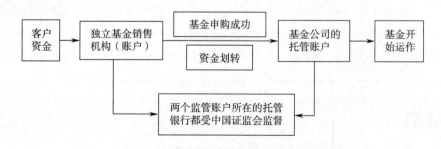

图5-3 互联网基金销售模式二流程图

在该架构中涉及三个直接主体：独立基金销售机构的网销平台、基金公司和互联网客户。独立基金销售机构的网销平台是取得基金销售牌照的第三方机构，在互联网客户和基金公司之间起到居间的作用，并不作为基金交易的主体；基金公司是基金的发行者；互联网客户是独立基金销售机构的网销平台的注册客户，是基金的购买者。以天天基金网为例，天天基金网是证监会批准的首批独立基金销售机构，作为一个独立的网上销售渠道，它和基金公司合作，直接在自身平台售卖基金产品，并且提供包含基金数据统计、投资工具分析、资讯互动交流等综合性理财辅助服务，给投资人提供便利。客户初次通过天天基金网进行基金投资，首先需要注册成为天天基金网的会员，在注册的过程中，客户需关联银行卡并完成风险承受能力评级，接下来即可在天天基金网平台上进行基金申购和赎回。在申购时，首次申购最低金额基本为 1 元（不同的基金会有所区别，下同），定期定额投资最低金额为 1 元。在工作日（T）15：00 之前申购的基金将在第二个工作日（T＋1）由基金公司进行份额确认；在工作日（T）15：00 后申购的基金将会顺延 1 个工作日（T＋2）确认。在赎回时，不同的基金资金到账时间有所不同：货币基金赎回后 1－2 个工作日到账；债券基金赎回后 2～4 个工作日到账；股票型基金赎回后 3－4 个工作日到账；QDII 赎回后 4～13 个工作日到账（具体以产品为准）。同时，天天基金网还提供了基金转换功能，即客户可以通过天天基金网在同一家基金管理公司旗下的不同类型的开放式基金之间进行转换。

与前面的第一种模式相比，独立基金销售机构的基金销售模式有自身优劣势（见表 5－3）。

表 5－3　　　　　　　　　　独立基金销售机构与其他渠道的优劣势对比

销售渠道	目标客户	价值主张	展业平台	主要优势	主要劣势
独立基金销售机构	需要基金专业服务，对费率敏感	专业服务，行业最低费率产品多，种类齐全	电子商务为主	差异化专业服务能力	客户认知需要过程，客户储备少
银行代销	储户为主	支付、结算方便	网点支撑下的客户经理开发	网点多，客户资源丰富	缺乏专业服务
券商代销	股民为主	专业服务	网点支撑下的客户经理开发	服务专业	股票客户难以接受基金
基金公司直销	熟悉网络，对费率敏感	费率低	电子商务为主	自身商品	仅销售自身商品

【案例链接】

钱景财富特色理财服务

钱景财富成立于 2005 年，是一家在线理财服务公司，于 2013 年 11 月获得基金销售牌照。2014 年 8 月，钱景财富推出"钱景私人理财"功能，是国内最早开展智能投资的基金网销平台之一。其主要业务包括公募基金销售、阳光私募、信托资管、私人理财等。Wind 数据显示，截至 2016 年 9 月，平台共代销公募基金 1 738 只。

该平台主要包括三项服务：

1. 专属定制。用户需要回答平台的五个问题来评估投资偏好，而后平台会推荐特定比例的投资组合，用户可进行一键购买。

2. 特色配置的长期理财，主要包括存钱购房、存钱结婚、存钱育儿、存钱养老、梦想基金等不同投资场景。不同的场景设定下，用户需要填写自己的理财目标，包括用钱时间、预计所需金额和当前本金。平台会根据用户需求制定投资组合，由于是长期投资，用户可选择一次性投资或定投的方式进行购买。

3. 基金组合，主要包括进取型、稳健型和保本型组合。三类组合收益率和波动性均有所不同，用户可一键购买。

私人理财的投资标的为二级市场公开发行的开放式公募基金产品与 ETF 产品，投资方案均由钱景战略投资的德圣基金研究中心提供。

截至 2016 年 9 月，钱景私人理财 APP 用户下载量超过 164 万，单日最高交易量超过 6 000 万元人民币，累计为用户管理 130 亿元资产，配置超过 26 万个投资组合。

资料来源：清华五道口互联网金融实验室基础研究部，http：//www. weiyangx. com/233758. html？fulltext = 1。

（三）互联网平台的基金销售

互联网平台的基金销售是指不具有基金销售资格的电商平台、门户网站、互联网金融平台等与基金公司或独立基金销售机构合作，进行基金销售业务。在这种模式下，互联网平台本身不拥有基金销售牌照，不能独立销售基金，其承担的职能包括流量导入的入口、以基金超市的形式推广销售基金，或者为公募基金销售机构提供支付结算服务等。

在互联网平台作为流量导入入口的模式中，互联网平台并不直接销售基金，而是与独立基金销售机构或基金公司合作，将平台上潜在的客户引向相应的基金销售渠道，从而增加基金的销售量。该模式的典型代表有新浪"浪淘金"等。"浪淘金"是互联网行业精准营销第一平台。该平台通过行业领先的精准数据挖掘和分析技术，层层过滤找出真正的消费者，引导他们的信息寻找行为，使其在消费行为之前，浏览在"浪淘金"发布的商家信息，并主动与商家电话沟通，形成销售机会。在这种模式下，投资者和流量导入平台并无直接的法律关系。

在以基金超市的形式推广销售基金的模式中，平台公司直接与基金公司合作，给基金公司提供销售推广服务，帮助基金公司销售基金。该模式的典型代表是基金淘宝店。基金公司通过和淘宝平台开展合作，在淘宝平台上开设基金超市店铺，把基金放在平台店铺中进行销售。客户通过淘宝平台投资基金，可以在淘宝平台中搜索基金产品，进入基金超市，查看基金产品。在经过淘宝设置的风险承受能力测试后，客户就可以选择想要投资的基金来进行投资。在这种模式中，平台公司并不是基金的发行方，也不直接销售基金，而仅仅为基金公司提供销售平台，并提供一定的辅助服务。

在互联网平台提供支付结算服务模式中，第三方支付机构与基金公司进行合作，在用户将资金存入第三方支付账户时，即视同购买了基金公司相应的基金产品，并通过支付账户进行支付结算。该模式的典型代表是余额宝。截至 2017 年底，共有 40 家可为公募基金销售机构提供支付结算服务的第三方支付机构，包括支付宝、腾讯财付通、新浪支付、苏宁易付宝等（数据来源：中国证券监督管理委员会）。

其基本的主体架构为：

图 5 – 4　互联网平台提供支付结算服务模式的主体架构

在该架构中涉及三个直接主体：互联网平台公司、基金公司和互联网客户。互联网平台公司是掌握一定互联网入口的第三方机构，为其互联网客户提供基金购买的平台和接口；基金公司是基金的发行者和销售者；互联网客户是互联网平台公司的注册客户，是基金的购买者。以余额宝为例，余额宝在运营过程中涉及三个直接主体：支付宝公司、天弘基金公司和支付宝客户。其中，支付宝公司是天弘增利宝基金的一个直销平台和第三方支付结算服务的提供者，与客户的接口是支付宝，与增利宝的接口是余额宝；天弘基金公司发行和销售货币基金增利宝，并将其嵌入余额宝直销；支付宝客户是基金的购买者。支付宝用户通过支付宝平台可以直接申购天弘增利宝基金。当用户将资金通过支付宝转入余额宝时，就视为购买了一定份额的货币市场基金，获得一定的基金份额。与基金销售模式二类似，客户通过互联网平台投资基金，也需要完成注册、关联银行卡等步骤，然后才能进行基金的申购和赎回。事实上，互联网平台为客户搭建了一条便捷、标准化的互联网理财流水线。仍以余额宝为例，通过余额宝进行基金投资，一般需要经过实名认证、转入、转出三个环节。

（1）实名认证。支付宝是一个第三方电子商务销售基金的平台，根据监管规定，第三方电子商务平台经营者应当对基金投资人账户进行实名制管理。因此，未实名认证的支付宝客户必须通过银行卡认证才能使用余额宝。

（2）转入。转入是指支付宝客户把支付宝账户内的备付金余额转入余额宝，转入单笔金额最低为 1 元，最高没有限额，为正整数即可。在工作日（T）15：00 之前转入余额宝的资金将在第二个工作日（T＋1）由基金公司进行份额确认；在工作日（T）15：00 后转入的资金将会顺延 1 个工作日（T＋2）确认。余额宝对已确认的份额开始计算收益，所得收益每日计入客户的余额宝总资金。

（3）转出。余额宝总资金可以随时转出或用于淘宝网购支付，转出金额实时到达支付宝账户，单日/单笔最高限额为 5 万元。如果用快捷支付转出到储蓄卡，单日/单笔/单月最高金额可达 100 万元，对于实时转出金额（包括网购支付）不享受当天的收益。

【延伸阅读】

第三方支付"断直连"大限在即基金销售短期影响大

2017 年 8 月 4 日，人民银行支付结算司向有关金融机构下发《关于将非银行支付机构网络支付业务由直连模式迁移至网联平台处理的通知》（下称 209 号文），定于 2018 年 6 月 30 日开始支付机构受理的涉及银行账户的网络支付业务全部通过网联平台处理，所有第三方支付机构与银行的直连将被切断，银行不再单独直接为第三方支付机构提供代扣通道。

2018 年 3 月 20 日，网联清算有限公司发布《关于非银行支付机构网络支付清算平台渠道接入工作相关事宜》（网联函〔2018〕42 号，下称 42 号文），督促第三方支付平台尽快接入网联渠道，6 月 30 日起，非银支付机构受理的涉及银行账户的网络支付业务将全部通过网联平台处理。网联 42 号文也更像是 209 号文的一道通牒。

1. 基金公司改造压力大。记者调查发现，大型基金公司普遍是多家银行直连、第三方支付及快捷支付并存。以南方基金为例，该公司银行直连有工农中建交及招行民生等 7 家银行，第三方支付同时使用通联、好易联及银联等。除了银行直连及第三方支付外，南方基金还与嘉实基金连接了汇款支付的银行。而小型基金公司主要使用第三方支付，银行直连的一般只有一两家。有业内人士表示，第三方支付"断直连"对小型基金公司影响更大。一家银行支付负责人表示，代扣改成协议支付是趋势，因为代扣有洗钱、赌博等违法操作的空间。第三方支付"断直连"对小基金公司影响更大，这些公司线上交易量小，而改造需要花不少钱。

2. 第三方销售支付压力大。第三方支付"断直连"接入网联，基金公司及第三方销售机构还要面临交易过程中支付成本上升的压力。一家第三方销售平台负责人表示，基金销售机构目前要么等第三方支付去连网联或者银联，要么自己连银行直销，成本都会提升，之前是 3‰（基金销售机构需向第三方支付平台支付销售额 3‰ 的费用），现在估计要 4‰ 甚至 6‰[①]。北京一家中型公募的电商经理表示，第三方支付"断直连"对天天基金这类销量巨大的销售平台影响最大，一般公司的直销量不大，支付成本压力小；天天基金的销售量大，支付成本高。据东方财富 2017 年财报显示，天天基金 2017 年共实现基金认申购及定期定额申购交易 4 170.37 万笔，基金销售额 4 124.02 亿元。按照第三方支付 6‰ 的费用比例计算，天天基金付给第三方支付机构的支付费用可能达到数十亿元。

资料来源：证券时报，http://www.cs.com.cn/tzjj/201804/t20180416_5775780.html。

---

① 由于"断直连"，基金销售机构除了要向第三方支付机构支付销售费用外，还需要向网联平台支付一定的销售费用，因此，费用会增加。但由于目前还没有出台相关文件，因此，推测成本会由以前的 3‰ 上升到 4‰，甚至 6‰。

5.3.2　互联网基金对传统基金市场的影响

互联网基金对基金市场造成的影响主要包括以下两个方面。

（一）互联网对基金行业造成的影响

事实上，互联网给基金行业带来的影响主要有以下三个方面：首先是基金行业可能更重视客户体验，互联网的成功，是基于客户体验的成功，未来基金公司从产品设计、运作、售后来讲，都会考虑给投资者更大的便利，让投资者的体验来得更好；其次，对这个行业的市场化也会有推动，阿里是从完全竞争的状态下成长起来的，基金行业相对比较温和，这样的结合，可能会带给行业更多市场化的行为；最后，从管理层持股制度设计上，在治理结构方面，互联网对整个基金行业也会有一些推动。

（二）互联网对基金传统销售渠道的冲击

目前来看冲击还很有限。天弘的余额宝，以及其他基金与电商合作，其实更具有象征意义，不会对银行造成太大影响。用第三方支付的资金来对接基金，短期之内可能会有一定的规模，但长期来看，对银行的影响不是很大。例如余额宝，只是对支付宝客户提供一个增值服务。但商业银行的应对手段也很多，如柜台网银等，这些品种基金投资者都可以买，它的方便程度并不亚于余额宝。如果监管放宽的话，在银行客户便捷方面会逐步改进。

5.3.3　互联网基金监管

随着互联网金融的兴起，互联网基金平台也跟着风生水起，越来越多的平台参与到基金的销售中，基金的发展迎来了新的发展机遇。应该说，基金销售渠道的拓展对于基金的发展以及金融市场的繁荣确实起到了一定的推动作用，比如，与天天基金网合作的三家基金公司易方达、鹏华、信诚基金公司，短短几天时间，募集资金 6 亿元；网易发售的汇添富"现金宝"，一小时就实现了 5 亿元的销售额；百度公司的"百度理财 B"不到 4 个小时募集资金 10 亿元，等等。但面对激烈的互联网平台基金销售的竞争，互联网基金销售产生了许多"乱象"——"申购费低至 1 折""1 元即可申购""限时抢购、限量发售""收益率高达 8%""满 5 000 可用 16 元"等口号满天飞，对基金市场造成了一定干扰和影响。

【案例链接】

互联网基金违规销售乱象：巧立名目送红包、送份额

据北青报记者调查，目前基金促销"红包"大致被包装成以下几种形式：

1. 奖学金：打开某金融 APP，投资者们就能立即发现，在这里学习基金基础知识还能获得 200 元奖学金，广告语打在首页，十分抢眼。关键是获奖条件特别简单："完成学习基金小知识，即可获得优惠券，数量有限，先到先得。"其中，奖学金分为

5 元、15 元、108 元、188 元人民币四个等级，申购专属基金额度越高，可得到的奖学金额度就越大。

2. 承诺保本保息：同花顺爱基金 APP 首页宣传语是"怎么样都赚""保本保息 还有额外高收入"。在产品历史业绩介绍页面上显示，有一款 GIG014 产品最终年化收益率为 29.5%。在同花顺精选好基金目录里，有一款年化 18.10% 的基金宣传语是，"基金经理连续六年都赚钱，基金经理任职期间 100% 都赚钱"，这些信息对于投资者来说真是相当诱人。

3. 送体验奖励：同花顺爱基金同时还推出了"送 20%（年化收益）"体验奖励，为方便后续奖励发放，同花顺爱基金要求报名者将体验同花顺钱包的基金账号与同花顺账号绑定，报名后在活动期间，赎回任意金额基金到同花顺钱包，就可获得 1 天年化收益 20% 的钱包赎回体验奖励，赎回金额可以累加，活动结束后，以基金份额的方式发放奖励。

4. 送福利：不仅是第三方基金销售平台，一些基金公司干脆直接在线上送福利。光大保德信基金正在搞促销活动，首页大标题就是"福利发派送 最高赢取 100 元"。投资者输入手机号码并分享给好友，即可领取 100 元红包，信息提示该红包在购买基金产品时使用。

资料来源：北京青年报，http：//news.jschina.com.cn/scroll/guonei/201803/t20180327_1480837.shtml。

第三方基金销售平台及基金公司这些看似平常的促销手段，其实已经涉足监管"雷区"。对于证券基金销售，《证券基金销售管理办法》中早已明确规定，基金销售机构从事基金销售活动，不得采取抽奖、回扣或者送实物、保险、基金份额等方式销售基金。这些平台及机构之所以敢"顶风作案"，大约有两个方面的原因：第一是由于互联网基金销售竞争日趋激烈，一些基金公司为了促销不得已使尽浑身解数，而发"红包"也是为了更好地促销；第二是监管不力，使得基金监管走向法不责众，大家都这么干的尴尬境地，甚至让送"红包"等成为了行业的"潜规则"。

证监会作为互联网基金销售的监管主体，应当注意对互联网基金销售行为的监管，防止第三方基金销售平台和基金公司采取无底线的恶性竞争手段销售基金，扰乱基金销售市场，引发基金市场紊乱。从国家维护金融稳定的角度出发，对互联网基金销售监管将日趋严格，已经出现了加强监管的趋势。2018 年 4 月，投融资中心发布文件《关于加大通过互联网开展资产管理业务整治力度及开展验收工作的通知》（整治办函〔2018〕29 号），要求互联网平台从事基金销售必须持有基金销售牌照。据基金业内人士分析，该文件的出台，将增加互联网平台公司获取基金销售牌照的难度，形成监管部门加强互联网基金销售监管的导向。

（一）对基金公司的监管

在所有的监管中，最为根本和基础的是对基金公司本身的监管，这包括了：作为基金发行主体的基金公司，必须是依照《公司法》设立的、采用有限责任公司或股份有限公司形式的企业法人，要符合《证券投资基金法》《公司法》要求以及中国证监会的相关规定；注册资本不低于 1 亿元人民币，且股东必须以货币资金实缴，境外股东应当以可自由兑换货币出资；有符合法律、行政法规和中国证监会规定的拟任高级管理人员以及从事研究、投资、估值、营销等业务的人员，拟任高级管理人员、业务人员不少于 15 人，并应当取得基金从业资格；有符合要求的营业场所、安全防范设施和与业务有关的其他设施；设置了分工合理、职责清晰的组织机构和工作岗位；有符合中国证监会规定的监察稽核、风险控制等内部监控制度。

（二）对独立基金销售机构的监管

为使互联网基金销售健康发展，必须从源头加以监管，为此，按照《证券投资基金代销业务资格申请材料的内容与格式》的规定，独立基金销售机构申请基金销售资格应满足的条件为：为依法设立的有限责任公司、合伙企业或者符合中国证监会规定的其他形式；有符合规定的组织名称、组织机构和经营范围；注册资本或者出资不低于 2 000 万元人民币，且必须为实缴货币资本；有限责任公司股东或者合伙企业合伙人符合本办法规定；没有发生已经影响或者可能影响机构正常运作的重大变更事项，或者诉讼、仲裁等其他重大事项；高级管理人员已取得基金从业资格，熟悉基金销售业务，并具备从事基金业务 2 年以上或者在其他金融相关机构 5 年以上的工作经历；取得基金从业资格的人员不少于 10 人。

【案例链接】

蚂蚁基金违规销售被要求自查自纠

2018 年 3 月 21 日，浙江证监局发布公告称，经核查发现，蚂蚁基金"财富号红包活动"存在以送现金红包方式，进行销售基金的行为。浙江证监局认为，这一行为违反了《证券投资基金销售管理办法》（证监会令第 91 号）第八十二条第二项的规定。

浙江证监局公告全文如下：

蚂蚁（杭州）基金销售有限公司：

经核查，我局发现你公司"财富号红包活动"存在以送现金红包方式销售基金的行为。

上述行为违反了《证券投资基金销售管理办法》（证监会令第 91 号）第八十二条第二项的规定。根据《证券投资基金销售管理办法》第八十七条的规定，决定对你公司采取责令改正的监督管理措施。你公司应严格对照《证券投资基金销售管理办法》等法律法规，全面开展自查自纠，进一步提高对违规销售行为的认识，提升合规管理水平，切实将投资者适当性管理工作落实到位。

如对本监督管理措施不服，可以在收到本决定书之日起 60 日内向中国证券监督管理委员会提出行政复议申请，也可以在收到本决定书之日起 6 个月内向有管辖权的人民法院提起诉讼。复议与诉讼期间，上述监督管理措施不停止执行。

浙江证监局

2018 年 2 月 24 日

资料来源：中关村在线，http：//www.techweb.com.cn/digitallife/2018 – 03 – 21/ 2647930.shtml。

5.4 互联网基金的发展趋势及影响

基金行业作为金融行业的一分子，从最初建立自己的网上直销系统，到货币现金管理账户的推出，再到目前的货币基金 T + 0 快速赎回，以及货币基金还信用卡、充手机话费、偿还水电煤气费乃至于货币基金作为支付方式进行网络消费等功能的实现，基金行业互联网创新红红火火，基金互联网销售功不可没，但目前大部分基金公司依赖传统银行销售渠道仍然是销售主流，这可能会成为一种限制。结合目前的现状，未来互联网基金销售可能出现以下趋势。

（一）规范化营销

近年来，为引导互联网金融的规范发展，监管部门相继出台了《关于促进互联网金融健康发展的指导意见》《互联网金融信息披露规范（初稿）》《互联网金融风险专项整治工作实施方案》等文件，要求销售机构及其合作机构不仅要严格备案，还要对自身的经营状况、产品的构成、产品的收益、产品的风险等关键要素进行如实披露。同时，针对互联网基金营销机构在销售基金的过程中使用"派发红包""最高可享10% 年化收益率""欲购从速""100% 有保证"等违规宣传用语进行处罚，要求其充分揭示货币市场基金的投资风险，这无疑更好地保证了投资者权益，也体现了监管部门规范互联网基金发展的决心。

（二）交互式营销

在互联网时代，交互非常重要。目前，互联网基金销售平台众多，对于专业的财经网站平台（比如天天基金网），其用户对基金投资比较了解，基金销售侧重于提供多样化的基金选择及低廉的投资成本，但对于一些电商网站平台（如京东），其网购客户对基金知之甚少，资金量更碎片化，要适应这部分客户的需求，就需要采取交互式营销，加强对客户的投资教育，重视基金营销服务质量，提升客户参与度。

（三）个性化营销

随着互联网基金销售市场持续快速发展，基金投资者群体不断细化，互联网基金销售竞争愈加剧烈。第三方基金销售平台往往销售多家基金公司的多只基金，面对不断细化的投资者群体，要满足其基金投资需求，互联网基金销售机构必须以客户为导向，在线提供投资顾问服务，"量体裁衣"式地制订个性化投资方案。

📖 本章小结

本章以互联网基金作为基金的一种延伸为切入点，首先介绍了基金的含义、特征和类型，从中了解互联网基金作为基金在本质上与后者保持着一致性，也能掌握在互联网基金销售平台上出现的各种不同类型的基金的区别与特质；其次，本章着重介绍了互联网基金的含义、特征与创新点，对比互联网基金与传统基金，可以了解到互联网基金快速发展的原因所在，尤其是跨界创新带来的服务体验、产品创新、营销方式创新等方面；再次，作为重点，本章介绍了互联网基金的销售模式以及由此产生的监管问题，毕竟互联网基金带来的"全民理财"大大提升了大众的理财意识，但风险问题同样无处不在，如非法营销、违规用语等，同时需要对基金公司和相关销售平台进行监管；本章的最后，展望了互联网基金未来的发展趋势，认为规范化、交互化和个性化将成为互联网基金未来的增长点所在。

✒ 想一想、练一练

◎ **思考题**

1. 你认为互联网基金与传统基金的销售模式最大的区别在哪里？

2. 请对比分析互联网基金销售多种模式各自的优劣点。

3. 简述第三方支付"断直连"对基金销售的影响。

◎ **实训题**

1. 请你选择一个独立基金销售牌照的平台和一个第三方基金销售平台，分别简要介绍两者的产品和服务、产品特色，对比其异同，说明你的选择及其原因。

2. 请在天天基金网上注册，结合自己的实际情况，考虑是否购买"活期宝"，并关注其中一个月的收益情况，并将之与余额宝的收益情况作对比。

互联网金融系列教材
HULIANWANG JINRONG XILIE JIAOCAI

第 6 章

互联网保险

知识要点

- ✓ 互联网保险的定义
- ✓ 互联网保险的运营模式和特点
- ✓ 传统保险企业涉及的互联网业务
- ✓ 我国互联网保险的发展历程及现状
- ✓ 我国的互联网保险产品
- ✓ 互联网保险的未来发展

案例导读

BAT 的保险业布局

BAT 是中国最大的三家互联网公司，B = 百度、A = 阿里巴巴、T = 腾讯。中国互联网发展了 20 年，现在形成了三足鼎立的格局，三家巨头各自形成自己的体系和战略规划，分别掌握着中国的信息型数据、交易型数据和关系型数据。近年来，这三家公司不约而同将战略重点偏向于保险领域，动作频频，这一趋势在 2017 年尤其明显。

- 百度拿下全国性保险经纪牌照

2017 年 10 月 19 日消息，百度旗下的投资公司百度鹏寰资产管理（北京）有限公司入主一家位于黑龙江省的保险经纪公司，并完成了增资。百度相关部门人士对证券时报记者确认，这次变更已经获得了监管部门的核准。通常，互联网公司拿到一张全国性保险经纪（代理）牌照，就拥有了做互联网保险业务的门票。根据工商信息，黑龙江联保龙江保险经纪有限责任公司拥有的正是一张全国性保险经纪牌照。黑龙江联保龙江保险经纪公司在 9 月 25 日完成了投资人变更，注册资本从 1 000 万元增资到 5 000 万元。

- 阿里推出"车险分"和"定损宝"

2017 年 5 月 25 日，蚂蚁金服宣布向保险行业开放首个"车险分"，将海量信息中通过人工智能等技术进行挖掘，对车主进行精准画像和风险分析，量化为 300～700 分不等的分数，从而提升保险行业的风险识别能力。目前，与蚂蚁金服就"车险分"达成合作的保险公司有 9 家，分别是：人保产险、太保产险、国寿财险、中华联合、太平产险、大地保险、阳光产险、华安产险、安盛天平车险。6 月 27 日，蚂蚁金服在北京宣布向保险行业全面开放技术产品"定损宝"，用人工智能模拟车险定损环节中的人工作业流程，帮助保险公司实现简单高效的自动定损。

● 腾讯九宫格上线保险服务 首款产品为医疗险

腾讯九宫格的最后一格在 2017 年 11 月 2 日上线保险服务，腾讯同时正式发布旗下保险平台——微保 WeSure，简称"微保"。微保将携手国内知名保险公司提供保险服务，用户可通过微信与 QQ 直接进行保险购买、查询及理赔。微保同时与泰康在线联合推出该平台的首款健康险"微医保·医疗险"。腾讯董事会主席兼首席执行官马化腾表示："微保是腾讯搭建'互联网＋金融'生态的重要一环，期待它能成为一个保险业紧密合作的平台。"

6.1 互联网保险概述

6.1.1 互联网保险的定义

互联网保险是伴随电子商务在保险业的渗透应运而生的，可以理解为保险公司或保险中介机构以互联网和电子商务技术为工具来支持保险经营管理活动的经济行为；也可以认为是保险公司通过网络和电子商务技术实现全方位的保险服务，即在网上实现投保人的咨询、投保、审批、交费、理赔、投诉等业务流程及对业务员和代理人提供服务以及后台的一系列管理工作，如与保险监管、税务、工商等机构之间的信息交流活动等。因此，互联网保险颠覆了保险营销员与客户面对面交流沟通的传统经营模式，开创了全新的保险销售方式和渠道，以及全新的经营理念和管理模式。

从互联网保险产品和服务的提供者和接受者来看，目前产品和服务主要由保险公司和保险中介机构等提供，而接受对象可分为企业客户和个人客户两大类；从互联网保险目标来看，主要是通过互联网实现投保、核保、理赔、给付等。

6.1.2 互联网保险的运营模式和特点

（一）互联网保险的三大模式

互联网保险是个极其垂直细分的领域。近年来，互联网保险发展迅猛，随着人工智能等新技术的发展与应用，行业、资本切入互联网保险的模式也更为多样了。

过去在分类互联网保险模式的时候，主要是按照产品、营销和服务三个层面切入，而本教材将以互联网保险公司所针对用户（to B、to C、to A）出发，对目前整个互联网保险行业的模式作出梳理①。具体如图 6-1 所示。

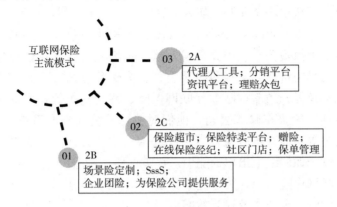

图 6-1　互联网保险主流模式

1. to B（商业企业）

（1）场景险定制。场景险定制，是互联网保险创业公司通过互联网或移动互联网技术，为企业或行业提供特定场景下的保险解决方案。这一方向的创业公司主要分为两类，一类是垂直于某一行业或场景，深入挖掘需求，设计适合该行业的保险产品，持续为该行业的企业客户提供服务。比如聚保物流、可爱保等公司，就是垂直于物流行业，为物流行业的上下游企业提供相关的保险定制服务。还有一类是面向不同行业提供场景保险解决方案。比如保准牛，为 O2O、共享经济、体育健身、兼职、商标注册等行业提供保险解决方案。

根据不同企业的需求，所定制的场景险的作用也不一样。综合来看，场景险能给企业带来以下三点好处，这也是这一领域的创业公司设计保险产品的思路：

①变现。对于有些公司来讲，保险是其很好的一种变现工具。比如旅游行业的公司，通过航意险获得利润。

②解决主营业务问题。对于一些公司来讲，特别是互联网公司，全新的商业模式会有系统风险，而通过保险可以处理这些风险。比如滴滴快车在变成派单模式之前，遇到一个很大的问题是，用户长时间叫不到车导致用户流失比较严重，滴滴当时推出了一个产品——慢必赔，也就是用户在呼叫快车超过某个时长得不到应答时，滴滴就会发放电子补偿券抵扣快车金额。其实这也是可以包装成保险产品来做的，这个做成保险的话就会成为一个很好的解决主营业务的方案。

③促进主营业务的发展。比如在饿了么等外卖平台点外卖时，加一个意外险，这样能增强用户的信任，从而促成交易。

（2）企业团险。企业团险，指的是该方向的互联网保险创业公司为中小型企业提供团险服务。这类创业公司一般从保险公司选择性价比较高的产品，利用移动互联网技术，更好地连接保险公司与客户，提升用户体验及降低服务成本。企业团险主要是

---

① 资料来源：曲速资本联合保观出品的《2017 年中国互联网保险行业研究报告》下册。

指企业的雇主责任险和医保补充健康险，原来经纪公司会给大公司提供这块服务，现在该方向的创业公司从中小企业开始切入。

（3）SaaS。SaaS 是 Software – as – a – Service（软件即服务）的简称，指的是该方向的互联网公司，为保险公司、中介公司及保险销售渠道等提供信息化服务。这一方向最早的创业公司是中科软及易保科技等公司，为保险公司按需开发系统，帮助保险公司节省人力成本及提升效率。随着互联网保险、移动支付等技术的发展，又诞生了一批类似直通万连、熊猫车险等公司，他们对接保险公司核心系统，集成车险报价、核保、支付、出单等功能，然后将整套系统提供给中介公司、互联网流量平台、线下汽车相关场景，赋予他们线上出单的能力。最近两年，随着寿险中介公司的快速发展，也出现了一批互联网保险公司，为这些中介公司提供 SaaS 服务，帮他们定制信息化系统，从而节省他们的人力成本及提升效率。

（4）为保险公司提供服务。由于很多互联网保险创业公司的服务对象都是保险公司，因此将这些公司单独分类。除了为保险提供 SaaS 服务外，现有的互联网保险创业公司为保险公司提供的服务主要有以下几类：获客、电商代运营、大数据服务、TPA。

①获客。获客指的是这类互联网保险创业公司为保险公司做推广带流量，针对不同的保险产品设计不同的推广方式从而实现价值转化。一般这类公司会为保险公司提供一些营销工具，比如 DSP 精准投放、微信自媒体展示品牌形象、EDM 邮件营销、WiFi 移动媒体等。新旦营销、万丈金数就是属于这个方向的第三方互联网保险公司。

②电商代运营。电商代运营，指的是为保险提供代运营其天猫、京东、微信等电子平台，以 B2C 的方式将保险产品销售给终端客户。这类公司为保险公司提供的服务内容包括但不限于：电子商务平台的用户及市场研究、创新产品设计、运营策划、营销推广、客服指导、数据分析、大数据服务、财务方案，战略建议等，公司根据实际完成的交易量和协议约定的费率收取服务费。这一方向的互联网保险创业公司有灵犀金融。

③大数据服务。这类互联网保险创业公司，主要为保险公司提供大数据服务。比如评驾科技，为保险公司提供驾驶行为大数据，通过其算法和模型，将驾驶行为与风险匹配，帮保险公司做差异化定价和风控。比如亿保创元，为保险公司提供基于保险大数据的风控、客群分析等服务。

④TPA。TPA 指的是医疗保险第三方管理公司，其业务包括为保险公司提供新契约与保全服务、处理理赔、提供客户服务、医疗服务机构网络、安排医疗费用结算服务等。这个方向的创业公司有健保通、易雍健康等。

2. to C（个人客户）

（1）保险超市。保险超市指的是上游对接多家保险公司不同类别的多种保险产品，通过 SEO、品牌广告等直接面向消费终端，消费者通过保险超市能够实现这些保险产品的在线保费计算、对比、投保、核保、支付等环节。保险超市是最早的也是最常见的互联网保险模式之一，慧择、中民等公司在 2008 年左右就推出了旗下的保险超市，保险公司也都有自己的保险商城。随着这几年互联网保险的发展，更多的保险中介公司设立了自己的保险超市。

（2）保险特卖平台。保险特卖平台，指的是优选或定制保险公司性价比高的产品，通过互联网或移动互联网平台将其产品销售给 C 端客户，并为客户提供理赔等服务。保险特卖平台可以理解成"精简版"的保险超市。这一方向的创业公司有小雨伞、大特保等。

（3）大流量平台。大流量平台指的是公司本身有很大的流量，上线保险业务，向其 C 端客户销售保险产品并提供保险服务。上述提到的保险特卖平台，本身没有流量，是靠优选产品或定制产品带动销售，而大流量平台是通过流量转化销售。这类模式主要适合互联网巨头，比如蚂蚁的支付宝、腾讯的微保，都是以此切入保险行业。

（4）在线保险经纪。在线保险经纪，指的是这类创业公司在线上为消费者提供保险经纪服务，消费者可以在线咨询，平台会根据消费者的情况为其推荐适合他的保险产品。最初，该模式的创业公司对接了一批经验丰富的保险经纪人为客户提供服务，随着人工智能技术的发展，目前已经有不少创业公司通过 AI + 客服的形式向客户推荐保险产品，提供在线保险经纪的服务，相信在不久的将来，纯人工智能在线经纪人也会出现。这一方向的创业公司有蜗牛保险、灵智优诺等。

（5）社区门店。严格意义上来讲，社区门店不算互联网保险领域的创新，社区门店指的是在小区开设实体门店，辐射周边住户，为其提供保险服务。早前华泰保险曾开设过 EA 门店，效果并不是很好。随着移动支付等基础设施的完善、人们保险意识的提高，也有公司开始布局社区门店。比如大童保险为其合伙人提供内勤支撑开设的保险事务所，就是以社区门店的形式，其内部的客户管理、代理人管理、财务支付结算系统等都用了互联网工具，因此本文也把这一模式算作一种互联网保险模式。

（6）赠险。赠险指的是向消费者赠送免费的短期险，从而获得消费者的信息，后期通过二次开发对消费者进行加保。这是早先保险公司的一种营销模式，主要是靠代理人来做赠险。现在也有专门做赠险的创业公司，将赠险挂在流量平台或场景端，在线赠险从而获取客户信息，再将客户信息导给保险公司、中介公司或者自己进行二次开发。这一方向的公司有畅途网等。

（7）入口类险种创新。入口类险种创新，指的是开发一些创新型险种，将这些险种作为入口吸引消费者预先收费，同时整合后端服务供应商，将之前的客户做一个分发。比如意时网旗下的 Patica，面向消费者销售碎屏险，同时整合后端手机维修供应商，当用户手机屏幕摔碎了，由其整合的供应商进行维修。这一模式，就是把保险作为一种入口型产品，比如原先是消费者手机屏幕坏了去找手机维修商，有了碎屏险后，就是相当于先把所有的消费者都找到，先把钱收上来，然后出问题了手机维修商直接提供服务。

（8）保单管理。保单管理模式指的是用户通过手机拍摄保单上传，系统自动生成数据，按被保人和保障类型分门别类管理起来，每张保单数据会自动匹配对应保险公司的服务电话、官网及营业网点查询，自动提醒续保到期及续交保费。用户可以根据被管理的保单，发现自己哪些场景下有保障，哪些场景下无保障，从而可以挑选适合自己的保险产品。此外，用户可以通过已有的保单去做保单质押贷款等。这一方向的创业公司有保险袋袋。

3. to A（中介）

（1）代理人工具。代理人工具指的是为代理人提供互联网工具，让代理人能够跨空间跨时间办公以及提升代理人的管理效率。

目前，代理人工具主要有以下几个方向：

①展业工具。展业工具指的是为代理人提供在线展业工具，包括但不限于：代理人微名片、动画/漫画保险理念阐述、计划书、海报、贺卡、视频、保费计算器、邀请函制作工具等。这一方向的创业公司有超级圆桌、保险师等。

②学习工具。学习工具指的是为代理人提供学习平台，这类公司会找知名讲师直播或录制课程，代理人可以通过直播或者点播视频进行学习。这一方向的创业公司有保险师、保保网等。

③客户关系管理。CRM 指的是为代理人提供客户管理、团队管理、销售管理、活动量[①]管理工具。CRM 工具把原先代理人通过微信群、Excel 表格以及纸笔完成的管理工作系统化，从而提升代理人的管理效率。不过，由于代理人对客户数据的敏感性，导致代理人不愿上传客户信息到管理工具，如何解决代理人的信任问题是该模式的关键。这一方向的创业公司有保险师、保秘书等。

（2）分销平台。代理人分销平台，向保险公司对接一些保险产品，通常是车险、健康险、意外险等产品，能够实现上述产品的在线投保。分销平台将产品价格和佣金列出，由保险代理人自行选择相应的保险产品进行销售，为了吸引更多代理人入驻，分销平台通常设置了二级分销，即当代理人招募的代理人完成交易后，其可以收到一定比例的佣金。这一方向的公司主要有快保、i 云保、保险师等。通常这些公司除了分销功能外，还会为代理人提供展业、学习、CRM 等工具。

（3）资讯平台。资讯平台指的是为代理人提供行业新闻或保险相关的资讯，这类公司通常以微信公众号或网站的形式，通过每天发布内容吸引代理人群体的关注。这一方向的创业公司有万一保险网、保险真谛等。

（4）理赔众包。理赔众包平台，是将理赔查勘人员聚起来，然后有理赔查勘任务时，就近发布给查勘人员，由查勘人员进行调查服务。这一方向的创业公司有车童网、理赔调查联盟等。

（二）互联网保险的特点

保险经营活动仅涉及资金和信息的流动，不会遭遇物流配送的问题，这也是保险开展电子商务的先天优势。互联网保险除了具有虚拟性、直接性、电子化和时效性外，还具备以下特点：

其一，互联网具有信息量大、传导速度快、透明度高的特点，可以改善保险交易双方信息不对称的现状。保险行业的销售误导和理赔服务问题，很大程度上正是源于

---

① 活动量指代理人新客户拜访、老客户回访等活动的数量和质量统计。

供求双方之间的信息不对称，抬高了交易成本，增加了交易风险，互联网以及相依托的信息技术是非常好的解决方案。

其二，互联网具有极低的上架成本，不受销售场地、位置、时间等方面的制约，可以使保险产品的销售成本大大降低，从而提升消费者的实际利益，推动整个行业的更快发展。互联网金融为消费者提供低成本、低风险和高效率的支付、理赔等多样化服务选择，大数据和云计算的存储、计算和分析能力通过线上为保险消费者提供完整服务，让消费者快速精准地搜索和比较非标准化、风险性和复杂性高的产品。

其三，数据管理方面的天然优势。保险市场专业化的深入、经营水平的提高、服务品质的提升，都要建立在对数据，尤其是客户消费数据的深入挖掘和分析的基础之上。互联网本身就是一个数据平台，互联网保险在这方面应该有着先天的优势。通过大数据挖掘，保险业可利用所有主体信息建立新的关系、依赖性和相关性，增强市场竞争和盈利能力，如 AIG 将基于顾客行为的挖掘分析用于决策制定，这表明了保险业通过大数据挖掘将业务重点从高风险用户细分市场中的欺诈检测和亏损防堵转移到个性化定价上来。值得关注的是，以互联网企业为代表的跨界企业依托电子商务积累的大量企业和个人信息数据为用户提供专业金融服务。如买家和卖家的性别、年龄、地址、身份证号、购买喜好、行为特征、店铺交易信息等数据都已经转变成阿里巴巴的资产。围绕这些基础信息，阿里巴巴可以开展多种业务，包括阿里小额贷款、金融保险及未来的信用卡服务。

6.1.3 传统险企涉及的互联网业务

虽然不同保险公司开展互联网保险业务的时间以及业务的侧重点各有不同，但是总体来说，基本的互联网保险业务包含以下几个方面。

（一）网络宣传推广业务

一般保险公司的网站主要通过网上针对个人客户和企业客户介绍保险的相关产品、服务、投保信息、经营理念，并对保险公司、保险中介机构和业务员进行介绍和宣传，具有成本低，时间持续长，介绍清晰，个体需求针对性强的特点。另外，不同的保险公司、保险机构也可以互相链接，相互推介，公司内部也可以通过个性化的保险网页，展示业务员的素质和特长。

（二）信息咨询业务

可以向客户提供保险公司的历史沿革、经营管理理念、机构设置、财务数据报告、保险产品种类及费率等信息；向客户提供保险新闻、政策法规、监管机构要求等信息，以及保险知识和课题探讨等信息，使客户对保险机构和保险行业有基本了解和认知；在与客户的交流咨询中，可以通过网页文字说明，对客户的常见问题进行汇总解答，也可以通过网上在线交流，直接解决客户问题。

（三）网上投保和网上理赔

从核心业务来看，互联网保险与传统保险在保险业务的基本环节上并没有发生变化。消费者通过网络平台了解保险产品的特点和功能，并且在网上直接选购所提供的保险产品，计算保费，投保下单，联合多种网络银行支付方式，完成电子支付，获得电子保单或者纸质保单，从而实现全流程的网上投保。如果出险，客户可以获得网上报案、理赔单证下载和服务等理赔服务，由于网络的反应迅速，因此保险公司可以对客户出险之后的报案、理赔和给付及时做出反馈。

（四）其他业务

针对消费者来说，互联网保险流程涵盖了售前、售中、售后服务，还包括保单和产品价格等查询服务、保全服务、续期缴费和咨询投诉等业务处理等。针对保险业务员以及保险公司提供系列管理工具和应用服务，以提高工作效率及管理控制能力，实现业务系统之间的网上连接。

以平安为例，近 10 年来，中国平安保险集团建立起科技驱动发展的业务模式，在金融科技、医疗健康科技领域持续创新，通过人工智能等科技创新变革传统金融业务模式、服务模式；多项成果取得全球领先地位，人脸识别技术、声纹识别技术、预测 AI 技术、决策 AI 技术以及平安区块链技术等在上百个场景中应用。2017 年 9 月 6 日，集团旗下金融科技公司金融壹账通在京召开"智能保险云"产品发布会，首次对外开放保险经营中的最核心技术，推出"智能认证""智能闪赔"两大产品，面向全行业开放。"智能认证"主要是利用人脸识别、声纹识别等人工智能技术为每位客户建立起了生物档案，完成对人、相关行为及属性的快速核实。该技术使保险行业从保单制跨越实名制直接到达"实人、实证、保单"三合一的"实人认证"。"理赔难"的问题可以通过实人认证技术结合线上智能化解决。使用该技术后，理赔处理时效由三天提速至 30 分钟，由此带动保单加保率提高了一倍。

6.2　我国互联网保险的发展历程及现状

6.2.1　发展历程

（一）萌芽阶段

我国的互联网保险业务起步较晚，应用水平有限。1997 年，中国保险学会和北京维信投资顾问有限公司共同发起成立我国第一家保险网站——中国保险信息网。同年 11 月 28 日由中国保险信息网为新华人寿公司促成的国内第一份网络保单，标志着我国保险业迈入网络的大门。2005 年 4 月 1 日，中国人民财产保险股份有限公司在《中华人民共和国电子签名法》实施之日，推出国内第一张全流程电子保单，而该法的出台为实现网络保险的安全，帮助保险活动当事人建立彼此间的诚信提供法律保障。时至今日，我国已经基本形成以网站平台为基础的互联网保险发展框架，部分网站实现保险产品的网上销售，但与日本、欧美等发达国家相比，我国的网络保险还处于初级阶段，没有形成规模。

（二）快速发展阶段

从2014年起，国家重启顶层设计，积极推进金融改革，保险业迎来了发展的黄金期。国家的政策促进、监管规范加之互联网创新平台的搭建，互联网保险作为新兴的保险模式"野蛮生长"。

1. 保费规模。根据相关数据显示，从2011年起的5年里，通过互联网渠道获得的保费增加了近50倍，到2016年增加至2 367亿元，占原保险保费的9%。仅就最新的具体业务数据构成而言，2017年互联网保险签单件数124.91亿件，增长102.60%，其中退货运费险68.19亿件，增长51.91%；保证保险16.61亿件，增长107.45%；意外险15.92亿件，增长539.26%；责任保险10.32亿件，增长438.25%。从保费角度看，互联网保险保费1 835.29亿元，同比下降21.83%。对于下降的原因，一是与保险业业务结构调整有关，二是投资型业务大幅收缩，三是车险商车改促使线上销售渠道进一步受到影响。

2. 经营主体。根据不完全统计，截至2016年互联网保险创业公司已经超过了200家，其中绝大多数都是在2015年和2016年成立的，2016年至今成立已经超过了100家。而不同时期成立公司其核心业务和利润来源也有很大不同。2013年以前的互联网保险公司主营以网络代销兼做核保、理赔为主；而近两年来成立的公司业务则呈现多元化、个性化趋势，如自主开发的创意保险平台或从事精准售后服务的公司。另外值得一提的是，网络互助平台从2014年开始频繁进入市场，随着资本玩家的大量进入，在2016年网络互助平台迎来了爆发。

3. 市场集中度。通过分析我国2016年互联网保险市场，我们发现人保和平安这两家公司排名前二的产险互联网保费份额之和达79%，而排名靠后的26家产险公司互联网市场份额之和不足1%；而另一方面，寿险公司的互联网业务呈现不一样的情况，保费收入前十名中有九名由中小寿险公司占据，所占市场份额达82%。

从发展趋势来看，中国保险业的巨大市场和发展潜力不仅是我国金融体系和经济发展的重要支柱，更已成为全球最重要的新兴保险市场以及世界保险市场中的一支重要稳定力量。据瑞士再保险公司预测显示，中国在2025年将成为全球第三大保险市场，而保险电子商务作为今后保险产业的发展趋势是任何一家保险公司都无法避免的。

6.2.2　现状分析

我国在"十三五规划"中提到的保险互联网化、数字化，其主要目的是缩小保险缺口，减少民众在各事故中无法获得保险理赔的损失值。而纵观我国移动互联网时代，虽然IT技术水平在不断提高，但是保险行业的基础服务做的依旧不尽如人意。保单管理、理赔报案、保单解读……这些服务在手机端仍处于缺失的状态。更糟糕的是，在互联网保险创业大军中，几乎所有人的目光都集中到了保险超市、车险比价、互助保险、特价精品保险等销售环节，针对个人用户提供保单管理及相关基础服务的平台却寥寥无几。

正因为如此，《中国保险业发展的"十三五"规划纲要》中监管部门反复强调的互联网创新要围绕在商业模式、销售渠道、产品服务等方面展开，且要规范健康发展。互联网保险创新的关键是商业模式、产品和服务创新，而不仅仅是渠道和营销手段的创新。

目前存在的问题主要有以下几个方面。

1. 保险网络销售渠道的产品单一，对象受限。目前，主要集中在车险和简单的寿险产品上。而保险消费者面临的风险千差万别，单凭网络上的产品介绍或短暂沟通，往往很难让消费者购买到一份贴心的保险产品，尤其对于一些复杂的企财险、货运险、养老险、重疾险等，这都需要一些专业的财务安排。此外，虽然网络营销渠道的覆盖面很广，但是亦有部分群体无法顾及，如部分农村区域、老年群体、不便于使用网络的群体等，这些也需要传统渠道做补充。

2. 保险网络营销在承保技术上存在局限性，需要"网下"沟通。比如，客户的真实风险水平、核保过程中的体检环节、电子签名的防伪、保险理赔欺诈、道德风险等问题目前网络营销还是难以做到。复杂的产品销售往往最终都需要线下的工作人员来洽谈完成。互联网金融的市场选择风险是指由于信息不对称导致从事互联网金融业务的机构面临不利选择和道德风险而引发的业务风险。一方面，互联网金融业务和服务提供者都具有显著的虚拟性，相应的业务活动大都在由电子信息构成的虚拟世界中进行，增加了确认交易者身份、信用评价等方面的信息不对称性。另一方面，在实际业务中，客户可能利用他们的隐蔽信息作出不利于互联网金融服务提供者的决策，而从事互联网金融业务的机构却无法在网上鉴别客户的风险水平，导致其在选择客户时处于不利地位。

3. 网络安全问题影响保险网络销售。网络信息的真实性和网上支付的安全性、客户信息的保密性这些都要求保险公司加强对网络平台的投入和维护，而这些也是保险客户最担忧的，往往会导致客户望而却步。互联网交易的运行必须依靠计算机来进行，交易资料都存储在计算机内，并通过互联网传递信息。然而，互联网是一个开放式的网络系统，在密钥管理及加密技术不完善的情况下，黑客可以在客户机传送数据到服务器的过程中进行攻击，甚至攻击系统终端，给互联网金融的发展造成危害。互联网时代，计算机病毒可通过网络快速扩散与传染。一旦某个程序被病毒感染，则整台计算机甚至整个交易网络都会受到该病毒的威胁，破坏力极大。在传统金融业务中，安全风险只会带来局部的影响和损失，但在互联网金融业务中，安全风险可能导致整个网络的瘫痪，是一种系统性的技术风险。

4. 保险网络营销的法律环境尚不能满足目前网络营销渠道的需求。政府管理部门应该积极完善发展保险电子商务的有关政策、法规，加快电子商务相关的电子合同、买卖双方身份认证、电子支付、安全保障等法律的建设和完善。互联网金融的法律风险主要包括两个方面：一是互联网金融业务违反相关法律法规，或者交易主体在互联网交易中没有遵守有关权利义务的规定，这类风险与传统金融业务并无本质差别；二是互联网金融立法相对落后和模糊，现有的银行法、证券法、保险法等法律法规都是基于传统金融业务制定的，不适应互联网金融的发展。

6.3 我国的互联网保险产品

从线下产品线上化，到基于场景开发，再到"千人千面"、定制化的产品，互联网保险的发展，不断唤醒并创造出新的保险需求。

在我国互联网保险的发展进程中，既推出了不少满足消费者需要的产品，也出现了不少仅为抓人眼球的奇葩产品。

6.3.1 较为成功的产品

（一）退货运费险

据统计，在网购时代，有42%的退款交易纠纷是由于买卖双方对退货邮费问题协商不一致产生的，这一矛盾严重干扰了售后问题的妥善解决。2010年11月9日，华泰保险针对网络交易推出专用保险产品——退货运费险，产品登录淘宝网进行销售。

华泰保险为淘宝量身定制的运费险，拥有嵌入式的投保方式以及自动化的理赔程序。运费险直接与网络交易融为一体，使用服务非常方便、快捷。背靠淘宝，华泰直接拥有了上亿的运费险潜在客户，运费险在推出之初便迅速地受到了市场青睐。

1. 嵌入式的投保方式。运费险不能单独售卖，其投保内嵌于网络交易之中，和整个网购环节形成一个完整的购物流程。运费险分为卖家版和买家版两种。在卖家版运费险中，保险公司与卖家签订保险协议，针对店铺内全部符合条件的"七天无理由退货"商品进行运费险服务。在买家版运费险中，买家可以针对"七天无理由退货"商品投保，在下单前勾选"运费险"，系统会显示订单保费及保额。点击确认并下单成功后，系统将自动生成一份运费险保单，保险公司与买家的保险合同即已经成立。

2. 自动化的理赔程序。当网络购物行为发生后，因实物与网上展示不符或买家与卖家协商一致等其他原因，买家在约定的退货期间内退货，且卖方允许买家退货并承诺返还货款的，保险人将按照保单约定的保额进行赔偿。

两个版本理赔的操作程序都一样，主要分为五个步骤：

第一，在确认收货前，即交易尚未成功的时候，由买家发起退货退款的申请。

第二，一般情况下需要卖家同意买家的退货退款申请。部分购物评级良好的买家，系统将自动同意退货申请。

第三，由买家将退货物流单号填写到指定的退货页面。

第四，退货成功，即卖家已经收到退货商品时，系统自动发起理赔申请。

第五，保险公司在72小时内审批处理，确认理赔后将赔付金额直接退回买家的支付宝或余额宝账户，此期间买家与卖家无须再进行任何操作。

在2013年10月，与淘宝合作运费险的保险公司还仅为华泰保险一家，且主要是淘宝专供产品，处于一支独大的市场地位。垄断地位的形成显然对市场竞争不利，为此淘宝积极战略布局，不断增加合作企业的数量，平衡各合作公司的市场份额。随后，新设立的众安保险也进入了运费险市场。目前，在淘宝、天猫网上已经有五家保险公司提供运费险服务，包括华泰保险、众安在线、中国人保、中国人寿和太平洋保险。仅 2016 年"双十一"当天，与蚂蚁金服合作的保险公司产生运费险保单 6 亿笔。

然而，正所谓买家欢喜，卖家忧。自从险企在电商平台合作推出退货运费险以来，退运险的赔付率一直居高不下，其中直接赔付率都在 93% 左右，因此该险种一直处于亏损状态。而买家的"逆选择"和"职业退客"的出现，又进一步恶化了退货险的盈利。"逆选择"是指买家在下单时就有很大的概率要退货，这会导致理赔率的上升。而"职业退客"是指利用这个险种的漏洞，通过退货来赚钱的买家。为了控制风险，险企也设置了不少的投保以及理赔门槛，例如"保费由商品和账户信用级别决定"或者"买家退货率太高不让买退货险"就受到了网民的质疑。

（二）步步保

2015 年国内首家互联网保险公司众安保险，推出了与可穿戴设备及运动大数据结合的健康管理计划——步步保，为保险企业实现精准市场营销、精确风险定价、精细客户服务打开了大门。

在传统健康险市场，健康险产品的定价主要考虑两大维度：年龄和性别。换言之，同性别同年龄的人所需支付的保费大致相同，但是很明显这里隐含了一个悖论：因为我们肯定同年龄同性别的不同人他们的健康风险不仅不相同，差别有还很大，因此收取一样的保费是不合理的。

"步步保"的出现就是为了打破传统健康险定价的死循环。为了实现真正的高性价比、精准定价，众安保险在年龄和性别之外，纳入了一个新的定价因素——运动。

据众安保险介绍，"步步保"通过与可穿戴设备及运动大数据结合，在众安保险的合作伙伴小米运动、乐动力 APP 中开设入口，用户投保时，系统会根据用户的历史运动情况以及预期目标，推荐不同保额档位的重大疾病保险保障（目前分档为 20 万元、15 万元、10 万元），用户历史平均步数越多，推荐保额就越高，最高可换取 20 万元重疾保障。

如果用户利用"步步保"，在参加健康计划前 30 天的平均步数达到 5 000 步，则会被推荐 10 万元保额重大疾病保险保障；在申请加入健康计划后，申请日的次日会作

图 6－2　参与流程图

为每月的固定结算日，只要每天运动步数达到设定目标，下月结算时就可以多免费1天。而保单生效后，用户每天运动的步数越多，下个月需要缴纳的保费就越少。

那么，众安保险如何从"步步保"中获取盈利？

首先，步步保的客户从概率上讲是相对优质的健康人群，赔付率相对较低；其次，鼓励人们运动，能够有效控制产品赔付率；最后，从统计数据上看，每个月天天运动的概率也无法达到100%，会受到身体、天气、工作等的干扰，收不到保费的概率不会是0。

当然还有更为严谨的测算，步步保产品是动态的产品，会根据客户的步数，去设置他的达标线，比如客户前30天的平均步数达到11 000，那只能选择达标线10 000和15 000两档，无法选择低步数5 000这一档。与之相伴的，随着客户步数的增加，保额增加了，达标线也会随之提高，即每天的运动量也增加了，也意味着免费获得保障的难度增加了。

6.3.2　奇葩的产品

在互联网保险产品的创新过程中，赏月险、看球险、失恋险、熊孩子险等一众奇葩险种纷至沓来。前述奇葩险的问世，有的仅为博取眼球、赚取噱头，更有甚者并不符合保险的基本原理，甚至触碰监管红线。

（一）跌停险

投资社交平台雪球网于2015年4月1日在官微推出一款挂钩股市的跌停险，保险责任、投保人群、保障期限等都明列，如拥有A股有效账户且年龄在18周岁以上的客户可以投保，单只股票最低投保金额为100元，投保期内，投保人的股票如果发生跌停，最高可获得1万元的赔付。大众可以通过下载雪球APP，完成用户注册来进行跌停险的预约。

跌停险一露面，随即引来了市场的热议，首先正面作出回应的是保监会，在雪球开放预约8天后，保监会发布风险警示叫停。2015年4月9日，保监会下发风险提示，表示该投资社交平台预约投保有违法之嫌，同时指出保险创新要在法律框架内进行，跌停险类似对赌游戏，有博彩嫌疑，利用跌停险对股价波动进行保障有可能进一步放大金融风险。

股票跌停就能获赔，这到底是保险产品还是对冲工具？雪球跌停险产品经理曾表示：雪球推出跌停险这款产品是为了能让大家普遍建立起风险意识，并减轻其投资决策失误带来的损失。

而保监会驳斥了这样的说法，保险的原则应该是静态风险，保障的是由自然不可抗力和交通事故、工业伤害这样的人为错判造成的损失，而不是针对动态风险，特别是既可能造成损失也可能产生收益的投机类风险。在业内人士看来，跌停险不靠谱的另一个原因是没有经过专业精算，在产品内容设计方面存在明显漏洞。跌停险等奇葩险的噱头多过产品本身，不但引发了大众关注和业界热议，也对保险监管部门的容忍度和决策水平提出了挑战。

股民可以专找"黑天鹅"，再买入跌停险，就有套利机会，极端的例子如购买 ST 博元，买一手也就是几百元，就算按照最高标准投保，只要发生一次跌停，就能轻松获得一万多元额外收益，明显与保险本质相背离。

更有细心的网友通过测算得出，根据条款赔付只和股票跌停挂钩，不是和损失挂钩，股民甚至可以实现无风险套利，A 股共有 3 000 多只股票，按最高标准 1 000 元全部投保，一年内只要有 150 次跌停就能"回本"，但 2007 年中国 A 股跌停过的股票多达 1 248 只，2006 年也有 451 只。这明显不符合保险原理。

（二）明星恋爱险

近些年来，奇葩保险产品层出不穷，出现了"整容保险""熊孩子险""吃货无忧险"等抓人眼球的品种。这些门类新奇的保险除与人们日常生活息息相关的"吃货无忧险"等为满足多元化风险保障需求的险种外，还出现了如"扶老人被讹险""忘穿秋裤险"等颇具争议的奇葩险种。据调查，这类保险的保费不高，费用在几元到几十元不等，但约定的保额是保费的几倍甚至几十倍，因此销售情况不错。

最近，一些互联网平台还出现了对赌产品"痘痘乐""丢证乐""赌它不下雨""赌你没上车"……而 2018 年 1 月保监会的一则风险提示，更是将大众的目光重新聚集在互联网保险产品的开发上。

2018 年 1 月保监会发布《关于防范互联网伪保险产品的风险提示》，明确指出公众人物"恋爱险"（如"鹿晗恋爱险"）并非保险产品，不符合《保险法》规定，也不是由保险机构开发和销售。

细读保监会的风险提示，我们可以发现，"鹿晗恋爱险"不是保险，因为它不是正规保险公司设计出来的产品，只是第三方商业公司根据热门公众人物的恋情开发出来的一款和大众博弈的产品。保监会此次发出风险提示，笔者认为除了正本清源消除公众的误解之外，也是为了向外界重申监管部门对保险行业"保险姓保"的监管精神。

6.3.3　互联网保险的创新开发

跌停险等奇葩保险所引发的争议和之前保险公司在中秋卖赏月险、七夕卖爱情险、过年卖鞭炮险、夏季卖高温险所引发的讨论是一样的，将互联网保险产品创新所面临的困境展露无遗[①]。

（一）移动互联渠道与传统渠道产品雷同

移动互联渠道平台庞大、更新迅速、数据繁多，是这个渠道如此重要的原因之一，但是这些优点背后也存在着众多的不确定性，这些不确定性带来的风险也让保险公司难以抉择如何利用这一平台。因此，虽然在这个平台兴起的初期，各家公司出于抢占市场或跟随心理，都迅速开辟了自己的移动互联渠道，大型保险公司如人寿、人保、平安等都在自己的官方网站上开发了商城功能。中小型保险公司则借助大型的第三方

---

① 资料来源：移动互联网保险产品创新之路在何方？http://xw.sinoins.com/2015 - 02/03/content_143698.htm。

电商平台来提升自己的品牌影响，如珠江人寿、国华人寿等借助淘宝、天猫网站进行保险销售，但是它们销售的产品多是在其他渠道上已经存在的产品，只希望通过快速上线在互联网渠道上抢占市场。但是互联网的快速不止体现在信息传播上，还体现在用户对信息的遗忘速度上，非实体的线上平台沟通并不能给用户留下像银行和直销渠道真人面对面宣传一样的深刻印象，因此，为了更好地利用移动互联渠道的易用性、独特的交互体验等优势，各公司应当研发与移动互联渠道相匹配的差异化产品。

（二）移动互联渠道保险产品与其他理财产品同质化

受移动互联渠道线上线下隔离的影响，保险公司的核保难以开展，高额的客户身份核实成本也使保险公司放弃对客户费率限制较多的复杂寿险产品搬上移动互联网渠道，因此，移动互联渠道上存在的大部分产品是短期意外险、附带保障的理财型寿险等。与余额宝、银行理财产品并没有很大差别，只不过预期收益率较高，但是持有时间较长，流动性上没有优势，所以并不能在移动互联渠道上脱颖而出。

（三）移动互联渠道保险产品设计复杂

用户在网络上浏览信息的特点是简单、快速，而目前很多保险公司的互联网保险产品直接将传统产品不加改变就放到互联网平台来销售，这样的保险产品在传统渠道销售时，因为有公司专门的业务人员会对投保人有疑惑的条款进行解释，因此不会有太大的问题。然而如果将这些冗杂的条款直接放在网上，在没有专人可为投保人进行解释的情况下，投保人势必会没有耐心理解这些保险产品。在这种情况下，即使公司的产品保障功能非常完善，也不会有太大的销售市场。所以，根据网络销售环境，适度的简化保险产品将更有利于产品的销售。

就互联网而言，"互联网＋保险"最有价值的核心优势就是其所拥有的大数据。这些数据经过处理和分析，能够很好地反映广大用户的行为、需求和偏好特征，准确地反映市场行情的变化和发展趋势。掌握了互联网的大数据，保险企业就可以及时地捕捉客户需求和市场行情，针对市场的多层次需求开发针对用户特征的定制化产品。因此，就保险业与互联网的合作而言，绝不是把保险产品放到网络平台上销售这么简单，而是要实现两者的深度融合。

在互联网时代，网络手段和平台为保险创新提供了极好的机会，但是要真正实现保险创新，还需要有一批深刻理解保险经营本质和发展规律的专业人士，他们能够将保险经营的本质与互联网的特性进行深度融合，借助互联网的工具、平台、大数据、云计算等先进的技术和方法开发保险产品，产生大量的保险创新。

虽说渠道为王，互联网巨大的销售能力所能产生的利益无疑是保险公司对互联网保险趋之若鹜的最显而易见的原因，但从长久来看，只有能够体现保险业保障和风险管理本质特性的保险产品创新，才是互联网保险持续生命力所在。

6.4　互联网保险的未来

国内的分析师从保费、渠道、利润等多维度对保险业未来的发展态势进行了预测，认为在未来代理人增速将下滑但在一段时间内仍会保持两位数增长；险企的大个险布局已经逐渐完成，险企更加重视长期保障型保险；车险费用率趋稳赔付率下行趋缓；产险细分险种保持高增长，与国民生计和宏观经济相关的如企财险、货运险、农险和责任保险等占比将进一步提升；修改了《健康保险管理办法》后，中短存续的护理保险发展将会受限，而重疾险和医疗保险将快速增长；保险科技迎来黄金发展期，其中最具代表性的为大数据、人工智能、区块链和云计算技术，各家险企逐渐将保险科技相关的技术进行了实际的运用；在行业持续强监管的引导之下，中小险企因受到监管而影响发展的可能性增大，如因为偿付能力、风险管控、业务开展等问题限制公司业务。

保险行业未来发展与互联网保险的发展相互依存，因此在未来互联网保险的发展可能会出现以下趋势①。

1. 国民版健康险将会出现。从 2011 年开始，健康险保费收入就进入了高增长阶段，占寿险保费的比重也不断增加。2016 年健康险实现保费收入 4042.50 亿元，同比增长 67.71%，在所有险种中增速第一。随着人口老龄化现象的加剧以及国民保险意识的崛起，健康险即将引来爆发。2016 年众安推出的"尊享 e 生"的爆红无疑是个信号，这款产品上线以来就持续火热，成为网红产品，平安推出的"e 家保""e 生保"也充分得到了市场的认可。而今年，腾讯在微信九宫格开卖保险，推出的"微医保"，性价比更甚"尊享 e 生"，显然也是看好健康险在国内的发展。

2. 2B 的第三方公司机会出现。过去两年，消费者市场被看作是风口，但经过这两年的摸索我们发现，我国消费者的保险意识虽然有所改善，但依然较弱，在网上直接销售保险仍需要时间的培育。因此，用户习惯问题是互联网保险发展程度低的根本原因，如何解决流量获取的问题也就成了 2C 方向发展的命门所在，可以说 2C 的模式仍未到最佳时机。所以，未来几年，2B 的第三方公司将迎来发展机遇，并且在 2B 上会生长出很多 2C 的公司。

3. 新型的经纪公司崛起。在产销分离的大趋势下，保险中介迎来了发展机遇。银保渠道的弱化，促使保险公司寻求保险中介的支持，保险中介顺势崛起，行业分层也由此产生。而在互联网背景下，国内保险经纪行业也正经历阵痛。以明亚保险经纪、永达理保险经纪为代表的个人寿险经纪公司迅速崛起，而以往的行业资源型保险经纪公司排名则在下降。此外，以途牛保险经纪公司为代表的互联网保险经纪公司，依托电商资源优势，也实现了保险业务收入的高速增长。因此，新型保险经纪公司将崛起，寿险和财险都非常有机会。

4. 车险新玩法出现。随着商车费改的推行，车险领域的竞争进一步加剧，综合成本率也将提高，行业整体处于亏损状态，我们认为要想抓住该领域的机会，还是需要一些真正站在用户角度的创新模式出现。但是之前的车险模式较为简单，许多创业者对该领域的理解也不够深刻，而现在车险新模式开始收拢，经历前几年的基础设施的铺设，互联网车险已经进入创新的深水区，相信在不久的未来，就会出现一些创新的

---

① 资料来源：《2017 中国互联网保险行业研究报告》。

玩法和模式。

5. 保险信息化机会出现。保险企业是金融体系的重要组成部分，其经营的商品是一种无形商品——保险单，从信息技术角度看，它是一组信息。在保险单的整个生命周期，保险企业与客户之间的所有交互都是围绕这一组信息而发生的。因此，信息化对于保险企业来说，有着特殊价值。但是，目前我国保险行业人群大、业务复杂，信息化程度还比较低，行业整体基础设施还不完善，很多保险公司的报价、核保、理赔、支付等接口没有打通，还有非常多的需要信息化填补的地方。因此未来几年，保险信息化将成为一个发展趋势，专注于信息化的公司迎来新的发展机遇。

6. 保险行业人才将频繁流动。当前，无疑是互联网保险发展关键的时期，BAT 等互联网巨头在保险业动作频频，微信开卖保险、百度拿下经纪牌照，阿里则继续加强布局，意图领跑。可以说，巨头们的进入代表着他们对这个行业的看好，也加强了互联网与传统保险行业的人才融合，传统保险企业急需互联网人才，而第三方电子商务平台也同样需要通晓保险业务和技术的新鲜血液。可以预见，越来越多的人才将会加入中介公司和创业公司当中。

📖 本章小结

本章从介绍互联网保险基本概念、特点和运营模式类型等方面入手，详细介绍了互联网保险的产生基础、发展特点、发展现状、可能存在的监管难题以及未来趋势。在学习的过程中，有目的地引导学习者，从多方面正确认识互联网保险的运用模式和产品开发，并且能够从监管者保护金融保险市场各方权益、保持金融保险市场行为的合法性、维护公开公平公正市场秩序的角度出发，对互联网技术的发展做出正确回应和创新保护，确保新模式的可持续发展。

✒ 想一想、练一练

◎ 思考题

1. 互联网保险的定义是什么？
2. 与传统保险相比，互联网保险具有哪些特点？
3. 请简单阐述互联网保险的运营模式。
4. 互联网保险产品的开发需要遵循哪些原则？
5. 了解互联网保险未来发展的趋势。

◎ 实训题

1. 选择一家你熟悉的保险网站，简要介绍其互联网保险产品和服务，保险消费者类群以及销售模式。
2. 收集三款互联网保险产品，用列表的方式简述其保费、保额、保险责任以及销售情况。

互联网金融系列教材
HULIANWANG JINRONG XILIE JIAOCAI

第 7 章

互联网消费金融

知识要点

✓ 互联网消费金融的含义与特点
✓ 互联网消费金融的内涵
✓ 互联网消费金融与传统消费金融的区别
✓ 互联网消费金融的主要模式
✓ 互联网消费金融的发展趋势

案例导读

现金贷为何盯上年轻"剁手族"

一笔1.2万元的借款，无情地改变了19岁夏双（化名）的命运。为了还这笔借款，她不得不办了19次现金贷，不仅掏空了家里所有的积蓄，而且她的母亲也因不堪讨债人的骚扰服毒自杀。甚至在母亲葬礼的当天，她的父亲还收到多个讨债电话。如今的她，为了躲债只得远走他乡。

一位知情人士告诉中国青年报·中青在线记者，夏双的遭遇已经成为一些现金贷公司设计的套路。这些公司往往盯住没有经济来源或收入不高的年轻"剁手族"，利用他们心理不成熟，容易非理性消费的特点，诱惑他们借贷消费。这些年轻人只看到现金贷门槛低的好处，忽视了其高利贷的本质。

有律师建议，对高利贷衍生出来的严重危害社会行为，我国现行刑法、治安管理处罚法等法律法规均有明确的规定，相关执法机关应当依法高效执法，维护相关人员的合法权益。借贷人作为公民，基于法律的赋权，受到侵害应及时寻求法律救济。如遇到暴力索债、骚扰性索债，应当及时报警，如不受理，则提出控告或行政诉讼，也可以直接向法院起诉，确认高利贷中法律不予保护的高利息。

资料来源：人民网，http://finance.people.com.cn/n1/2018/0123/c1004-29780382.html。

如果说金融是实体经济的血脉，那么消费金融就是这套系统中的末梢神经和毛细血管，涉及每个消费者生活的方方面面。根据中国贸促会研究院发布的《2018年中国消费市场发展报告》显示，消费在GDP中占有的比重或是对GDP的贡献率均占据第一位，成为经济增长的主导力量，全年消费贡献率将保持60%以上的高位，消费率（消费占GDP的比重）突破55%，消费对经济发展的贡献进一步提高。银行系、消费金融企业系、电商系等多方企业纷纷布局消费金融市场。

经过数年的沉淀，消费金融行业正融入金融科技和大数据风控技术，从提供简单的消费信贷产品，逐步向以消费者为核心、为消费者提供多场景产品的金融服务行业转变。在互联网时代，经过商业模式、产品、资金筹集方式、风控模型迭代、服务流程和客户体验等方面的创新，消费金融的发展将焕发出新的生机。

7.1　认识消费金融

7.1.1　消费金融概述

传统消费金融，是指向各阶层消费者提供消费贷款的现代金融服务方式。《消费金融公司试点管理办法》所指的消费贷款是指消费金融公司向借款人发放的以消费（不包括购买房屋和汽车）为目的的贷款。专业消费金融公司不吸收公众存款，设立初期的资金来源主要为自有资本金，在规模扩大后可以申请发债或向银行借款。此类专业公司具有单笔授信额度小、审批速度快、无须抵押担保、服务方式灵活、贷款期限短等独特优势，深受不同消费群体的欢迎。

消费金融业务包括个人耐用消费品贷款、一般用途个人消费贷款等，前者通过经销商发放，后者直接向借款人发放。大力发展消费金融业务，是促进中国经济从投资主导型向消费主导型转变的需要。消费金融在提高消费者生活水平、支持经济增长等方面发挥着积极的推动作用，这一金融服务方式目前在成熟市场和新兴市场均已得到广泛使用。

在发达国家，消费金融公司主要面向有稳定收入的中低端个人客户。国内消费金融公司除了不涉及房贷外，涉及普通消费者的吃、穿、住、行等各个场景，主要有个人房贷、车贷、医疗贷、教育贷、耐用消费品贷等。从金融产品形式上来说，包括购物分期和消费贷款，前者包括蚂蚁花呗、京东白条、苏宁分期商城等典型案例；后者包括蚂蚁借呗、微信钱包的微粒贷等案例。

（一）消费金融的特征

第一，资金用途与还款来源相互分离。消费金融的本质是对个人预期收入的跨期配置，资金用途与还款来源相互分离。对于借款人而言，消费行为本身是对个人财富的消耗，一般不会直接产生收入，消费金融机构实际是基于对借款人未来收入状况的预期来为借款人提供资金支持，以弥补借款人当期财富与消费需求之间的缺口。因此，消费金融的资金用途和主要还款来源之间往往不存在直接联系，这是与其他信贷业务尤其是生产性信贷业务的最显著区别。

第二，以个人借款者为主，风险特征更为复杂。个人借款者风险抵御能力较低，还款能力不仅容易受到宏观经济、金融市场等系统性风险因素影响，而且还面临各类个体意外事件因素威胁，还款意愿和还款能力容易出现较大波动。个人借款者的信息不透明度更高，标准化程度差，存在个人借款者提供虚假信息或故意隐瞒信息等情况，消费金融机构在贷款决策中面临更大的信息不对称风险。个人借款动机更趋多元化，不同个体的还款意愿差异较大，甚至可能存在一些恶意欺诈的情况，消费金融机构面临更高的逆向选择风险。

第三，消费金融服务对象呈现多元化特征，收入水平差异大。与消费行为的特征相类似，消费金融活动的发生一般也呈现零散、高频特征，单笔消费信贷的规模一般不会超过 100 万元，且大部分是 1 万元以下的微型信用借贷需求。无论是商业银行的优质客户，或是低收入群体或学生，都可能成为消费金融业务的服务对象。一般来说，商业银行消费金融业务准入门槛较高，偏重于中高收入群体，而消费金融公司、商业机构等提供的消费金融服务则更多服务于在银行没有信用额度或信用额度较低的相对低端的客户群。

（二）消费金融的作用

第一，直接促进居民消费的增长。对于处于青壮年时期、未来收入水平具有显著增长预期的消费者而言，消费金融能有效协调收入水平与消费能力之间的时间缺口，使得消费者实现对个人收入的跨期配置，显著扩大当期的消费潜力。从国外消费金融的实践经验来说，消费金融服务对于汽车、大型家电等消费品的消费需求促进尤为显著。随着互联网的发展，类似医疗美容、教育分期领域的大额消费也逐渐兴起。

第二，间接刺激消费品生产行为，促进消费品供给侧改革。从宏观层面看，消费金融由消费需求切入，对产品供给端产生有效的生产需求引导作用，促进总供给与总需求的匹配，从而优化经济活动的投入产出效率。

7.1.2 传统消费金融主体机构

目前，我国传统的消费金融服务机构主要包括商业银行、消费金融公司、汽车金融公司三类，是经过中国银行保险监督管理委员会核准可以专业经营消费金融业务的主体。

（一）商业银行

商业银行是传统消费金融市场的绝对主体，剔除住房贷款业务外，商业银行的消费贷款总量占比仍在九成以上。商业银行消费金融的主要产品形式是信用卡和消费贷款，其中受众最广的是信用卡。根据中国人民银行发布的《2016 年支付体系运行总体情况》数据显示，截至 2016 年末，发放的信用卡为 4.65 亿张，同比增速为 7.6%。信用卡和借贷合一卡应偿信贷余额为 4.06 万亿元，同比增长 23.63%。除了信用卡外，商业银行还有针对教育、装修、购车、购买耐用消费品等类别的消费贷款。

商业银行消费金融业务的客户来源主要基于自身的存款及理财业务积累的个人客

户,这些个人客户的信息可以与中国人民银行的征信系统进行无缝对接,因此风控成本和获客成本也低,同时资金成本也低,这些因素使得用户实际借款的成本相对其他渠道的消费贷款更低。在实际业务开展中,不同规模的商业银行针对不同客户的个人资产、收入水平、职业、工作性质等情况差异化对待,体现在差异化的利率水平上。大部分银行的消费信贷审批手续比较复杂,一般在 3~7 个工作日内可审批完毕,而信用卡的申请则要等上 1 个月左右。

近些年,由于互联网行业和普惠金融的发展,传统商业银行越来越重视消费金融业务,不仅将消费金融业务发展成独立的业务板块,同时简化流程,完善线上服务,提供更好的用户体验,吸引增量用户。

（二）消费金融公司

消费金融公司是指不吸收公众存款,以小额、分散为原则,为中国境内居民个人提供以消费为目的的贷款的非银行金融机构,包括个人耐用消费品贷款及一般用途个人消费贷款等。由于银保监会将消费金融公司定位为促进消费对经济的拉动作用、服务以往银行服务不到和服务不好的群体而设立的银行体系的补充机构,消费金融公司发放的是无担保、无抵押贷款,风险相对较高,银保监会因而设立了严格的监管标准,消费金融公司向个人发放消费贷款不应超过客户风险承受能力且借款人贷款余额最高不得超过人民币 20 万元。

根据前瞻产业研究院发布的《2017—2022 年中国消费金融行业竞争格局与领先企业分析报告》统计,截至 2017 年 9 月,获得银保监会批复的消费金融公司共 25 家,有 22 家已开业,其中有 19 家为银行系持牌公司,提出申请的银行以中小银行为主,并且绝大部分的金融消费公司注册资金为 3 亿元到 5 亿元,只有 5 家消费金融公司的注册资金达到 10 亿元及以上。

银行系消费金融公司大多借鉴银行风控体系,产品具有贷款额度高、客户收入高和贷款规模大、一般用途贷款占比高的特点;非银行系消费金融公司则与社会消费品商家联系更紧密,产品具有贷款平均额度较小、客户收入低、以耐用费品贷款为主和申请办理快捷的特点。根据《消费金融公司试点管理办法》,在业务范围方面,与商业银行相比,消费金融公司专注于提供无抵押、无担保的小额消费贷款。

（三）汽车金融公司

汽车金融公司并不仅仅针对个人消费者提供金融服务,也包括汽车经销商等,因此汽车金融公司并不是完全的消费金融服务商,不过消费金融业务是其业务主体。根据普华永道和靠谱金服联合发布的《2017 中国汽车金融行业发展报告》显示,我国汽车金融行业贷款规模和渗透率持续提升,2016 年新车与二手车金融消费信贷规模已超过 10 000 亿元,汽车金融渗透率达到 38.9%。到 2020 年,国内新车金融渗透率有望达到 50% 以上,国内汽车金融市场有较大的上行空间。根据罗兰贝格咨询公司发布的《2017 年中国汽车金融报告》显示,截至 2016 年,我国共有汽车金融公司 25 家,总资产规模达到 4 190 亿元,已成为参与汽车金融市场活动的重要主体。

汽车金融公司由于拥有大型汽车生产厂家的独特优势,能给消费者提供购买整车时贴息等优惠政策，消费者在获得更多产品选择的同时，给汽车消费者提供专业化服务，体现在市场上地位逐步提升，汽车金融市场竞争更为激烈。目前，汽车金融市场提供的金融产品除了传统的汽车消费贷款、信用卡分期等，还包括融资租赁产品、P2P产品等。

汽车金融公司的重要业务模式之一是以上海通用汽车金融、广汽汇理等为代表，将主机厂与经销商深度捆绑，该模式贯穿在销售环节和售后服务环节，深入汽车金融的全产业链条。目前，汽车金融公司中大部分都由汽车厂商控股，少部分为银行控股。由于汽车厂商更加了解汽车工业和汽车市场，也更容易与其下游经销商取得合作，汽车金融的发展也会促进汽车销售的不断增长，因此未来汽车金融公司在汽车消费金融领域仍将占据主导地位，对推动汽车消费升级、支持汽车产业发展、促进金融服务水平提升发挥着积极作用。

7.2 互联网消费金融概述

（一）互联网消费金融的概念

移动互联网时代，普通消费者的消费行为已经深刻融入了互联网的特点，相应地，互联网消费金融实现针对不同人群、不同消费场景，随时随处都有互联网金融消费公司或产品供用户选择。所谓互联网消费金融，是指以互联网技术为手段，向各阶层消费者提供消费贷款的金融服务，网络化、信息化是其特点，其本质还是消费金融，但相较于传统消费金融，互联网消费金融大大提升了效率。

互联网消费金融可能会成为未来互联网金融最具有价值的业务，主要有以下三点原因：

第一，符合国家整体经济形势导向。我国经济增长模式正从以往单纯的投资和基建、出口拉动型转变为以需求为导向的内部驱动型，消费金融从内涵上已经基本满足了国家内需导向型的经济发展策略。从汽车、装修、旅游、购物等各个方面的消费金融服务配套来看，未来针对个人端的综合性消费金融服务必然会成为整体内需导向型经济的一个重要组成部分。

第二，对于互联网金融产业而言，消费金融是一个最佳的，也是未来市场空间较大的嵌入点。目前主流的互联网金融模式主要包括在线理财、支付、电商小贷、P2P、众筹、征信等融资理财类型，而且很大程度上利用了互联网这个便捷、差异化的渠道及其数据分析能力。消费金融则是另一个很好的细分市场依托。目前很多的互联网金融概念平台也已经朝着这个方向在做，其特征是平台标的是小额、分散、有严格期限匹配的消费类金融借贷和理财服务，并且这些消费类金融服务依托于一些具体的行业和产业，这样就可以做到批量降低成本，做好基于行业发展的系统性风控。

第三，互联网消费金融顺利实现了对外部传统金融机构资产端的输出。目前像蚂蚁金服这样的平台已经通过小微企业借款和信贷资产等的资产证券化实现了标准化资产输出，这其实是一个很大的进步，标志着互联网金融从只做渠道进化到资产生成阶段。

（二）互联网消费金融的运作模式

互联网消费金融本质是具有相关资质的互联网金融企业在大数据征信的基础上，通过互联网向消费者提供某个具体消费产品或服务贷款的金融运作模式。

完整的互联网消费金融产业链包括上游的资金供给方、消费金融核心圈及下游的催收方或坏账收购方，其中消费金融核心圈又包括消费金融服务提供商、零售商、消费者和征信/评级机构四部分。上游的资金供给方包括消费金融服务商的股东、消费金融服务商的资产受让方、P2P网贷平台投资人等。消费金融服务提供商包括银行、互联网消费金融公司、大学生消费分期平台、提供消费分期服务的电商平台、P2P网贷平台等。服务提供商是广义的零售商，包括各种消费品和服务的经销商。下游的催收方是专业的催收公司，坏账收购方是专门收购坏账的金融机构。消费者主要采用一次性付款和分期付款两种方式。一般为信用贷款，很少涉及抵押或质押等担保方式。

消费者端的运作流程如下：

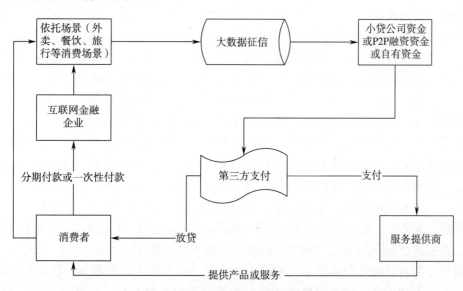

图7-1　消费金融消费端运行模式

图7-1显示，互联网消费金融在运作过程中往往会涉及多个企业进行运作，其围绕的核心为提供消费贷款。在互联网时代，获取用户最核心的是利用用户所在的场景，这些场景常常与各类商品、服务提供商进行合作，比如电商平台淘宝、京东，外卖平台以及在线旅游服务平台等；在大数据征信层面，也会有征信机构的参与，比如芝麻信用。资金提供端有些以自有资金或小贷公司的资金进行放贷，有些通过P2P等理财平台进行融资后再进行放贷。主流的支付方式常常与第三方支付平台进行合作，通过其来进行放贷或资金回款，极大提高了资金的流动效率。贷款金额具体支付对象，有些是直接将款项支付给消费者，有的是直接支付给产品、服务提供商。

（三）互联网消费金融的特点

近年来，随着移动互联网的快速发展，互联网金融的消费群体不断扩大，消费模式不断更新，互联网消费金融逐渐被大众接受并认可。互联网消费金融的主要特点包括：

第一，金融场景互联网化。新型的消费金融场景不断出现，并且呈现出碎片化、互联网化的趋势。近几年，伴随着互联网电子商务的崛起，线下资金流、物流、信息流逐步转移至线上，完全打破了线上、线下的界限，最终实现动态平衡。

第二，产品互联网化。产品互联网化是互联网消费金融产品创新的重要途径。产品互联网化的核心在于用户互联网化。网上消费是年轻人最主要的消费方式，专注于互联网用户消费需求和体验，是实现互联网消费金融产品互联网化的重要体现。

第三，渠道互联网化。随着消费场景由实体渠道向互联网化发展，用户维护、用户体验、用户沟通和支付渠道等都在不断互联网化，因此依托于场景的消费金融的获客渠道也逐渐呈现互联网化趋势。

第四，传统风控和数据模型风控并重。政府和监管机构对互联网消费金融非常支持，部分互联网消费金融机构可以实现与人民银行征信、公安部等权威性数据直连。此外，大数据风控体系对互联网消费金融尤为重要，比如通过消费者的历史申请、信用、行为、交易记录以及社交等指标，前置信用风险和反欺诈规则；通过大数据方法建立完善的风控模型，完成基于风险等级的定价；从申请到放款的整个流程中，告别传统面签模式，使用图像、语音识别、人脸识别、虹膜识别等技术支持。

第五，支付互联网化。金融场景的互联网化，必然导致网络支付、移动支付成为发展的必然趋势。对于基于互联网特别是移动互联网场景的互联网消费金融来说，贷款发放、消费支付、客户还款等功能，都需简单、便捷、快速满足用户需要。

第六，服务互联网化。服务形式充分体现与客户的互动性，融入用户的社交圈，通过微信、APP、Web等多平台满足用户不同场景的服务需求，同时，多渠道的用户交互信息汇聚更便于描绘用户画像，凸显用户最真实的需求。

第七，基础设施互联网化。互联网消费金融需要以云平台为基础，建立支付体系、信用体系，做到行业内信息便捷的共享。与传统消费金融相比，互联网金融打破地域限制，真正做到以用户为中心，依托不同场景做到简单交易，同时兼顾安全保障。

7.3 互联网消费金融模式

7.3.1 按照针对不同场景和提供的产品不同划分

在互联网消费金融产业链中，在获客端拥有场景和流量优势的平台具有长远发展前景，消费分期产品围绕细分垂直市场切入，现金贷按照细分客户群切入。

（一）消费分期业务

互联网消费金融市场针对用户消费需求出发，针对不同人群设定不同的产品满足市场需求，无论是租房、购物、旅游还是教育，不同领域都需要消费金融的支撑。基于线上线下市场集中度、各场景金融渗透率以及切入场景方式等维度，消费分期领域主要有以下三类公司：

第一类，以支付入口切入线上/线下中小额场景的虚拟信用卡，如蚂蚁花呗，以支付入口切入中小额场景，或成为使用用户最多的"信用卡"。随着支付宝/微信支付借助二维码进入线下业务，正逐渐成为线上/线下中小额场景的主流支付手段。蚂蚁花呗为代表的虚拟信用卡产品除了支持电商场景外，还拓展了用户生活衣食住行等其他方面的场景，成为很多90后大学生人群的第一张"信用卡"。

第二类，依靠自身线上消费场景衍生出的分期服务的巨头，如天猫、京东、携程旅游等。依托自身平台提供的各种消费服务，主要针对工薪阶层和学生群体，将分期服务无缝嵌入消费场景，为他们提供购物分期、白条购物等多种提前消费模式，满足了用户提前消费的需求，可以有效提高电商交易额，并通过赚取利差或服务费为平台带来利润，是平台流量变现的重要方式。

第三类，整合线下分散且大额低频场景的分期服务商。线下消费场景如装修、教育、医疗美容、汽车、租房等，呈现低频、碎片化等特征，目前传统消费金融对这类生活服务行业的渗透率低，存在较大市场空间，越来越多的互联网消费金融企业进入，形成新的消费金融垂直市场，细分领域巨头陆续出现。如医疗领域的米么金服、教育领域的百度有钱花。

随着资本市场对互联网消费金融生态的看好，消费金融创业变得很容易，企业进入门槛大幅下降，互联网消费金融的竞争也日趋激烈，正实现从"蓝海"到"准红海"的转变。截至2017年6月，共有22家持牌消费金融公司，200多家专业分期公司，2 500家左右P2P公司，覆盖场景包括网购、校园、租房、汽车、旅游、装修、教育、医疗、农业、白领、蓝领等场景。

具备互联网金融消费金融业务的企业分布如下：（1）电商系：任性付、蚂蚁花呗、京东白条；（2）持牌系：苏宁消费金融、中银消费金融、马上消费金融、捷信消费金融等；（3）大学生分期：分期乐、趣分期、爱学贷、我来贷、人人分期；（4）租房分期：会分期、丁丁租房、斑马王国、房司令；（5）汽车分期：乐驰金服、车巴巴、易车网、上汽通用汽车金服；（6）旅游分期：易分期、途牛金服、首付游、爱旅行；（7）装修分期：土巴兔、小窝金服、万家分期、家分期、绿豆家装；（8）教育分期：蜡笔分期、优爱教育、达内；（9）医疗分期：和睦家医疗、爱尔眼科；（10）农业分期：沐金农、领鲜理财、农分期；（11）蓝领分期：赶集、买单侠；（12）其他：贝塔分期、有用等。

【知识拓展】

校园消费分期业务模式及风险分析

以趣分期、分期类为代表的校园消费分期市场，针对特定空间地域整合大规模消费人群的需求，主要满足大学生群体的消费需求。

大学生消费分期平台的具体模式如下：第一，大学生向消费分期平台提出分期消费申请；第二，大学生消费分期平台对大学生的信息进行审核，并与大学生签订相应的服务协议；第三，通过审核的大学生消费分期申请，大学生消费分期平台将债权打包转让或出售给 P2P 平台和互联网理财平台；第四，P2P 平台将债权在平台上发布，互联网理财平台将债权打包成理财产品在平台上销售；第五，投资人在 P2P 平台和互联网理财平台上进行投资；第六，P2P 平台和互联网理财平台将募集的资金给大学生消费分期平台放款；第七，大学生消费分期平台根据大学生的需求向电商平台和供应商采购商品；第八，电商平台和供应商向大学生消费分期平台发货，再由大学生消费分期平台将商品送至学生手中，或者直接由电商平台和供应商向学生发货；第九，大学生按约定向大学生消费分期平台还款，大学生消费分期平台也按约定向 P2P 平台和互联网理财平台回款，P2P 平台和互联网理财平台将收到的回款按时向投资人回款。

不过，不同的大学生消费分期平台在具体运作模式上可能存在一定的差异，有些消费分期平台是先用自有资金采购大学生提出的商品需求，再将债权转让或出售给 P2P 平台和互联网理财平台。甚至有些大学生消费分期平台是先采购一定数量的商品，然后在平台上进行销售。

大学生消费分期平台模式的基础性风险是大学生的信用风险，大学生消费分期平台的经营风险是整个系统的关键风险，投资人是最终风险承担者。2016 年 4 月 13 日，教育部办公厅联合中国银监会办公厅下发了《关于加强校园不良网络借贷风险防范和教育引导工作的通知》，明确要加大对不良网络借贷监管的力度，建立校园不良网络借贷日常监测机制。2017 年 6 月 28 日，银监会、教育部、人力资源和社会保障部联合印发了《关于进一步加强校园贷规范管理工作的通知》，要求从事校园贷业务的网贷机构一律暂停新发校园网贷业务标的，并根据自身存量业务情况，制订明确的退出整改计划。同时，未经银行业监督管理部门批准设立的机构不得进入校园为大学生提供信贷服务。为了满足学生金融消费的需要，监管部门鼓励正规的商业银行开办针对大学生的小额信用贷款。

（二）现金贷

伴随社会消费升级，普通白领、蓝领甚至学生群体已具有强烈的金融消费需求，但由于征信体系、获客成本以及监管对不良指标的要求，他们往往被传统金融机构拒之门外。事实上，现金贷的出现满足了这些长尾用户的庞大需要。

现金贷，是小额现金贷款业务的简称，是针对申请人发放的消费类贷款业务，具备方便灵活的借款与还款方式，以及实时审批、快速到账的特性。从 2015 年开始，现金贷作为消费金融一个重要的分支开始强势崛起，尤其深入渗透到大学生消费群体中。一二线城市以线上业务为主，三四线城市以线下业务为主。随着信用卡及分期服务对消费场景的逐渐渗透，未来现金贷或更多地扮演补充角色，覆盖诸多不支持信用卡及分期的碎片化市场，其整体市场规模略小于消费分期，但由于不限定使用用途，产品标准化程度较高。

在获客、风控、资金三端具备比较全面优势的百度、阿里巴巴、腾讯、京东等互联网巨头，凭借资金成本优势牢牢锁定优质持卡人群的银行之外的消费金融需求，现金贷领域主要包含以下几类公司：第一类，目标市场与互联网巨头、银行形成错位竞争，如针对非信用卡人群的小额/短期贷款，代表平台有51信用卡；第二类，初具用户基础（注册用户>1 000万人）的中大型流量平台；第三类，对细分市场人群风控及定价能力突出的平台。

表7-1　　　　　　　　　　　　主流现金贷平台借款条件一览

序号	平台名称	所属机构	借款条件
1	蚂蚁借呗	蚂蚁金服	仅对部分用户开启
2	国美美借	国美金控控股有限公司	身份证、手机号、储蓄卡、芝麻信用（选填：公积金、信用卡）
3	小狐惠花	搜狐集团	个人信息（2 000元以上月收入、6月以上居住证明）、芝麻信用（或京东信息授信）、部分影像资料、银行卡
4	招联好期贷	招联消费金融公司	手机号、身份证、银行卡、选填（信用卡、芝麻信用）
5	来分期	趣店集团	芝麻分600以上、支付宝信息
6	玖富叮当贷	玖富金科控股集团有限公司	身份证、手机号、芝麻信用、选填（信用卡）
7	安逸花	马上消费金融股份有限公司	身份证、芝麻分580以上
8	微粒贷	腾讯微众银行	用户邀请制，仅对部分用户公开
9	人人贷借款	人人贷金融信息服务（北京）有限公司	身份证、手机号、征信报告、微粒贷借款记录（增信条件）
10	360借条	北京奇虎科技有限公司	身份证、手机号、借记卡、人脸识别
11	苏宁任性借	苏宁消费金融有限公司	身份证、银行卡
12	网易小贷	上海网易小额贷款有限公司	身份证、银行卡、公积金信息
13	小米贷款	重庆市小米小额贷款有限公司	身份证、手机号、银行卡、人脸识别
14	捷信超贷	捷信消费金融有限公司	身份证、手机号、身份证明文件（任选其一：社保卡/医保卡、驾照、银行卡、户口本、工牌、银行对账单、工作证明、劳动合同）
15	宜人贷	宜信公司	身份证、征信报告、手机号、公积金（或工资流水、信用卡、寿险保单）

7.3.2　按照资金提供者不同划分

随着互联网逐渐深入消费者群体生活的各个方面，促进消费者尤其是"90后"人群的消费行为，使得互联网消费金融成为金融行业的"蓝海"，各类具有资金成本优势或具有用户规模优势的主体都在积极争夺这一市场。不仅包括传统商业银行、消费金融公司等机构，还包括占据线上优势的互联网电商巨头，以及数量庞大的互联网金融平台。

（一）银行提供的互联网消费金融服务

传统商业银行仍然占据着以房贷、车贷、信用卡为主的消费金融市场绝对的主导地位。在互联网金融的冲击下，银行通过积极布局互联网消费金融应对用户增量

图7-2　京东金融现金贷产品——京东金条

难题。银行的互联网消费金融服务模式相对最为简单，消费者通过线上或线下向银行申请消费贷款，银行审核并发放，消费者得到资金后购买产品或服务。

银行发展互联网消费金融主要有以下途径：一是自建电商平台，嵌入购物分期等消费金融产品或服务，丰富自身网上商城的消费场景，力图在相关领域追赶淘宝、京东等电商企业。例如建设银行推出"善融商务个人商城"和"善融商务企业商城"，交通银行推出的"交博汇"，农业银行推出的"E商管家"，工商银行推出的"融e购"。此外，民生、招商、中信等股份制银行，以及一些城商行也陆续上线自己的电商平台。二是开发基于互联网的消费金融产品。例如工商银行的"逸贷"，建设银行的"快贷"，招商银行的"闪电贷"，江苏银行的"卡易贷"等。

以江苏银行的"卡易贷"为例，"卡易贷"是江苏银行通过综合评价客户资信条件，核定客户一定的授信额度和期限，在获得授信额度后，客户无须经过江苏银行的单笔贷款支用审批即能在已核定的授信额度和期限范围内通过江苏银行网上银行自助借还款，循环使用贷款资金，自助借款实时到账，客户能够通过本人名下专属易贷卡（无取现和转账转出功能）进行POS刷卡消费。业务特点是用途广、无抵押、无担保，全方面满足客户购物、购车、装修、旅游等消费需求支出；凭个人良好信用可最高享用30万元无抵押无担保贷款；实现POS刷卡消费，网上银行随借随还，网上银行自助借还款，贷款资金实时到账，简单便捷。

此外，银行还与电商平台合作推出消费金融产品，例如中信银行、招商银行、工商银行、光大银行等多家银行与京东合作推出系列"小白卡"。不同于传统信用卡的是，这些具有互联网基因的联名卡，不仅具备贴合年轻人喜好的外观，同时针对不同群体兴趣爱好进行定制，精准连接生活消费场景，提供定制化的权益和多元化的用卡体验。比如中信小白卡经典版（暖心版）主打境内消费，权益包括：享有中信信用卡金卡待遇；首年免年费，此后每年消费五笔即免次年年费；交易（含取现）满800元获得1钢镚；指定渠道订机票延误4小时或最高1 000元延误险。除此之外，还有众多

限时消费优惠，如商城的消费折扣、抽奖、礼券等，以及"9 元想看"特权、度假村入住优惠、38 个国家和地区的退税服务、逢周三、周六指定门店消费享五折和买一送一等优惠。中信银行推出的"小白卡"打通了京东和中信银行的产品体系、风控体系、用户体系，用户可以通过在网上消费、借助消费数据通过京东的审批模型，申请到"小白卡"，享受"京东白条＋信用卡"的双重账期。

总的来看，银行发展互联网消费金融侧重于对传统消费金融的改善升级，基于已有资源进行改造和优化，一定程度上改善流程、提高了审批效率。不过总体来看，这些产品大多只是基于互联网渠道的传统金融产品，针对的主要是银行的存量优质用户，用户门槛依然很高，并且授信、定价、风控等仍然主要围绕用户综合信用水平展开，与消费场景结合的紧密度以及产品的精细化程度不高。

（二）消费金融公司提供互联网消费金融服务

消费金融公司的兴起正好赶上互联网时代，在产品设计、交易系统和风控技术等方面可以直接实现"互联网＋"的跨越。相对于传统银行的个人消费信贷业务，消费金融公司在组织架构的灵活性、信贷审批效率等方面也更具优势。目前一些互联网化程度比较高的消费金融公司已经实现全程线上申请小额直接支付信用贷款，如兴业消费金融的网络贷，以及招联金融的零零花等。消费金融公司的互联网消费金融服务模式与银行类似。一般情况下，消费金融公司的审核标准相比银行更加宽松，贷款额度也更高。目前消费金融公司也在积极向线上业务转型。

2014 年 3 月，中银消费金融公司和财付通携手推出线上信用支付产品，一方面借助线上消费平台，以便捷的贷款流程和丰富的风险管理经验作为专业支撑，最快速度响应消费者需求，从申请到通过审批获得信用额度，全程不到一分钟。另一方面，通过大数据的深入分析和筛选、调研整理，从而以全新的"互联网消费信用贷款"模式，以更亲民化的使用方式，更加便捷的授信和支付手段，提高国内消费者的线上购物体验。

2015 年 1 月 7 日，以重庆百货为主，与其他五家公司共同发起设立国内首家互联网金融消费公司——马上消费金融股份有限公司。与传统消费金融公司最大的不同是，该公司搭建了互联网平台，在经营服务上实现了"无边界、全渠道"。在了解客户的需求后，线下挖掘客户，线上互联网推广，从基础设施、平台、渠道、场景四个方面扩展互联网平台业务。

消费金融公司的优势主要在于两个大的方面：一是牌照优势，二是股东资源优势。牌照优势主要体现为在业务经营、资金获取、政策优惠（税收等）等方面具有更多的便利。而由于消费金融公司的设立门槛较高，其股东都拥有较强的实力背景，能给消费金融公司提供资金、用户、场景等资源方面的支持。相对于银行来说，消费金融公司不吸收存款，在经营限制上相对宽松一些。因此，消费金融公司的消费信贷产品一般较银行申请手续简单，审批时间更短，用户门槛也有所降低。不过总体来看，大部分消费金融公司都属于银行系，其产品逻辑与银行之间并无太大差别，仍然存在手续烦琐、门槛高等问题。而且一些成立较早，相对传统的消费金融公司，其业务经营主要沿用传统的门店模式，对于新的互联网技术、渠道、场景等新理念理解、接受和运用程度不足，产品创新较少。

【案例】

捷信消费金融有限公司消费金融数据一瞥

捷信消费金融有限公司（以下简称捷信金融）成立于 2010 年 11 月 10 日，是经银监会批准成立的首批四家消费金融试点公司之一，也是目前中国唯一一家外商独资的消费金融公司。公司目前注册资本人民币 33 亿元。捷信金融唯一股东为捷信集团（Home Credit B. V）（以下简称捷信集团），持股比例 100%。捷信集团的控股母公司为派富集团有限公司（PPF Group N. V.）（以下简称派富集团），派富集团系中东欧地区规模最大的投资和金融集团之一。作为派富集团消费金融版块的运作主体，捷信集团主要从事销售贷款、消费金融及零售银行业务。

截至 2016 年 12 月底，捷信金融在中国的业务已覆盖超过 29 个省份和直辖市，逾 308 多个城市。捷信金融在中国与迪信通、中域、乐语等知名全国零售商有非常良好的合作关系，目前已在中国设置超过 14 万个 POS 贷款点（Point – of – Sales），拥有全职雇员超过 6 万人。截至 2016 年 12 月末，捷信金融总资产为 469.7 亿元，所有者权益为 42.5 亿元，实现净利润 9.3 亿元，新增贷款发放量超过 494 亿元，贷款余额为 379.2 亿元，资本充足率为 12.06%，不良贷款率为 4.45%，一级资本充足率和核心一级资本充足率均为 11.02%，较好地实现了快速发展、防范风险与优良业绩的有机统一。

2017 年 3 月 7 日，捷信获得《中国人民银行准予行政许可决定书》（银市场许准予字〔2017〕第 32 号），同意捷信以该公司的个人消费贷款作为基础资产，注册"捷赢"系列个人消费贷款资产支持证券，注册发行额不超过 150 亿元。在此额度下，捷信于 2017 年 4 月至 10 月已先后发行了捷赢 2017 年第一至五期资产支持证券。捷信金融在《捷赢 2017 年第一期个人消费贷款资产支持证券发行说明书》中显示所发行的总额为 17.5 亿元 ABS 产品的详细信息：

（1）形成债权的借款人的借款用户见表 7 – 2。

表 7 – 2　《捷赢 2017 年第一期个人消费贷款资产支持证券发行说明书》借款用途分类

用途	合同金额（万元）	占比（%）	本金余额（万元）	占比（%）	贷款笔数	占比（%）	平均每笔余额（元）
时尚消费品	99 606.02	56.73	64 051.87	49.92	355 399	82.95	1 802.25
现金贷	68 934.28	39.26	59 254.47	46.19	51 457	12.01	11 515.34
交通工具	6 331.80	3.61	4 497.86	3.51	19 482	4.55	2 308.73
办公用品	181.73	0.10	122.76	0.10	553	0.13	2 219.92
家用电器	538.69	0.31	370.49	0.29	1 570	0.37	2 359.80
家具	0.41	0.00	0.29	0.00	2	0.00	1 434.73
总计	175 592.94	100.00	128 297.74	100.00	428.463	100.00	2 994.37

（2）贷款类型分布见表 7 – 3。

表 7 – 3 《捷赢 2017 年第一期个人消费贷款资产支持证券发行说明书》贷款类型分布

贷款类型	合同金额 （万元）	占比 （%）	本金余额 （万元）	占比 （%）	贷款笔数	占比 （%）	平均每笔余额 （元）
商品贷	106 658.66	60.74	69 043.27	53.81	377 006	87.99	1 831.36
现金贷	68 934.28	39.26	59 254.47	46.19	51 457	12.01	11 515.34
总计	175 592.94	100.00	128 297.74	100.00	4 284 693	100.00	2 994.37

（3）贷款账龄分布见表 7 – 4。

表 7 – 4 《捷赢 2017 年第一期个人消费贷款资产支持证券发行说明书》贷款账龄分布

账龄 （天）	合同金额 （万元）	占比 （%）	本金余额 （万元）	占比 （%）	贷款笔数	占比 （%）	平均每笔余额 （元）
[0, 366]	173 338.65	98.72	127 389.66	99.29	426.171	99.47	2 989.17
(366, 731]	1 802.49	1.03	773.00	0.60	1 959	0.46	3 945.87
(731, 1 096]	451.80	0.26	135.08	0.11	333	0.08	4 056.45
总计	175592.94	100.00	128 297.74	100.00	428 463	100.00	2 994.37

资料来源：捷赢 2017 年第一期个人消费贷款资产支持证券发行说明书 . pdf，ht-tp：//www. chinabond. com. cn/cb/cn/ywcz/fxyfxdf/zqzl/zczczq/abs/fxwj/20170406/146864460. shtml。

（三）电商企业提供的互联网消费金融服务

随着互联网消费的崛起，电商平台交易额呈现爆发式增长，网络消费已经成为一种新的生活方式。同时电商平台也形成了一条比较完整的消费产业生态链，以阿里、京东为代表的电商平台开始依托用户规模和产品体验优势推出消费金融服务。尽管电商平台消费金融服务推出的时间不长，但借助于用户流量和互联网消费场景优势，短期内实现了爆发式增长。除此之外，电商平台经过多年发展积累了大量的用户信息和交易数据，为其进行大数据风控提供了有利条件。

2014 年 2 月，"京东白条"正式对外公测，主要面向部分京东会员，支持 3 ~ 24 期分期付款，提供最长 30 天的免息期。2014 年 7 月由蚂蚁微贷联合天猫开发的天猫分期购业务上线，它根据实名用户的消费数据计算"分期购"的额度，用户可以提前消费后还款。2014 年底，蚂蚁金服的信用消费产品"花呗"开始公测，并于 2015 年 4 月正式上线。2015 年 1 月，苏宁推出"零钱贷"，只要在苏宁零钱宝理财的账户里转入一定的资金，就可以申请开通零钱贷服务，在购物时先冻结购物款，30 天后账户会将对应金额购物款自动扣除，让消费者购物的同时又能多享 30 天的理财收益。6 月，苏宁又推出"任性付"，用户申请后最高可获得 20 万元信用消费额度。

电商的互联网消费金融服务模式主要依托自身的互联网金融平台，面向自营商品及开放电商平台商户的商品，提供分期购物及小额消费贷款服务。京东商城和天猫商城两大电商平台陆续推出消费分期服务，京东白条与天猫分期是两类不同的模式，京东白条不仅针对自营商品，同时适用于联营的实物商品，天猫分期是针对平台上开通分期购物的商家的商品。以天猫或京东为例，电商的互联网消费金融的运行流程包括：（1）消费者向天猫或京东购买产品或服务；（2）消费者向蚂蚁金服或京东金融提出消费贷款或分期购物申请；（3）天猫或京东向蚂蚁金服或京东金融提供用户消费及征信数据；（4）蚂蚁金服或京东金融审核或根据用户征信数据发放贷款；（5）蚂蚁金服或京东金融为申请分期购物的用户向天猫或京东支付货款；（6）天猫或京东给消费者提供产品和服务。

电商的最大优势在于掌握了线上消费渠道和场景，这是电商消费金融与其他消费金融机构之间的最大区别。此外，电商的优势还在于已经积累了大量用户及用户数据，在互联网技术、渠道、用户思维等方面具有优势。这些因素使得电商在发展消费金融业务上具有天然优势，主要包括：一是可以利用既有用户数据解决部分用户的征信问题，并且基于自有场景生态能够更好地控制资金流向以及用户状态，管理信用风险；二是可以低成本大规模快速获客；三是消费金融产品与消费场景可以无缝融合，用户体验更好。这些优势的存在使得电商消费金融短期内就获得了爆发式增长。不过依附于电商生态的消费金融，也多局限于电商生态内，如果要向外扩张，除了口碑号召力上的优势外，面临的挑战并不比其他消费金融机构小。

作为互联网创新的代表，依托线上流量、场景、数据等优势，未来电商的消费金融还将不断发展创新，并逐步打通线上和线下的闭环，成为消费金融领域的重要力量。目前电商消费金融大多仅针对其线上业务，随着移动支付的发展，打通线上和线下的闭环，很多电商平台的业务已经扩展到 O2O 领域，将消费金融向线下的扩展提供了应用场景和技术基础。

【案例】

消费金融业务发展与资产证券化（ABS）

根据 Wind 资讯统计，2017 年以小额贷款为基础资产的 ABS 发行量为 1 475 亿元，其中借呗和花呗系列个人消费贷款 ABS 产品就超过 1 400 亿元。一位业内人士在接受记者采访时认为，ABS 对消费金融的支持作用明显，合规产品的市场价值应该肯定，但需要保证在安全的杠杆率前提下。该人士认为，相比花呗，以借呗为底层资产的资产证券产品的重新发行更值得关注。

蚂蚁金服内部倾向认为，由于借呗基于支付宝 APP，其实场景属性同样明显。来自其内部数据显示，借呗的笔均贷款金额约 3 000 元，放款中有 70% 的资金用于消费场景的日常购物消费，其中 19% 用于在淘宝、天猫等淘系电商平台购物，49% 用于在淘系平台以外的商户购物消费。其余 30% 主要为用户的日常小额现金周转。由于借呗小额分散的特点，对于购房和炒股的价值不大。

资料来源：中国经营报，http：//www.cb.com.cn/zjssb/2018_ 0115/1220253.html。

（四）P2P 企业提供的互联网金融服务

P2P 公司提供的消费金融服务是采用 P2P 公司与商家合作，对特约商户的客户提供互联网金融服务的模式。如美利金融既为客户提供融资服务，也将对客户提供的消费金融服务包装成为自己理财端的资产包。这一类别包括了众多的创业公司，例如 P2P 网贷平台、第三方助贷平台等居间服务平台，也包括网络小贷、保理等类金融机构平台等，这类平台大多侧重于一些垂直领域或细分人群。

P2P 平台拍拍贷推出网购达人标，为经常网购的用户提供专属的小额信贷。人人贷的小额信贷产品"工薪贷"，主要针对月收入在 2 000 元以上，年龄在 22～55 周岁的正式员工，其借款用途多为装修、结婚、买房、买车、教育（进修、出国留学）、其他消费等。

网信理财以现金贷形式引入了消费金融业务，该业务 90% 的授信额度采用普通信用贷款模式，单笔贷款额度 2 万～3 万元，贷款期限为 3 年以内，申请后 1 天内便可放款，积累了大量用户数据信息，可为消费金融业务提供个人征信及行为数据支持。基于外部环境和自有资源优势，网信理财已于 2016 年开展与商户合作的分期贷款模式，消费者在网信理财 APP 上提出贷款申请后，经过系统自动审核、上标、募集、签约，快速完成贷款流程。目前网信分期业务板块拥有爱施德、小辣椒手机等战略合作伙伴，可利用其商户资源进行场景式贷款。网信消费金融业务还在不断拓宽战略合作伙伴，针对目标客户群体选择目标产品，如手机、家电、箱包、培训等更多行业拓展，以期为消费群体和理财用户提供优质、便捷的投融资产品和服务。

目前 P2P 平台的小额信贷审批流程基本在线上完成，借款人提交个人信息，进行实名认证，平台在原有风控模型（黑名单＋规则＋打分卡）的基础上，加入人民银行个人信用报告、社交数据（微信、微博）、电商交易数据（淘宝、支付宝）和商业征信机构的征信分等数据。通过多维度的风控模型，做到快速授信。与传统消费金融相比，P2P 平台上的消费借款额度较低，基本上在几千元到几万元的范围，更贴近消费需求，审核时间大大缩短，有些甚至只要几分钟。

这类机构数量众多，主体类型也十分庞杂，不过总的来看，这类机构大多属于初创型公司，一般规模较小，不具有牌照、资金、用户、场景等方面的资源优势。不过由于体量小，这类机构往往更加灵活、决策效率更高、调整更快，对新的技术、模式接受程度更高，并且更加注重产品创新。这类机构特点决定了其通常专注于某个垂直细分领域，做深做透并达到一定业务规模和品牌影响力后，再逐步进行产品业务的扩展。

7.4　互联网消费金融行业监管

伴随着"互联网＋"时代的来临，加上政策的日趋开放，国内消费金融支持体系也迎来新的发展契机，各种各样的消费金融机构都参与到消费金融产品创新中。应该说，这些新产品是基于商业信用开展的消费金融创新，有助于推动内生于实体部门的消费金融模式发展。

2017 年以来，不少消费金融公司，或是新进入消费金融领域的互联网金融公司，为追求规模，降低客户资质申请的门槛，因此造成资产不良率高升；与此同时，贷款黑中介的涌入，也给消费金融领域制造了大量不良资产，导致风险剧增。国家金融与发展实验室银行研究中心在《中国消费金融创新报告》中明确指出，在消费金融快速发展的同时，潜在风险也在不断积聚，尤其是互联网消费金融，由于大量非持牌金融机构参与，其业务基本游离在现有的金融监管框架之外。监管真空之下，部分消费金融的野蛮发展，对借款人、金融服务机构以及金融市场稳定都可能形成不利的冲击。

银保监会作为互联网消费金融的监管主体，应当注意对互联网消费金融资金来源的监管，防止互联网消费金融提供主体利用互联网平台，包装虚假项目成为理财端的资产包，防范互联网消费金融公司出现非法集资行为、引发互联网金融恶性事件。在国家金融与发展实验室银行研究中心看来，对互联网消费金融的监管将日趋严格，相当部分不合规的企业将可能会退出市场，而大型平台和持牌机构的优势将愈发明显。按照《关于促进互联网金融健康发展的指导意见》，非持牌消费金融公司从事的消费金融实际上可以定性为网络借贷，受到和 P2P 一样的监管。

（1）互联网消费金融公司的监管。互联网消费金融公司的成立应当满足《消费金融公司试点管理办法》的相关规定，符合消费金融公司成立的基本条件，消费金融公司的主要出资人，应当具备相关条件；消费金融公司的注册资本应当为一次性实缴货币资本，最低限额为 3 亿元人民币或等值的可自由兑换货币；经营过程不吸收公众存款，以小额、分散为原则，为中国境内居民个人提供以消费为目的的贷款。

（2）电商企业、第三方支付等主体的互联网消费金融业务监管。电商企业、第三方支付公司充分利用大数据技术手段，有效利用各类信用数据库，积累有效的个人信用评价机制，与人民银行征信体系形成有效互补。建立独立的风险评估部门和完善的风险控制措施，同时有效管理消费金融业务，与其他主业进行协调定位，避免出现财务风险和流动性风险。

【案例】

征信"国家队"横空出世

针对各征信孤岛各自为战推高整体信用风险的状况，中国政府已采取了强力手段。2018 年 2 月 22 日，人民银行通过其官网宣布百行征信有限公司成立，这是人民银行颁发的国内首张个人征信牌照，有效期三年。

据悉，这家注册资本达 10 亿元的公司中，中国互联网金融协会持股 36%，而包括芝麻信用、腾讯征信、前海征信、考拉征信在内的八家国内主力个人征信企业各占 8% 股权。某种意义上，通过该公司股东各自掌握的个人信用信息，已可覆盖中国近 14 亿人口。可以想见，接入百行征信将成为所有现金贷公司未来的规定动作。

资料来源：http：//www.sohu.com/a/225544072_ 561871。

7.5　互联网消费金融未来趋势

（一）垂直领域有待深入拓展

目前消费金融领域切入各个垂直细分领域的公司很多，教育、医疗、校园、装修、租房等领域都是创业热点，但如农村互联网消费金融、汽车市场互联网消费金融仍有待深挖，并将垂直领域再细分。

随着淘宝、京东等电商平台不断渗透到农村，未来农村消费金融将会成为下一个新的风口。随着国内农民的收入不断增长，农村消费市场规模也正在逐年递涨，尽管当前农村消费金融模式并没有成型，但是随着农业电商的逐渐渗入，未来农民对于电商产品的金融需求会越来越多。过去农村的住房、汽车、家电、教育、旅游等信贷消费市场发展较为滞后，但是随着国内农村社会保障体系逐渐完善，农民对于金融消费的需求也在逐渐增长。

（二）生态场景链竞争激烈

除了垂直领域布局外，多数拥有流量入口的互联网金融平台，横向拓展多个消费领域，涉及衣食住行等多场景，旨在构建生态场景链。大型电商平台，除了流量入口优势外，线上线下场景优势亦极其明显，如蚂蚁花呗、京东白条、苏宁任性付等。

【案例】

海尔消费金融用户画像

海尔消费金融根据其10万用户抽样调研数据生成了一份《2017消费金融用户报告》。该报告呈现出了一张清晰的"用户画像"。

从消费分期用户城市分布来看，二、三线城市，尤其是三线城市是消费金融的主力市场，占总样本数的78.28%。相比一线城市，三线城市以及乡镇一级消费者所处的消费环境信用体系建设尚待完善，使得拥有产业背景的消费金融公司，迅速依托产业资源完成渠道下沉布局。这也符合消费金融"普惠金融"的定位。各区域消费偏好呈现出明显不同，三线城市用户对于信用借款、家电分期、手机分期都有较强的消费意愿；仅占3.87%的一线城市用户更关注于教育分期、信用借款；二线城市用户占比17.85%，其需求主要集中在信用借款上。

在消费金融行业高歌猛进的过程中，"80后""90后"功不可没，是当之无愧的"主力军"。从用户年龄层角度进行分析，有近八成的用户年龄在20~39岁，其中25~29岁用户占比最高，为24.64%，而45岁以上的用户占比仅为10%。从整体用户年龄段分析，贷款人群随着年龄的增长有先增加后减少的趋势。分析指出，"80后""90后"因工作或收入限制，信用卡额度较低，却有着高涨的消费欲望，互联网消费信贷产品的低准入正好迎合了新生代消费群体的需求。各年龄段用户呈现出了不同的消费偏好。占比近四分之一的25~29岁用户需求集中在租房、家电、手机、教育，而占比超过五分之一的30~34岁用户除了家电、手机的消费外，更偏向于借款、家居等消费。

相比传统观念中认为的女性更喜欢"买买买"，男性用户在借钱消费上更为积极，对于分期付款理念接受力更强。在全部贷款用户中，男性用户占比为64.8%，女性用户为35.2%。在消费偏好上，男性用户对于信用借款、手机分期更感兴趣，女性用户则更多的消费在家电、医美等领域。

从学历来看，2017年新增用户中，大专及以上学历占比超过77%，用户整体素质较高。而此类用户一般都具有稳定的收入，有更好的贷款资质，对于信用贷款、租房分期都有较强的意愿。

2017年，年轻白领用户群体占比明显提升。新增用户中，已婚人群与未婚人群占比相当，但偏好差异显著，其中已婚人群对于信用借款、家电分期、家装分期等消费都有较高的占比；而未婚人群的需求主要集中在租房分期上。

资料来源：http：//wb. qdqss. cn/html/qdrb/20180213/qdrb302814. html。

（三）技术渗透率将大幅提高

互联网场景化的日益深入，使得一方面消费者的交易行为和特征都在逐渐数据化；另一方面互联网金融平台会面临系统安全问题，以及金融本身带有的风险性质。而未来大数据、人工智能、区块链等新技术应用能够在很大限度上实现金融创新和防范金融风险。

在未来消费金融市场的竞争中，金融科技将成为企业的核心竞争力之一。消费金融场景复杂化、分期贷款服务小额分散，业务特征对技术提出了更高的要求。且随着互联网金融的发展，金融科技已成为新兴平台与传统金融机构差异化竞争的关键，未来消费金融以技术驱动的特征将会越发明显，对大数据、人工智能、人脸识别、智能设备等新技术的应用将越来越普遍。

（四）消费金融场景将实现个性化

随着各领域平台以不同的方式嵌入金融服务，互联网消费金融场景化日益完善，体现在消费场景与消费者群体的划分越来越细化，面对多元化的需求，将对相应的金融产品提出更高要求。互联网消费金融公司也将更聚焦在消费者个性需求的研究，开发出定制化金融产品与服务。

7.6 互联网消费金融典型案例

（一）招联消费金融

招联消费金融有限公司由招商银行旗下香港永隆银行与中国联通共同组建，注册资金20亿元，双方各占50%股权。股东双方将整合各自的优质资源，为招联公司发展创造有利条件，向消费者提供普惠互联网金融服务。该公司以"微金融，新互联"为发展理念，在"互联网＋"的时代背景下，构建基于互联网的信用分期、融资理财、移动支付等产品体系，努力打造全新的消费金融体验，不断提升核心竞争力。

招联主要有三款产品，分别为"好期贷""信用付""零零花"。三款产品均具备多场景需求适配能力，已经覆盖通信、购物、旅游、家装、教育、医疗美容等行业。

1. 好期贷。该产品系列是招联金融旗下的互联网现金借贷产品，按类型主要分为工薪贷、白领贷、房主贷三类。可实现在线申请，即时审批，闪电到账，自由还款，额度循环使用。个人最高额度20万元，最长借款期限36个月。不收取任何平台费、手续费、服务费等其他费用。

2. 信用付。"信用付"是招联金融旗下的互联网信用支付产品，为用户提供快速、安全、便捷的互联网信用支付方式，可实现在线申请，即时审批，"先消费，后还款"，享有最长40天免息和最长24期的分期付款服务。目前主要在招联金融自有电商平台以及合作商户消费场景中申请使用，场景包括招行、联通、支付宝、美团、鹏爱医美、土巴兔等。

3. 零零花。"零零花"是招联金融旗下的大学生专享的绿色信贷产品，为全国2 000余所高校大学生提供低息、普惠的消费信贷服务；"招联零零花"支持全程在线申请，支持随借随还，最长36期分期还款，满足大学生用户各个阶段、多种场景的信贷需求。

（二）马上消费金融

马上消费金融股份有限公司是一家中国银监会批准设立的持有消费金融牌照的全国性金融机构，成立于2015年，注册资本13亿元。继2016年8月增资10亿元之后，2017年7月，马上消费金融完成第二次增资，注册资本增至22亿元，是国内注册资本排名第三的持牌消费金融公司。马上消费金融由重庆百货、物美控股、重庆银行、阳光保险、浙江中国小商品城等机构共同发起设立。股东覆盖了银证保金融机构与批发零售企业，同时兼具互联网公司和传统行业。股东对马上消费金融在品牌、客户、数据、资金、渠道等方面的输出为其发展建立了基础。

马上消费金融的另一个特点是采用线上和线下消费场景相结合模式。在线下，受益于其股东构成，这些零售巨头拥有丰富的消费场景、海量的会员用户，同时基本具备场景排他性。在线上，马上消费金融加强与去哪儿、唯品会等流量平台合作，将消费金融服务嵌入旅游、家装、教育、医疗美容等多领域中，既满足平台开展金融业务的资金需求，也可以在获取用户的同时增加线上场景布局。

马上消费金融产品包括消费分期、现金借贷、循环信用。其中消费分期包括电子产品、旅游、家装等场景；现金借贷是贷款直接发放给用户，用户可以获得循环额度随时贷款消费。

基于线上线下相结合的模式优势，马上消费金融创新运用移动计算、大数据、量化模型、机器学习、生物识别等前沿技术，运用独特的FICO规则模型与大数据模型的风险控制手段，为用户提供消费金融服务，用户从申请贷款到贷款审批，再到贷款到账、还款，全程APP端操作，不用抵押，不用担保，无须面签，最快10秒即可完成全部审批和放款，最高申请额度20万元，根据用户的信用情况确定差异化利率，信用越好、利率越低。

马上金融风控要素包括：（1）征信来源包括央行征信系统、股东方数据、用户填报、外部合作；（2）风控体系融合 FICO 规则引擎和自建的大数据模型，模型指标是基于机器学习的模型方法，包含 1 000 多个指标；（3）审批方式为线上纯自动和线下纯自动与人工相结合两种方式；（4）征信构成包括审批放款、账户管理、坏账催收各环节。

图 7 - 3　马上金融 APP 和马上分期 APP

（三）京东白条

消费金融在京东金融的业务版图中占有重要的战略地位，也是京东金融最早启动的业务之一。目前已经拥有白条、金条、小白卡（银行联名信用卡）等产品。作为业内第一款消费金融产品，京东白条带动了整个互联网模式的新金融行业在消费金融领域的创新，在完成了对体系内平台的对接后，京东白条开始布局体系外消费场景，为消费者提供一次性信用贷款。现在，已经在旅游、安居（租房和装修）、教育（英语、职业培训等）、汽车（二手车类消费）、婚庆、医疗保健等领域实现全覆盖。

"白条"打通了京东体系内的 O2O（京东到家）、全球购、产品众筹，后又逐步覆盖租房、旅游、装修、教育等领域，从赊购服务延伸到提供信用贷款，覆盖更多消费场景，同时为更多消费者提供服务。京东金融推出了首款现金借贷产品"京东金条"，即为信用良好的白条用户量身定制的现金借贷服务，是白条信用在现金消费场景下的延伸。京东金条采用差异化授信和利率定价方式，提供最高授信额度 20 万元、最长分期 12 个月的现金借贷服务，按天计息，日利率不超过 0.05%。

"白条"作为京东钱包的一个重要频道入口，从线上走向了移动端的更多场景。此外，白条还与中信银行、光大银行合作，推出联名信用卡，又名"小白卡"。这是一款"互联网＋"信用卡，受到"90 后"年轻人追捧，也是众多年轻人的第一张信用卡，而这张卡进一步体现了白条在互联网与银行、线上与线下的信用连接器作用，专享银行＋互联网的组合权益。

京东白条产品系列包括：（1）白条赊购：在京东商城场景中，京东消费金融给用户提供赊销额度，由京东的应收账款给予支持；（2）白条信贷：白条从设立即对接体系外实体商户，通过小贷公司给用户提供个人信用贷款；（3）白条闪付：NFC（移动通信）技术和银联云闪付技术支持底层账户体系和银行账户打通。

京东的运作模式包括：第一，京东根据消费者在京东上的历史交易数据对其进行授信，授信额度在 6 000 元到 15 000 元；第二，消费者到京东商城进行消费；第三，如果消费者选购京东自营商品，支付环节京东内部完成，如果消费者选购第三方卖家的联营商品，由京东将贷款先行支付给第三方卖家；第四，京东或第三方卖家向消费者发货；第五，消费者按约定向京东还款。

京东白条模式的收益来自于消费者分期付款的手续费，京东白条服务有助于销售规模的提升，可以带来额外的利润。京东是实际风险承担者，消费者信用风险是主要风险。通过消费者交易数据对其授信是京东白条风险控制的关键。

京东白条的功能：盘活京东内部优质资源，"白条"对京东全球购、京东到家、京东产品众筹等平台进行对接，初步实现京东体系内消费领域的全覆盖；场景多元化，有头部商户合作。京东白条合作的商户主要是各行业的头部商户，例如，租房和自如合作，旅游和首付游合作等；输出风控构建征信生态，京东金融将大数据风控和风险定价能力输出到线下各个消费场景中，由此也不断积累足够丰富的用户金融数据，形成多层次征信生态。

图 7-4 京东白条"打白条"消费商城页面

【案例】

2017 年双 11 京东白条人均提额 2 800 元 50% 用户选购保险产品

经过 24 小时的疯狂抢购，一年一度的 11·11 购物节落下帷幕，作为京东"全球好物节"的坚强后盾，京东金融交出了一份亮眼成绩单。11 月 11 日 0 时到 1 时，白条支付交易额同比增长 450%，7 个小时白条支付交易额超上年 11 月 11 日全天；11 月 11

日 0 时到 12 时，京东支付订单同比增长 350%，支付峰值是上年同期的 5 倍。

据了解，京东金融旗下支付、消费金融、保险等多条业务线全面参战 11·11，通过支付立减、免单，白条提额、分期免息，消费类保险保障服务，铂金会员返现特权等多种方式，为用户带来快捷、安全、高效的金融服务。

值得注意的是，11·11 期间，京东金融联合品牌商共为用户节省 5 亿元，其中，白条用户通过分期免息节省了 3 亿元，京东支付累计立减 1 亿元。同时，白条用户平均提额幅度更是达到 2 800 元，有效提升了消费者的购买力。

资料来源：凤凰网，http：//finance.ifeng.com/a/20171112/15785445_0.shtml。

（四）百度消费金融

百度消费金融信贷业务以上海和重庆小贷公司为经营主体，目前已经将消费信贷服务有机嵌入教育、旅游、医美、家装等垂直行业生态及糯米、外卖、手机百度、百度文库等百度其他 O2O 商业生态中。此外，百度还通过人工智能、用户画像、账号安全、精准建模等国内领先的金融科技，为消费信贷业务提供支持。百度金融推出的消费金融服务品牌为"百度有钱花"。

"百度有钱花"业务类型包括分期业务、信用支付、现金借贷。"百度有钱花"教育信贷是"百度金融"与多家高校、教育培训机构联合推出的教育分期产品。百度金融已建立了完整的教育金融服务生态，教育贷资产已涵盖语言、IT 技能培训、职业资格培训、MBA 学历教育等主要业务种类。

"百度有钱花"教育信贷产品特点：（1）海量用户精准流量：20 多款用户量过亿移动端应用，覆盖 95% 的互联网用户，每天搜索请求达 60 亿。（2）全网数据精准挖掘：结合百度生态以及外部多元化数据优势，提供资金、输出金融服务能力。（3）商户管理平台接入：合作企业都可以开通接入百度金融商户运营管理系统，获得营销与

图 7-5　百度有钱花 APP 借款步骤

金融服务的整体解决方案。（4）消费金融开放平台：从产品设计、场景管理、获客、贷后管理等场景的消费金融开放共建平台。（5）实现远程异地预授信：学生可以凭借二代身份证进行全程APP的无纸化申请贷款。（6）审批速度快：依靠图像识别、数据风控技术、百度有钱花审批速度以秒为单位计算。（7）产品差异化：根据每一位用户所处的不同阶段，提供定制化的信贷产品。（8）合作机构丰富：合作机构已经包括山东蓝翔、北大MBA等近2 000家各类教育机构。

【案例】

近五成新蓝领倾向分期 百度有钱花布局万亿级市场

百度旗下信贷服务百度有钱花联合南京大学紫金传媒研究院、赶集网和清研智库，共同发布了2017年《新蓝领教育消费行为调查报告》。该报告显示，北上广深等城市的健身教练、房地产经纪人、美容美发师已步入万元高薪行列，一线城市高端俱乐部私人健身教练月收入可达2万~5万元，房产经纪人最高月薪可超2万元，美容美发师月入可过万元，中西餐烹饪师等职业月收入也逼近万元。据报告显示，"95后"新蓝领在学历水平、对技能培训的重视程度、超前消费观念等方面，较传统蓝领均有较大改变：新蓝领参与职业教育的意愿高达86.5%，近5成倾向于用分期付款的方式支付学费。

（五）乐信消费金融

乐信集团旗下包括品质分期购物平台分期乐商城、网络借贷中介服务平台桔子理财以及金融资产开放平台鼎盛资产；形成集成电商、智能风险管理、智能资产管理、网络借贷中介服务为一体的金融科技集团。截至2017年9月，乐信注册用户数已超过2 000万，实现了对校园、白领、蓝领等主流移动互联网消费人群的全覆盖。

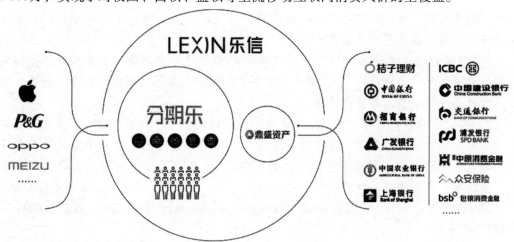

图7-6　乐信集团业务模式

分期乐于2013年8月成立，目前，分期乐已全面开放白领人群服务。桔子理财成立于 2014 年，主打真实、小微、安全，债权主要来自于乐信集团旗下的互联网消费金融业务。鼎盛资产成立于 2016 年 2 月，是乐信集团为合作方及用户提供资产管理等服务的资产管理公司。提前乐是乐信向普惠人群提供消费金融的子品牌。

消费前端，乐信电商平台定位青春时尚，通过与苹果、联想等多个一线品牌及京东合作，既保证了平台 SKU 的覆盖规模，又形成了稳定购买力。乐信集团网上商城品类丰富，包括 3C 数码、运动户外、洗护美妆、教育培训等，目前单月销售额突破 30 亿元人民币，与苹果、联想、三星、亚马逊等超过 30 家一线品牌达成合作，成为官方授权经销商。

债权处置后端，打造金融平台生态，降低资金获取成本。鼎盛资产是乐信旗下的互联网金融开放合作平台，打造海量小微的金融资产交易平台，服务于银行、金融机构、电商及其他合作伙伴，提供专业的技术研发、信用评估、资金供给、资产管理等一站式互联网金融服务，与合作伙伴携手打造长期共赢的消费金融生态。截至 2018 年 3 月，鼎盛资产已为 8 家资产平台、48 家资金平台提供了互联网金融服务，撮合融资金额超过 290 亿元。

乐信已经在上海证券交易所成功发行资产证券化产品。乐信还开发了一套 SPV 系统专门用于各类公募、私募资产证券化产品，通过 SPV 系统，合作方可以看到其项目下资产包债权明细等情况，实现了债权透明。

【案例链接】

分期消费市场多火？大学生：周围 90% 以上同学都用过

申请方式灵活、申请手续便捷、无须抵押担保、审批核准速度快，分期消费凭借这些特点迅速赢得年轻人青睐。以"90 后"为代表的群体，成长于互联网快速发展的时代，对新技术、新事物、新产品的接受程度较高，追逐高效、享受当下是他们的主要消费观，这一群体是分期消费的主力军。

"不夸张地说，我周围 90% 以上的大学同学都用过分期消费，衣食住行、休闲娱乐都可以通过分期消费解决。"王鹏是北京某大学的大三学生，早在刚入学的时候，他便开始使用分期消费，感觉很方便。

"今年，我报名托福培训班的钱就是用分期解决的。一个托福班要 3 万多元，直接向父母要，我有点张不开口。用了分期平台后，每个月我会从生活费中拿出一部分钱按期还款。虽然有一些利息，但我认为很值得。"王鹏说，分期消费在大学生中很普遍，大到购买电脑手机、教育培训，小到话费充值、电影购票，他们都喜欢选择分期。

资料来源：人民日报，http：//finance. people. com. cn/n1/2017/1027/c1004 - 29612284. html。

📖 本章小结

本章介绍传统消费金融与互联网消费金融的基本概念、特点、运作模式，并进行对比分析，同时详细介绍了互联网消费金融按照不同场景和提供的产品、不同资金提供者进行划分，配合典型模式在实际中的应用案例。在学习的过程中，有目的地引导学习者，从多方面来正确认识互联网消费金融的业务模式和存在的风险，通过对典型案例的分析，理解该行业未来的业务发展趋势和规范监管趋势。

✍ 想一想、练一练

◎ 思考题

1. 简述消费金融的概念。

2. 对比分析互联网消费金融多种模式。

3. 对比京东白条和天猫分期两项电商消费分期业务的异同。

4. 分析大学生消费业务的发展趋势。

◎ 实训题

1. 选择一家你熟悉的持有消费金融牌照的互联网消费金融保险机构网站，简要介绍其产品和服务、消费者特点以及销售模式。

2. 选择一家你熟悉的大学生分期平台，简要介绍其互联网金融产品和服务模式，用户特征以及盈利模式。

互联网金融系列教材
HULIANWANG JINRONG XILIE JIAOCAI

第 8 章

大数据金融

知识要点

✓ 大数据的内涵
✓ 大数据技术的特点和应用
✓ 大数据行业
✓ 大数据在金融行业的应用

案例导读

大数据与金融的幸福婚姻

随着大数据时代的来临，大数据的概念也得到了广泛的关注。目前，我国依然处在大数据发展的初级阶段，但是受到相关政策的推动，大数据行业的发展还是充满展望。预计未来 10 年，大数据金融行业将会迎来黄金增长期，大数据也将成为"大众创业、万众创新"的有力催化剂。

经过多年的发展与积累，目前国内金融机构所具备的数据量级别已经达到 100TB以上，并且非结构化数据量正在以指数式速度增长。另外，金融行业在大数据应用方面具有先天优势：首先，在业务开展过程中，金融机构积累了大量高价值密度的数据，比如客户的基本信息、资产负债情况、资金收付交易等，这类数据在基于大数据技术挖掘和分析之后，将产生巨大的商业价值；其次，金融机构具有较为充足的预算，可以吸引到实施大数据的高端人才，也有能力采用大数据的最新技术。整体上看，正在兴起的大数据技术将与金融业务呈现快速融合的趋势，给未来金融业的发展带来重要机遇。

据《中国大数据金融行业市场前瞻与投资战略规划分析报告》显示，2016 年我国大数据金融市场规模为 15.84 亿元；同时，随着政策逐步实施与落地，以大数据为核心手段、核心驱动力的产业金融，将迈入时代发展正轨成为主流趋势，预计 2018 年中国大数据金融应用市场会突破 100 亿元，金融业开始进入了大数据时代快车道。

8.1　大数据的定义

近几年，大数据发展迅速，成为了全球各国的关注热点。*Nature* 和 *Science* 等著名学术刊物相继出版专刊用来专门探讨大数据；著名管理咨询公司麦肯锡认为：数据已经渗透当今每一个行业和业务职能领域，成为重要的生产因素。人们对于大数据的挖掘和运用，预示着新一波生产力增长和消费盈余浪潮的到来；美国政府认为大数据是未来的新石油，对数据的占有和控制将成为综合国力的重要组成部分。显然，大数据已经成为了社会各界关注的新焦点。

大数据是一个新概念，英文中至少有三个名称：大数据（Big Data）、大尺度数据（Big Scale Data）和大规模数据（Massive Data），至今未形成统一定义。现阶段，三种比较重要的定义分别是：

属性定义：2011 年，国际数据中心 IDC 定义大数据：大数据技术描述了一个技术和体系的新时代，被设计于从大规模多样化的数据中通过高速捕获、发现和分析技术提取数据的价值。

比较定义：McKinsey 公司的研究报告指出：大数据是指超过了典型数据库软件工具获取、存储、管理和分析数据能力的数据集。该定义偏向主观，没有描述与大数据相关的任何度量机制，但是在定义中包含了一种演化的观点（从时间和跨领域的角度），说明了什么样的数据集才能被认为是大数据。

体系定义：美国国家标准和技术研究院 NIST 认为：大数据是指数据的容量、数据的获取速度或者数据的表示限制了使用传统关系方法对数据的分析处理能力，需要使用水平扩展的机制以提高处理效率。

此外，产业界、学术界等领域的相关人员都结合自己所处的行业背景对大数据的定义进行了更深入的探讨，例如，统计学家认为大数据是一切可以记录信号的集合。

一般认为大数据具有四个基本特征（即所谓 4V 特征）：Volume（数据体量庞大，数据量以 PB，EB，ZB 来衡量）、Value（数据量大但价值密度低，需要价值提纯）、Variety（数据类型多样化，不仅是结构化数据，还包括网页、社交网络、日志、音视频、图片、位置等数据，更多是半结构化数据和非结构化数据）、Velocity（数据产生和处理的速度快，时效要求高，不仅是静态数据，更多的是动态实时数据）。

8.2　大数据的分类

随着互联网化的普及以及移动设备的发展，数据的来源正在呈现多样性的发展趋势。与传统的数据源不同，丰富多样的数据使得数据并不容易被装载到数据库中，同时也让数据的转换和数据的分析计算过程变得更加复杂。那么生活中我们所接触的数据有哪些呢？比如说：

1. 互联网数据，如社交媒体、社交网络链接；

2. 研究数据，如调研数据、实验数据、观测数据、行业报告、消费者数据、商业数据；

3. 位置数据，如移动设备数据、地理空间数据；

4. 图像数据，如视频、图像；

5. 供应链数据，如供应商目录和报价、质量信息；

6. 设备数据，如传感器、遥测技术。

当然，数据的丰富性是难以想象的，也正是这些丰富多样的数据才造就了更多的信息价值。

根据大数据的表现形式与具体内容，可以将大数据划分为以下三类：

1. 记录数据，即记录的汇集，其中每个记录包含固定的数据字段（或属性）。例如，计量经济学中的横截面数据、文档数据、事务数据或购物篮数据。记录数据通常存放在平展文件或关系数据库中，属于结构型数据的范畴。

2. 基于图形的数据，包括带有数据对象之间联系的数据和具有图形对象的数据，如网页链接、化合物结构。

3. 有序数据，包括时序数据、序列数据、空间数据。例如，宏观经济指标序列、金融价格序列、基因组序列、词或者字母序列，同一时间点上从不同的地理位置收集的气象数据（PM2.5、温度、气压等）。

8.3 大数据技术

大数据技术是一代全新的数据科学领域的技术架构或模式，对数据量大、类型复杂、需要即时处理和价值提纯的各类数据，综合运用新的数据采集、存储、处理、分析和可视化等技术，提取数据价值，从数据中获得对自然界和人类社会规律深刻全面的知识和洞察力。

IBM 公司的大数据生态系统模型将大数据技术划分为：数据生成与获取、数据存储、数据处理、数据分享、数据检索、数据分析、数据可视化等 7 个部分，如图 8 - 1 所示。而麦肯锡的报告中认为大数据技术主要包括预测、数据挖掘、统计分析、人工

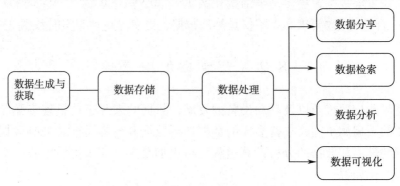

图 8 - 1　IBM 大数据生态系统模型

智能、自然语言处理、并行计算等方面的技术。本教材将从以下几方面详细介绍大数据技术。

8.3.1　数据生成和获取

在大数据生态系统中，数据生成的发展可以由数据的产生速率来描述。随着信息技术的快速发展以及互联网普及率的提高，数据的产生速率也在不断提速。如今，海量的数据来自我们日常生活所接触的行业领域，比如金融行业、互联网行业等。

随着大量数据的生成，人们开始关注到数据背后隐藏着巨大的信息。数据获取就是以数字形式将信息汇合，该过程主要分为以下三个步骤：数据采集、数据传输以及数据预处理。数据采集是指从现实生活中获得原始数据的过程，不准确的数据采集将会对后续的操作产生巨大的影响，甚至得出误导性的分析结论。那么同学们是否对身边的数据采集方式有所了解呢？

1. 传感器。传感器被经常用于测量物理环境变量并将其转化为可读的数字信号以待处理。比如，近些年，各大电子品牌相继推出运动手环，手环中往往包含一项功能是监测佩戴者的睡眠质量，佩戴者可以通过手机 APP 来查看整晚的睡眠情况。这种功能就是依靠加速度传感器收集的物理量分析。

2. 日志文件。日志是广泛使用的数据采集方法之一，由数据源系统产生，以特殊的文件格式记录系统的活动。几乎所有的数字设备上运行的应用日志文件都是非常有用的，例如，服务器通常要在访问日志文件中记录网站用户的点击、输入、访问路径等属性。

2. Web 爬虫。爬虫是指为搜索引擎下载并存储网页的程序。生活中，有时候个人通过手爬的方式去收集网站上的数据是非常困难的，不仅工程巨大，而且效率低下，因此爬虫技术得以快速发展。目前，存在很多第三方的爬虫软件，如八爪鱼，用户可以借助软件的力量收集一些有用的数据。当然，部分网站设置了非常严密的反爬技术。现实生活中，爬虫技术还是应用非常广泛的，如很多学者会通过爬取某众筹网站上各个众筹项目的详细数据来寻找影响众筹进度的因素。

采集后的数据会被传送到数据存储基础设施，并准备等待进行下一步处理的指令。数据传输过程主要可分为 IP 骨干网传输和数据中心传输。IP 骨干网传输可以提供高容量主干线路，将海量的数据集从数据源传递到数据中心，其传输速率和容量取决于物理媒体和链路管理方法。而数据被传递到数据中心之后，将在数据中心内部进行存储位置的调整以及其他方面的处理，该过程被定为数据中心传输。

数据集本身存在数据质量的差异，有些数据集的质量由于受到干扰、冗余等因素的影响，会失去一定的价值。而整个大数据分析应用过程中，对数据质量的要求非常高，因为只有好的数据集才能得到科学客观的数据分析结果。因此，数据预处理成为了提高数据质量的关键技术。目前，相对比较主流的数据预处理方式主要有三类：数据集成、数据清洗、冗余消除。

1. 数据集成是指在逻辑上和物理上把来自不同数据源的数据进行集中，并为用户提供一个统一的视图。该方法被较多的应用于数据库研究中，比如：数据仓库（ETL）。

2. 数据清洗是指在数据集中发现有误、缺失或者不合理的数据，并对这些数据进行修补或删除以提高数据质量的过程。虽然，数据清洗对随后的数据分析非常重要，但是数据清洗相对比较依赖复杂的关系模型，会带来额外的计算和延迟，所以需要找到数据清洗模型复杂性与分析结果准确性的平衡点。

3. 数据冗余是指数据的重复或者过剩的状态，一般大数据中或多或少都会存在数据冗余的问题。一旦数据集中出现了数据冗余的问题，就会降低数据可靠性，浪费数据存储空间等现象。为了降低数据冗余所带来的问题，数据冗余减少机制被广泛应用，其中包含冗余检测和数据压缩。

目前，数据分析工作者没有一个统一标准和单一的技术，用来对多样化的数据集进行数据预处理，都必须考虑每个数据集的特征、需要解决的问题以及其他因素，最后再综合选择合适的数据预处理方案。

8.3.2　数据存储和处理

大数据的存储及处理能力挑战

当前，我国大数据存储、分析和处理的能力还处于初级阶段，与大数据相关的技术和工具的运用也相当不成熟，大部分企业仍处于 IT 产业链的底层。我国在数据库、数据仓库、数据挖掘以及云计算等领域的技术，普遍落后于国外的先进水平，仍然处在一个初级阶段。

在大数据存储方面，数据的爆炸式增长，丰富的数据来源和数据类型，使数据存储量更加庞大，对数据展现的要求更高。而目前我国传统的数据库，还难以存储如此巨大的数据量。在大数据的分析处理方面，由于针对具体的应用类型，需要采用不同的处理方式，因此必须通过建立高级大数据的分析模型，来实现快速抽取大数据的核心数据、高效分析这些核心数据并从中发现价值，而这些数据分析能力我国还很欠缺。

因此，如何提高我国对大数据资源的存储和整合能力，实现从大数据中发现、挖掘出有价值的信息和知识，是当前我国大数据存储和处理所面临的挑战。

大数据处理和存储是当前最基础和应用最为广泛的大数据技术，最著名的当属 Apache Hadoop 系列开源平台，其由 Apache 基金会用 java 语言实现的开源软件框架。用户可以在不了解分布式底层细节的情况下，开发分布式程序，充分利用集群的特点高速运算和存储。通俗地讲，Hadoop 平台是能够推动企业内部的数据开放，能够让每个员工参与到报表、数据的研发过程，能够实现企业的数据共享，尤其是 Hadoop 队列、资源池、队列、任务调度器的机制，能让整个机型切换成多个资源，而不是以前的数据库，一层层地隔离去使用。现阶段，Hadoop 的主要应用场景在归档、搜索引擎以及数据仓库等方面，各个机构使用 Hadoop 不同的组件来实现企业的目的。

8.3.3 数据分析

数据分析是大数据技术领域最核心的部分。数据分析的结果，可以揭示潜在有价值的规律和结果，并可以辅助人们进行更为科学和智能化的决策。在大数据分析方面，除了传统的 BI 技术外，人工智能技术领域的很多技术方法为大数据分析提供了丰富多样的分析方法，包括统计分析、机器学习、数据挖掘、自然语言处理等。

（一）数据挖掘

随着信息技术发展和互联网的普及，人们积累的数据和信息呈现一种爆炸式增长的趋势，那么在海量数据背后，是不是会隐藏着一些有价值的信息呢？

1. 什么是数据挖掘。数据挖掘（Data Mining），又称为数据库知识发现（Knowledge Discovery from Database，KDD），它是从海量的、不完全的、模糊的、随机的实际应用数据中，自动提炼出人们感兴趣的东西，或者提炼并分析出不可轻易察觉或断言的信息，最后得出一个有用结论的过程。换句话说，数据挖掘是指在数据间发现一种关系（或指模式、知识）。

简而言之，其实数据挖掘是一种深层度的数据分析。而数据分析已经发展了很多年，具有丰富的运用历史，但是由于以往受到计算能力的限制，大数据量的复杂数据分析并没有取得突破性的发展。随着信息技术不断发展以及互联网普及率的提高，数据挖掘的快速发展有效地改变了"丰富的数据，贫乏的知识"的尴尬情况。

2. 数据挖掘过程。数据挖掘是通过自动或半自动化的工具对大量数据进行挖掘和分析的过程，那么数据挖掘的过程是怎么样的呢（见图 8 - 2）？第一步，数据挖掘工作者定义问题，这个步骤一般会包含分析业务的需求、定义问题的范围、定义模型的度量以及定义数据挖掘项目目标；第二步，相关人员需要做一些数据筛选得到有效数据，即目标数据集；第三步，则需要对目标数据集进行数据预处理，比如：异常值的处理、缺失值的处理等；第四步，对预处理后的数据进行转换；第五步，基于转换数据进行数据挖掘，得到有用的模式；最后一步就需要对模式进行分析得到知识。

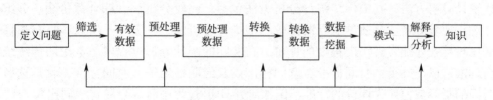

图 8 - 2　数据挖掘过程

3. 数据挖掘方法。目前，数据挖掘方法根据挖掘方式可以分为有监督学习和无监督学习。有监督学习包括分类模型和预测模型。分类模型用于预测数据对象的离散型类别，比如根据客户的"年龄""婚姻状况""收入情况"等属性取值来判定客户的信用水平，这是一个典型的大数据征信的分类问题。目前，数据挖掘工作者主要通过对已有的训练集（已知数据和其对应的输出）去训练得到一个最优的模型（该模型属于某个函数的集合，最优则表示在某个评价准则下是最佳），再利用这个模型将所有的输入映射为相应的输出，对输出结果进行简单的判断从而实现分类的目的，也就具有了对未知数据进行分类的能力。具体分类算法中典型的例子就是 K 最近邻分类算法（KNN）、支持向量机（SVM）。与分类模型不同，预测模型的目标变量是连续型变量，很多数据挖掘方法都可以被划分到预测模型中，包括线性回归、回归树、神经网络、SVM 等。

无监督学习是另一种研究较多的学习方法，它与监督学习的主要区别在于事先没有设定训练集，而需要直接对某批数据进行建模。无监督学习包括聚类分析和关联规则分析，聚类方法的目的在于把类似的东西聚在一块，但是并不关心该类是什么。因此，一个聚类算法通常只需要知道如何计算相似度就可以开始工作了。目前，聚类分析被应用于很多方面，比如商业上，聚类分析被用来发现不同的客户群，并且通过购买模式来刻画不同客户群的特征。而关联规则挖掘的目的在于，挖掘项目之间的内在联系。比如经典的"啤酒和尿布"的故事，年轻的父亲在给自己的孩子购买尿布的时候会再给自己买几罐啤酒，而超市通过对购物篮的分析发现这样的秘密，并采取捆绑销售的模式。

在大量数据中，有少量数据与其他数据的特征是有区别的，在数据的某些属性方面有很大的差异。它们被认为是数据集中的离群点，或者说是异常值。通常情况下，数据分析工作者会试图采取措施将离群点的影响最小化，或者说是直接删除这些数据。但是在某些领域，人们可能更加关注罕见事件的发生，比如反欺诈。

（二）统计分析

1. 什么是统计分析。统计分析就是基于数学领域的统计学原理，运用统计方法及与分析对象有关的知识，从定量与定性的结合上进行的研究活动。整个统计分析过程中包含了统计设计、数据的整理、数据的分析、预测分析以及撰写统计分析报告等。统计分析是整个统计工作的核心部分，是统计工作成果最重要的体现形式之一，是发挥统计整体功能的决定性因素。

2. 统计分析的方法。现阶段，统计分析使用的方法主要分为传统统计分析方法和现代统计分析方法，其中传统统计分析方法包括：比较分析法、综合评价法、分组分析法等。比较分析法是通过适当的比较标准进行分析的一种方法。所以，只有选择合适的比较标准才能客观作出科学的评价。在实际的统计分析过程中，常用的传统统计分析标准有以下几类：时间标准、空间标准以及经验标准等。时间标准，就是选择不同时间的指标数值作为评价的标准，例如研究 GDP 过程中时常会提到"同比"与"环比"，就是利用时间作为衡量标准来进行比较的。空间标准，顾名思义，就是选择不同空间的指标数值进行比较，例如，在研究一个地区的数字普惠金融指数的过程中，会将一个地区的数字普惠金融指数与全国其他地区进行比较分析。经验标准是指通过对一些历史资料的归纳总结而得出的标准，如衡量生活水平的恩格尔系数、衡量收入分配公平程度的基尼系数等。

综合评价法是在统计分析过程中经常使用的统计方法。由于用一个指标难以客观的评价一个事物，需要综合考虑多个层面、用多个指标来评价，这样的评价结果显得更加的科学。因此，综合评价法就理所当然的诞生了。该方法通过将多个指标转化为一个能够反映综合情况的指标来进行评价。目前，该方法被用于很多场景，例如 2015 年北京大学发布的数字普惠金融指数，2017 年腾讯发布的中国"互联网＋"数字经济指数。

2015 年北京大学发布的数字普惠金融指数

2013 年党的十八届三中全会上，第一次将普惠金融写入党的决议，以此为背景，发展普惠金融成为推动传统金融改革、提供全方位金融服务的重要保障。2015 年 3 月，《政府工作报告》再次提到大力发展普惠金融。现阶段，普惠金融没有充分考虑到互联网金融及其带来的数字普惠金融的优势。为了科学、准确地刻画我国数字普惠金融的发展现状，并考虑数字普惠金融的特征，北京大学互联网金融研究中心、上海新金融研究院和蚂蚁金服集团组成联合课题组，

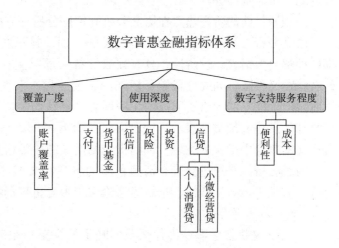

数字普惠金融指标体系框架图

利用蚂蚁金服关于数字普惠金融的海量数据，编制了这套"北京大学数字普惠金融指数（2011—2015）"。指数的空间跨度包含省级、城市和县域三个层级，时间跨度覆盖 2011 年至 2015 年，并在总指数基础上，从不同维度细分数字普惠金融指数，如覆盖广度、使用深度和数字支持服务程度，以及支付、保险、货币基金、征信、投资、信贷等业务分类指数。

现代统计分析方法是基于概率论与数理统计学科基础上的一种科学的数据分析方法。随着信息时代的快速发展，人们借助计算机强大的计算能力，通过统计建模的方法来揭示事物之间的联系。常用的现代统计分析的方法有：回归分析、聚类分析、判别分析、典型相关分析、主成分分析、因子分析等。

3. 统计分析软件。在该领域，经典的统计分析工具是 R 语言的工具包。R 语言是新西兰奥克兰大学的 Ross Ihaka 和 Robert Gentleman 教授为了方便统计课程教学，共同发明的基于 Scheme 和 S 语言的一种语言。R 是开源的统计分析软件，提供了丰富的经典统计分析算法和绘图技术，包括线性和非线性模型、统计检验、时间序列分析等算法。而 Purdue 大学的 RHIPE 是一个 R 和 Hadoop 的集成编程环境，用于在 Hadoop 大数据处理环境下，应用 R 语言进行数据挖掘分析，该环境将 R 语言算法移植和集成到了

Hadoop 的并行处理环境下，对大数据进行统计分析。

（三）自然语言处理

自然语言处理（NLP）是基于计算机科学和语言学，利用计算机算法对人类自然语言进行分析的技术，属于计算机科学领域与人工智能领域中的一个重要方向。其关键的技术涉及词句法分析、语义分析、语音识别以及文本生成等。很多自然语言处理算法都是基于机器学习的方法。该技术领域典型的应用就是基于社交媒体对语言的情感进行分析、法律领域的电子侦查，其他应用还包括欺诈检测、文本分类、信息检索和过滤、机器翻译等。

该领域目前的研究热点在语义分析和情感分析等方面。

语义分析，是对信息所包含的语义的识别，并建立一种计算模型，使其能够像人那样理解自然语言。现阶段，具有代表性的大规模文本语义分析研究主要是基于统计的经验主义方法，如线性代数、矩阵论、统计和概率理论等数学理论。该类方法将文本看做一个独立的词语所形成的无序词袋（即认为文档就是一个词的集合），利用词语的统计信息将大量文本表示为词语向量集合或者词语与文本的某种概率关系，并据此分析文本集合中隐含的主题、词间潜在的语义结构等语义信息。

情感分析，是通过对带有情感色彩的主观性文本进行分析、处理、归纳和推理的过程，如从 Twitter、微博、论坛等评论文本中分析投资者对"证券交易"的情感倾向。

（四）机器学习

1. 什么是机器学习。为什么我们晚上抬头望星空时，一旦发现星星居多的时候，会认为第二天的天气应该不会下大雨呢？我们去菜市场买西瓜时，经常会用手敲击西瓜来判断是否为好瓜呢？这是因为在我们的生活中已经遇到过很多次类似的情况，积攒了丰富的经验，才能作出有效的判断。机器学习正是这样的一个领域，主要研究如何通过计算的方法，利用经验来改善和提升系统自身的性能。在大数据时代，这里的经验指的是海量的数据，机器学习所研究的主要内容就是指基于数据通过计算机构建模型的算法，即学习算法。有了学习算法之后，假设把数据放进算法里运行，算法能够基于数据集产生一个模型，该模型在面对新的情况出现时，模型会基于经验给出一个相应地判断。

2. 典型机器学习方法。决策树是常见的机器学习方法之一。如果以二分类任务为例，我们希望从给定的训练集学到一个合适的模型从而用以对新的数据集进行分类，这个把样本分类的任务，可以看做是对"该客户会违约吗？"这个问题的判定过程。因此，决策树是基于树结构来进行判定或者决策的。生活中这样的决策还有很多，比如，你要对"这是一双正品篮球鞋吗？"这样的问题进行决策时，通常你自己会进行一系列的判断或"子决策"：你会先看"鞋子的质感怎么样"？如果质感完美，则你会再看"鞋标怎么样"？如果是标准鞋标，你再判断"鞋子的脚感又是如何？"，最后你会根据你的经验得到最终决策：这是双正品篮球鞋。

神经网络学习是一种模仿人脑信息加工过程中的智能化信息处理技术，其中有代表性的模型主要为：BP 神经网络、模式神经网络和概率神经网络等。神经网络对数据的要求不严格，能够在数据结构不太清楚的情况下进行相关的数据处理。同时，神经网络是一种自然非线性建模过程，换句话说，也就是变量与变量之间不需要相互独立或线性相关的条件假设。

支持向量机（SVM）的基础是统计学习理论，最早由 Vapnik 等人在 1995 年提出。该方法是一种监督学习方法，主要用于数据分析、模式识别，分类分析和回归分析。首先，最简单的 SVM 固然是一条线，这是无数条用来分类的直线中最完美的一条，即它恰好在两个类的中间，距离两个类的点都一样远（见图 8 - 3）。当然如果继续推广，支持向量机的主要思想可以定义为是建立一个超平面作为决策，使得不同类别之间的隔离边缘最大化。通过

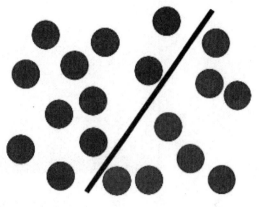

图 8 - 3　SVM 分类效果图

非线性变换，支持向量机将输入空间（即低维空间）的非线性问题转化到一个高维空间，甚至是一个无限维空间的线性问题，其中非线性变换是通过核函数实现的，最后在高维空间求取最优分类面，比较好的实现了维最小的问题。同时，支持向量机方法通过内积计算有效解决了维数过高问题，有较好的推广能力和非线性处理能力。

8.3.4　数据可视化

（一）什么是数据可视化

数据可视化是大数据分析的重要方式之一，其主要运用了计算机图形学、图像、人机交互等技术，将采集的数据或者模拟数据以可以识别的图形、图像、视频以及动画呈现，并允许用户对数据进行交互分析的理论方法和技术手段。

数据可视化的发展，将原本难以描述清楚的现象转换为直观的图形符号，并从中挖掘规律和发现知识。已有的统计分析方法或者数据挖掘方法对复杂的数据进行了简化和抽象，隐藏了数据集真实的结构。而数据可视化却可以做到还原乃至增强数据中的整体结构和具体细节。那么从图 8 - 4 美国苹果公司的股价走势及成交量变化，你可以得到哪些信息呢？

（二）数据可视化的分类

现阶段，主要将数据可视化分为以下三个分支：信息可视化、科学可视化和可视分析。信息可视化更加偏重于在有限的空间里，通过可视化图形呈现数据中隐含的信息，其中数据主要是处理非结构化、非几何的抽象数据，如股票交易数据、社交网络和文本日志数据等；科学可视化是可视化领域发展最早、最成熟的一个学科，主要面向物理、气象气候、化学、生物学、医学等自然科学领域中的数据和模型的解释、操作与处理；而可视分析被定义为一门由可视交互界面为基础的分析推理科学，其主要

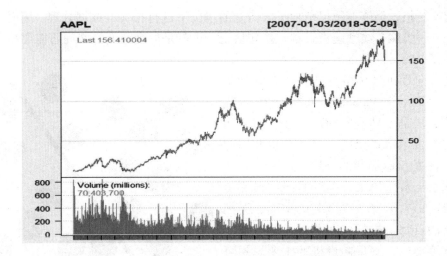

图 8 - 4　美国苹果公司的股价走势及成交量变化

综合了图形学、数据挖掘和人机交互等技术，其产出物是可以供分析师使用的分析系统。

（三）数据可视化流程

在实际应用过程中，数据可视化的流程大致可以分为：原始数据的转换、数据的视觉转换以及界面交互（见图 8 - 5）。为了满足用户的需求，让普通用户能够了解数据、认识数据，数据可视化工作组会尽可能地将可视化效果达到最优，而该过程可以认为是一个不断修改，反复完善的过程。例如，国内某公司为了根据银行区域性风险构建可视化模型，但是评审组认为最终的可视化效果没有达到预期效果，那么数据工程师将会返回到挖掘过程，改变数据的维数、排列等；又或者返回到修饰阶段，修改可视化图形的颜色、大小、透视度等属性。

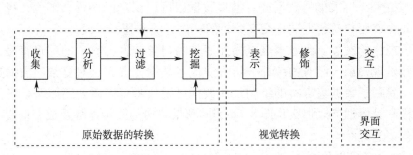

图 8 - 5　数据可视化流程图

（四）面向大数据的信息可视化技术

随着大数据的兴起与发展，信息可视化技术在大数据可视化中扮演的角色越发重要。根据信息的特征，信息可视化技术被划分为：一维信息可视化、二维信息可视化、三维信息可视化、多维信息可视化、层次信息可视化、网络信息可视化以及时序信息可视化。现阶段，由于互联网、社交网络、企业商业智能等众多领域的发展，逐渐产生了一些特征鲜明的信息类型，如文本数据、网络数据、时空数据以及多维数据等。围绕着这些数据类型，提出了很多信息可视化新方法、新技术。

1. 文本可视化。大数据时代，文本数据是非结构化数据类型的代表，是互联网中主要的信息类型，也是物联网各种传感器采集后生成的主要信息类型。

日常生活中，我们每天接触最多应该就是计算机了，而计算机中的电子文档就是以文本形式存在的。文本可视化的意义在于，能够将文本中蕴含的语义特征直观地展示出来，如词频、重要性排序、逻辑结构、动态演化规律等特征。

文本可视化技术的典型代表是标签云（见图8-6），将关键词根据其出现的频率或者是其他的规则来排序，并且按照一定的规律进行布局，

图8-6 标签云

用大小、颜色、字体、透明度等字体属性对关键词进行可视化。目前，行业内大多采用通过字体的大小来对关键词的重要性进行可视化呈现，图8-6中单词"Like"的重要性要远比其他单词重要。当然文本可视化技术还存在其他优秀代表，如文本的语义结构可视化技术。

2. 网络可视化。网络关联关系是大数据中最常见的关系，比如互联网与社交网络。同时，层次结构数据也属于网络信息的一种特例。基于网络节点和连接的拓扑关系，直观地将网络中潜在模式关系展现出来，如节点或边的聚集效应，属于网络可视化中主要内容之一。对于包含大量节点和边的网络，如何在有限的屏幕空间中将其进行可视化，则是大数据时代面临的重难点。除了对静态的网络拓扑关系进行可视化外，大数据相关的网络往往具有动态演化特征。因此，如何对动态网络的特征进行可视化，也是不可或缺的研究内容。

3. 时空数据可视化。时空数据是指具有空间地理位置与时间效应的数据。而随着传感器以及移动终端的快速普及，时空数据也成为了大数据视角下典型的数据类型。为了反映信息对象随时间进展与空间地理位置所发生的行为变化，通常通过信息对象的属性可视化来展现。流式地图（Flow map）是一种典型的方法，即通过将时间事件流与地图进行融合。图8-7就是利用流式地图对1864年法国红酒出口情况进行了呈现。

4. 多维数据可视化。多维数据指的是具有多个维度属性的数据变量，其广泛存在于基于传统的关系数据库以及数据仓库的应用中，如商业智能系统。多维数据分析的目标是挖掘与分析多维数据的分布和模式，并揭示不同维度属性之间的潜在信息。

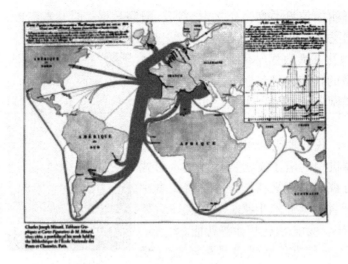

图 8 – 7　1864 年法国红酒出口情况

8.4　大数据行业

8.4.1　大数据产业链

据贵阳大数据交易所发布的《2016 年中国大数据交易产业白皮书》数据显示，2014 年，中国大数据产业规模大约为 1 038 亿元，2015 年产业整体规模达到 1 692 亿元。2017 年 1 月 17 日，工信部公布《大数据产业发展规划（2016—2020 年)》，提出到 2020 年，我国大数据相关产品和服务业务收入突破 1 万亿元，培育了 10 家国际领先的大数据核心龙头企业和 500 家大数据应用及服务企业。随着大数据应用范围的不断扩大，大数据所形成的价值正在快速提升，其产生与应用则是一个庞大的产业，产业链上的每个角色都有自己的使命。

产业链是产业经济学中的概念，是各个产业部门之间基于一定的技术经济关联，并依据特定的逻辑关系和时空布局关系客观形成的链条式关联关系形态。一般而言，大数据产业链可以划分为：资源、技术和应用。其中每个部分对应的产业链角色如表 8 – 1 所示。

表 8 – 1　　　　　　　　　　　　　大数据产业链

资源	大数据源的所有者	大数据全产业链的参与者
技术	大数据管理工具供应商/技术型大数据企业	
应用	大数据应用工具/服务供应商、应用型大数据企业	

资源，即大数据源的所有者。大数据资源未来将是企业价值的重要载体。互联网公司、金融机构、诸多的传统与新兴企业每天都在生产和存储着海量的数据资源，这些数据资源就是企业未来发展的重要价值所在。

互联网公司、电信运营商、金融机构享有庞大的数据入口，具有先天的大数据优势。互联网公司在许多年的发展中，已经积攒了海量数据，以及存储与管理数据的经验。而电信运营商与金融机构不仅拥有多年数亿用户的信息，而且这些信息大多真实可靠、质量很高。政府机构也拥有海量公众数据，但目前为止，它的非营利性质决定了政府机构无法参与产业链竞争，只能成为纯粹的数据提供者。

技术，是提供数据集成、处理、分析、挖掘等技术的大数据管理工具供应商。大数据处理系统一般需要经过数据准备、数据存储与管理、计算处理、数据分析四个环节，在这些环节中，产业链又可以划分成为硬件、基础软件、分析服务、数据安全四大类。国内外大数据技术型企业典型代表如表 8-2 所示。

表 8-2　　　　　　　　　　大数据技术型企业典型代表

产品环节	国外代表企业	国内代表企业
硬件	IBM、HP、EMC	同有科技、海康威视、浪潮信息、中科曙光、宏衫科技、华为
基础软件	Cloudera、MongoDB	东方通、金蝶国际、中标软件
分析服务	Taleau、Palantir、Splunk	东方国信、东方通、天源迪科、拓尔思、弱信源
数据安全	DataGuise、Imperva	绿盟科技、启明星辰、卫士通、奇虎

资料来源：申万宏源研究。

应用，可以理解为大数据应用工具/服务供应商。数据应用型企业位于大数据产业链的下游，通过对开放数据的运用或与数据资源型企业的合作实现大数据价值挖掘后的变现。相比资源型与技术型企业，应用型企业以新兴创业公司为主，先天带有互联网基因，专注于解决行业痛点，是实现大数据商业化的关键一环。

大部分大数据金融公司，都属于大数据产业链中的"应用"层，因为"大数据金融"本身，就是"大数据+金融"两个产业相互作用的结果，实质上就是大数据在金融行业内的开放和应用。案例中服务于金融机构的大数据金融公司，它们擅长将金融和非金融领域的大数据进行分析应用、商业化、换取价值，降低金融业务的风险和成本，提高金融服务的质量和效率。

8.4.2　大数据行业面临的风险

目前，国家关于大数据和大数据行业发布的通知、意见和法律法规主要包括：

1. 《国务院关于印发促进大数据发展行动纲要的通知》（国发〔2015〕50 号）：推动大数据发展和应用，在未来 5～10 年打造精准治理、多方协作的社会治理新模式，建立运行平稳、安全高效的经济运行新机制，构建以人为本、惠及全民的民生服务新体系，开启大众创业、万众创新的创新驱动新格局，培育高端智能、新兴繁荣的产业发展新生态。

2. 《国务院办公厅关于运用大数据加强对市场主体服务和监管的若干意见》（国办发〔2015〕51 号）：为充分运用大数据先进理念、技术和资源，该意见认为通过大数据可以加强对市场主体的服务和监管，推进简政放权和政府职能转变，提高政府治理能力。

3.《贵州省大数据发展应用促进条例》：是我国首部大数据地方法规。该条例认为大数据发展应用应当坚持统筹规划、创新引领，政府引导、市场主导，共享开放、保障安全的原则。该条例开了全国大数据立法先河，在诸多方面进行了积极尝试和有效探索。

4. 工信部《大数据产业发展规划（2016—2020 年)》：发展数据交易技术，开展数据交易基础通用标准的研制，研究制定数据流通交易规则，开展第三方数据交易平台建设试点示范。

大数据行业面临的风险主要包括以下三个方面。

1. 政策法律风险。由于互联网金融交易具有便捷、快速、隐蔽的特性，监管部门调控和监管的难度加大，基于大数据开发的金融产品和交易工具更是对监管部门提出了挑战。随着监管部门陆续对针对性问题提出规范，说明互联网金融监管已提上议程，如果监管机构规范互联网金融的发展，限制大数据技术的使用、或是对其使用进行直接干预，其潜在风险是非常巨大的。

2. 数据安全、信息安全风险。数据价值随着开发程度增加而递增，随着大数据的应用，针对金融数据的犯罪渠道愈加开放、成本愈加低廉，数据安全问题的严重性愈发突出。一方面，技术漏洞的存在导致恶意攻击不断，数据泄露、信息被窃取的事故频发；另一方面，海量数据产生的利益诱惑，已经引起不法分子的注意，大数据灰色产业链涉及黑客、广告商、中介及诈骗团伙等从中牟利的团体。

2017 年 3 月，有淘宝电商出售"58 同城简历数据"，一位淘宝店主表示，"一次购买 2 万份以上，3 毛一条；10 万以上，2 毛一条。要多少有多少，全国同步实时更新"。而其他店主则表示 700 元买一套软件可以自己采集 58 同城的数据，有效期长达一个月。诸如此类的事件层出不穷，数据安全和信息安全的维护是大数据行业发展过程中必须要解决的问题。现在，大数据企业也正在努力减少这一方面的风险，如采用"隔断式"安全技术架构，将数据应用与物理层完全隔离，使个人信息不可追溯，保护隐私数据。

3. 隐私权、著作权、知情权的侵犯。大数据并不意味着无限制收集，用户对自身信息的采集和使用的知情权和控制权首先必须得到尊重。银行传统数据库采集用户的基本身份信息，是得到用户本人许可的；而互联网金融数据库采集的是用户更深一步的信息，譬如性格特征、消费习惯、兴趣爱好等，则是单方面自主收集，很多大数据公司都没有经过用户授权。[①]

当然，大数据行业的风险是可以在法律的不断完善和大数据企业的自觉配合下逐步减轻的。比如，阿里巴巴启动数据的权属保护及个人信息保护研究，核心措施就是对数据进行分类，确定权属，同时对其中相关主体的权益进行保护，在规则确定的基础上才能把数据通过交换和利用处理的方式利用起来。另外，为保障网络信息依法有

---

① jhying. 大数据的"触网"风险［EB/OL］. http：//www. 88mf. com/hulianwangjinrong/6990. html.

序自由流动，防止公民个人信息被窃取、泄露和非法使用，2017 年 6 月开始执行的
《网络安全法》提出了保障网络数据安全的具体制度设计。[①]

8.5 大数据在金融行业的应用案例

案例一：在网商银行，大数据风控通过原始数据、中间层数据、应用数据集市、
基础数据模型、业务数据策略、数据决策引擎六个层次完成，最终为业务平台服务。

业务平台	营销平台	用户服务平台	银行商业平台		—	
	支付平台	融资平台	理财平台		保险平台	
数据决策引擎	基于OOPS的通用云数据决策系统					
业务数据策略	身份识别	需求分析	反欺诈 反洗钱	第三方 资产评估	数据服务	
	授信准入	用户获赔				
	风险控制	直销优惠				
基础数据模型	信用评分	用户		用户图像		
应用数据集市	基于中间层数据的衍生指标					
中间层数据	主层数据	地址库	商品库	中间层		—
原始数据	淘宝/天猫	支付宝	B2B	政府机构	垂直电商	金融机构	—

图 8-8　网商银行大数据与风控层次结构图

从网商银行的大数据风控层次结构中可以看出，通过海量的原始数据，先生成基
础数据模型，然后再将基础数据模型搭建成各个风控手段和方法。可以看出，大数据
对银行的应用，并不是独立的，而是相互支持的。

案例二："法海风控"是北京鼎泰智源科技有限公司旗下金融风控品牌，为金融机
构提供贷前风险信息查询、贷中高精数据建模、贷后风险预警监控等全流程风险管控
解决方案。

法海风控的"智能风险报告系统"可自动识别涉诉、工商、舆情等领域风险，标
注风险等级，提供可嵌入客户业务系统的智能化风险报告服务。

"风险预警监控系统"可对信贷业务全流程进行风险预警及管控，每天扫描 300 万
网站频道，智能分析风险事件，精准触发预警信号，有效降低客户贷后风险，提供高
效的闭环预警管理服务。

法海风控现在服务于工商银行、中国银行、平安科技、支付宝、京东金融等机构。
可以看出，大数据在金融行业的应用是相似的，多为数据分析、风险预警等，但其中
的数据来源和技术手段多种多样，能够服务的金融机构也十分多样。

金融业是一个与信息服务高度相关的行业，而数据一直是信息时代的象征，金融

---

① 2015 网规研究大会：大数据时代需要政策法规环境创新［EB/OL］. http：//www.hui.net/news/show/id/
1959.

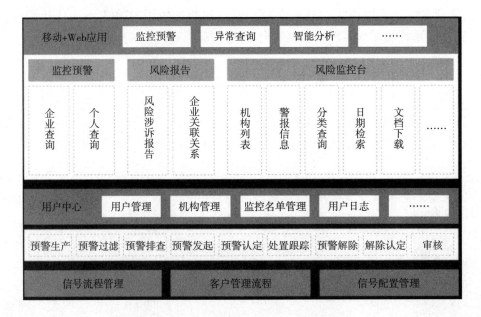

图 8 - 9　法海风控—风控监控预警平台

业一方面是大数据的重要生产者，另一方面也高度依赖于信息技术。在"互联网＋"时代，对于金融业而言，数据作为金融的核心资产，将可能撼动传统用户关系和抵质押品在金融业务中的地位。

随着互联网技术、互联网金融的兴起，80％的长尾用户逐渐参与到金融活动中，金融用户量和用户范围大大增加、金融产品形式日益丰富，无论是传统金融行业，还是新兴的互联网金融模式，在用户金融消费行为、用户征信、风险控制等方面都提出了更高的要求，这些要求可以通过大数据技术寻求新的解决方案。

大数据金融，是指大数据对于互联网金融是指依托于海量、结构或非结构化的数据，通过互联网、云计算等信息化方式，对数据进行专业化的挖掘和分析，并与传统金融服务相结合，高效地开展相关资金融通工作。大数据金融是互联网金融发展到一定阶段的产物，也是传统金融行业的发展趋势。

8.5.1　大数据与金融

我国的金融体系中，银行一直占有决定性的位置。除银行外，证券公司、保险公司、基金公司、信托公司等投资机构在金融运行中有着不可替代的作用，随着我国金融体系改革的深化，金融体系内的每一个角色都需要进行全方面的改革优化，迎来新的使命。

传统金融行业坐拥海量用户数据多年，经过多年的发展与积累，目前中国的大型商业银行和保险公司的数据量已经达到100TB以上级别，并且非结构化数据量在迅速增长。但由于这些数据没有得到很好地得到应用，并没有产生很大的价值。

现在，有了大数据技术之后，传统金融行业也可以使用大数据技术，或者交给专业的大数据金融公司处理，充分利用和挖掘其数据中的信息，以帮助进行个性化营销、信用评估、风险定价等多方面的金融活动，以降低成本、提高效率、提高收益、优化资源配置，甚至带来金融行业的改革。

大数据能够解决金融领域海量数据的存储、查询优化及声音、影像等非结构化数据的处理。金融系统可以通过大数据分析平台，导入用户社交网络、电子商务、终端媒体产生的数据，从而构建用户画像。依托大数据平台可以进行用户行为跟踪、分析，进而获取用户的消费习惯、风险收益偏好等。针对用户这些特性，银行等金融部门能够实施风险及营销管理。

在大数据金融领域内，每个大数据金融企业所服务的对象各有不同，有的企业专门服务于银行，有的企业也服务于证券、保险行业，有的企业可利用自己的数据和技术服务于全金融业甚至更多的行业。表8-3展示了一些大数据金融企业的服务对象。

表8-3　　　　　　　　　　一些大数据金融企业的服务对象

案例企业/产品	主要服务的金融对象	服务内容
芝麻信用	全金融行业	个人征信信息
法海风控	银行	贷前、贷中、贷后风控、反欺诈等
橙信大数据	银行	征信、风控、贷后监控等服务
九次方大数据	银行、互联网金融公司、基金、证券等	征信、用户画像、数据平台搭建等
中国保信	保险	共享保险业务数据资源
文思海辉	银行	IT 解决方案
中诚信征信	全金融行业	企业、个人征信信息
荣之联	证券	用户数据挖掘分析服务等
GEO 集奥聚合	全金融行业	用户画像、APP 分析等

目前大数据与金融的结合还处在发展初期，即大数据金融发展刚刚起步，处于第一阶段，有关大数据金融的公司在创业热潮的推动下在全国各地萌生出来。不同的金融机构和金融领域，有相同一致的需求，也有着不同的个性化需求，而大数据金融发展的第一阶段的主要目标正是试图用现有数据和技术满足它们的需求。

首先，所有的金融企业都有重建 IT 系统的需求。金融企业信息化水平较其他行业和企业更高，IT 系统和所携带数据的体量也比其他企业大，IT 方面的投资也非常多，已经建成使用的各类系统也很多。但通常各类系统由于数据无法直接交换、通信障碍等各种原因，并没有被充分利用起来，其中的数据更是直接被浪费。在大数据和云计算时代到来后，统一、灵活、个性化的 IT 系统和 IT 架构是金融企业所追求的，他们希望自身的 IT 系统在满足业务需求的基础上，可以成本更低，同时也可以产生更多的效益。所以，在表8-3中可以看到，有的大数据公司是专为金融企业设计内部 IT 系统，提供整体系统解决方案的，这就是为金融企业设计新的 IT 架构和资源配置方式，帮助金融企业降低成本、提高效率。

其次，所有的金融企业都会有针对性营销的需求。随着金融体系的不断开发、社会资本的引进、互联网金融的繁荣，传统金融企业面临着越来越激烈的竞争。金融业也是服务行业，尤其是银行、证券、保险、基金公司等，非常需要用户的支持，如何获取用户、如何保持用户、如何提高用户的满意度和忠诚度成为了它们的重要关注点。大数据公司通过大范围的用户信息搜集、用户画像等技术，为金融企业提供针对性营销的对象和办法，可以帮助金融企业在营销方面提高效率和准确度。

最后，不同的金融企业有自己的个性化需求。目前服务于银行的大数据（金融）公司最多，服务内容以提供个人/企业征信信息、贷前审核、贷后控制、贷款风险预警为主。关于保险，目前除了中国保信提供信息共享平台外，其他公司暂不可考，但保险公司对数据的要求同样很高，尤其在保费计算、保单核算、理赔审核等方面。为证券和基金公司提供的服务，目前也停留在营销、用户管理方面，未来可能在产品设计、风险定价等方面对大数据技术有着新的期待。

8.5.2 用户画像

（一）用户画像的概念

交互设计之父 Alan Cooper 最早提出了用户画像（persona）的概念，认为"用户画像是真实用户的虚拟代表，是建立在一系列真实数据之上的目标用户模型"。以互联网用户画像为例，它是根据用户在互联网留下的种种数据，主动或被动地收集，最后加工成一系列的标签。图 8－10 以母婴、化妆品用户画像为例。

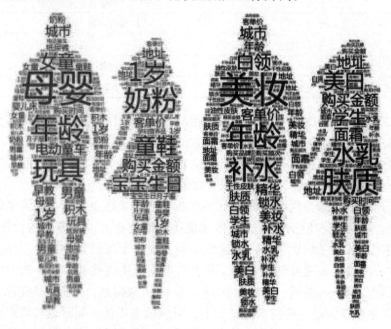

图 8－10　形象的用户画像

用户画像技术有以下作用。

精准营销：这是互联网金融运营最熟悉的玩法，从粗放式到精细化，将用户群体切割成更细的粒度，辅以短信、推送、邮件、活动等手段，驱以关怀、挽回、激励等策略。

数据应用：用户画像是很多数据产品的基础，比如推荐系统、广告系统。广告投放基于一系列人口统计相关的标签，性别、年龄、学历、兴趣偏好、手机等。

数据分析：用户画像可以理解为业务层面的数据仓库，各类标签是多维分析的天然要素，数据查询平台会和这些数据打通。

（二）用户画像在金融行业的应用①

1. 银行。客户是银行最宝贵的资源，对银行竞争力的提升发挥着举足轻重的作用。银行用户画像是指利用数据对个人或者企业用户形成一个完整、形象的解释，如你在某银行有个人账户，银行通过对你个人账户和个人信息的分析，得出你的资产情况、消费能力甚至兴趣爱好等。银行可利用用户画像对用户进行针对性地了解和营销，事半功倍。

用户画像主要分为个人用户画像和企业用户画像。

个人用户的完整画像，至少需要包括个人的统计学特征、资产状况、消费能力、兴趣、风险偏好、所从事行业情况等。对于大数据而言，首先是要确定搜集哪些个人数据。

银行所拥有的内部数据往往是局限的、分散的，如一个信用卡用户，银行只能片面的知道他的信用卡流水，而他的兴趣爱好、对金融服务的额外需求都很难得知。所以在银行利用大数据对用户进行画像之前，还需要搜集一些外部数据。这些外部数据可以包括：（1）用户在社交媒体上的行为数据（如光大银行建立了社交网络信息数据库）；（2）用户在电商网站的交易数据，如建设银行建立善融商务电商平台，将自己的电子商务平台和信贷业务结合起来；（3）其他有利于扩展银行对用户兴趣爱好的数据，如吉奥聚合、百分点等大数据公司提供的互联网用户行为数据等。

企业用户的画像，需要包括企业的历史借贷数据、生产、财务、销售、物流、上下游产业链、国内外市场空间以及市场消费能力等。其中产业链上下游数据、企业及企业主和其他企业的内部关系等都十分重要，在传统的银行信贷中，这些数据是很难被掌握的。如果银行掌握了企业所在产业链上下游的数据、用户关系数据，就可以更好掌握企业的外部环境发展情况，从而可以预测企业未来的状况，阻止担保链等一系列风险。

提供了用户准确的画像以后，银行就可以根据个人和企业当前的实际情况进行有针对性的精准营销，为用户推荐个性化、实时性的产品，也可以提供交叉营销以及用户生命周期管理。

在用户画像的基础上银行可以有效开展精准营销。

（1）交叉营销和实时营销。交叉营销是指不同业务或产品的交叉推荐。如浙商银

---

① 用户与客户：在互联网行业，"用户"是对消费者习惯性的称呼；在金融行业，对消费者习惯性的称呼是"客户"。本章提到的用户等同于客户，词语使用会随着语境不同产生变化。

行分析用户的交易记录和交易对象，有效地识别小微企业用户，对其进行企业网银等产品的交叉推荐。实时营销是指根据用户的实时状态进行营销。如某用户的生日临近，银行可以向其营销贵金属产品。

（2）个性化推荐。银行根据用户的喜好进行服务或者产品的个性化推荐。如根据用户的职业、年龄、工资水平、资产规模、理财偏好等，对用户群进行精准定位，分析出其潜在金融服务需求，进而有针对性的营销推广。

（3）客户生命周期管理。客户生命周期管理包括新客户开发、客户关系维护、大客户管理、客户防流失和客户赢回管理等。

2017 年 8 月，招商银行携手 SAS 以"招商银行智慧营销平台项目"联合荣获《亚洲银行家》2017 年度"中国最佳客户关系管理项目（Best CRM Project）"大奖。[①] 招商银行一直围绕"一个客户视角看银行"和"一个银行角度看客户"来开展各项工作，不仅精准探索客户金融需求（财富管理、消费融资和支付结算），而且挖掘客户的非金融生活需求（衣食住行），让招商银行成为客户的金融帮手和生活助手；同时，实现了线上线下客户体验一体化，建立了短信、电邮、客户经理、远程银行、手机银行等在内的全渠道协同流程。

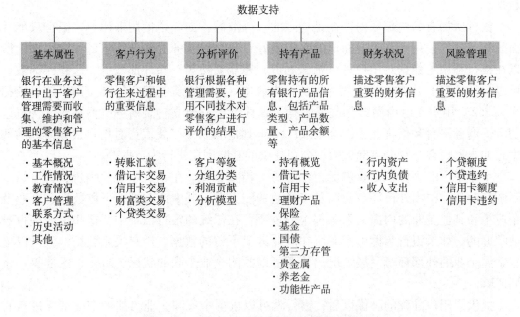

图 8 - 11　招商银行智慧营销平台数据支持系统

系统使招行的交叉销售率提高了 20%，整体盈利水平攀升到了更高的台阶，事件营销成功率能够比传统的数据库营销提升 5～10 倍，同时使得金卡和金葵花卡客户流失率分别降低了 15 个和 7 个百分点。

---

① https：//baijiahao. baidu. com/s？ id = 1583614340391311613&wfr = spider&for = pc.

2. 证券。在用户画像的基础上，对客户关系进行管理。专业的数据中心解决方案和服务提供商荣之联为证券公司提供了一整套的用户关系管理解决方案，建立了一个营销服务分析系统，图8-12很好地描述了这个建立在大数据技术之上的系统架构和功能。

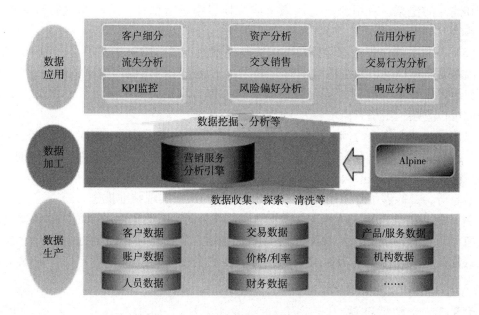

图8-12　荣之联的营销服务分析系统

以大数据为基础的用户关系管理，主要为券商提供的功能有用户细分、流失用户预测、用户生命周期管理、用户精准营销等。这与银行使用大数据进行用户管理颇为相似，在此案例中主要解释用户细分和流失用户预测两个功能。

（1）用户细分。通过分析用户的账户状态（类型、生命周期、投资时间）、账户价值（资产峰值、资产均值、交易量、佣金贡献和成本等）、投资偏好（偏好品种、下单渠道和是否申购）、交易习惯（周转率、市场关注度、仓位、平均持股市值、平均持股时间、单笔交易均值和日均成交量等）等，进行统计分析操作，从而发现用户交易模式类型，找出最有价值和盈利潜力的用户群，以及他们最需要的服务。

（2）流失用户预测。券商可根据用户历史交易行为和流失情况来建模从而预测用户流失的概率。如2012年海通证券自主开发的"给予数据挖掘算法的证券用户行为特征分析技术"主要应用在用户深度画像以及基于画像的用户流失概率预测。通过对海通100多万样本用户、半年交易记录的海量信息分析，建立了用户分类、用户偏好、用户流失概率的模型。

3. 保险

（1）用户细分和差异化服务。风险偏好是确定保险需求的关键。一般来讲，风险厌恶者有更大的保险需求。大数据如今也可以帮助保险公司发掘新用户，在用户细分的时候，除了风险偏好数据外，要结合用户职业、爱好、习惯、家庭结构、消费方式偏好数据，利用机器学习算法来对用户进行分类，并针对分类后的用户提供不同的产品和服务策略。

（2）流失用户预测。通过大数据进行挖掘，综合考虑用户的信息、险种信息、既往出险情况、销售人员信息等，筛选出影响用户退保或续期的关键因素，并通过这些因素和建立的模型，对用户的退保概率或续期概率进行估计，找出高风险流失用户，及时预警，制定挽留策略，提高保单续保率。

（3）用户关联销售。保险公司可以关联规则找出最佳险种销售组合、利用时序规则找出顾客生命周期中购买保险的时间顺序，从而把握保户提高保额的时机、建立既有保户再销售清单与规则，从而促进保单的销售。除了这些做法以外，借助大数据，保险业可以直接锁定用户需求。

以淘宝运费退货险为例。据统计，淘宝用户运费险索赔率在50%以上，该产品对保险公司带来的利润只有5%左右，但是有很多保险公司都有意愿去提供这种保险。因为用户购买运费险后保险公司就可以获得该用户的个人基本信息，包括手机号和银行账户信息等，并能够了解该用户购买的产品信息，从而实现精准推送。

（4）用户精准营销。在网络营销领域，保险公司通过收集互联网用户的各类数据，如地域分布等属性数据，搜索关键词等即时数据，购物行为、浏览行为等行为数据，以及兴趣爱好、人脉关系等社交数据，可以在广告推送中实现地域定向、需求定向、偏好定向、关系定向等定向方式，实现精准营销。

8.5.3　大数据征信

（一）征信与大数据

从定义的角度出发，信用是指在交易的一方承诺未来偿还的前提下，另一方为其提供商品或服务的行为，是随着商品流转与货币流转相分离、商品运动与货币运动产生时空分离而产生的。信用既是社会经济主体的一种理性行为，也是一种能力体现。[1]征信是指依法收集、整理、保存、加工自然人、法人及其他组织的信用信息，并对外提供信用报告、评估、信息咨询等服务，帮助用户判断、控制信用风险，进行信用管理的活动。

大数据征信是指运用大数据技术重新设计征信评价模型和算法，通过多维度的信用信息考察，形成对个人、企业、社会团体的信用评价。自互联网的数据将更全面、准确地反映行为模式、个人动机、同级评价、是否值得信赖等，比单纯的过往信贷数据更具有经济价值和社会价值。[2] 大数据技术不但为我国征信体系建设提供了更加丰富有效的数据资源，也在很大程度上改变了传统征信业务对数据收集、加工和分析的方式。

1. 我国传统征信层次。我国传统的征信体系包括了三个层次：

第一层次是由人民银行建设并管理的企业信用信息基础数据库和个人信用信息基

---

① 中国人民银行征信中心［EB/OL］．http：//www.pbccrc.org.cn/.
② 石峰．互联网征信发展研究［J］．西部金融，，2014（3）．

础数据库。即登录中国人民银行征信中心官方网站。

第二层次是由政府的一些职能部门在自己的管辖范围内，不同领域、不同行业的建立社会信用信息数据系统。如税务部门建立的"信用等级信息系统"等。

第三层次是专门从事信用信息调查、搜集、加工，同时提供信用信息产品的专业征信机构。[①] 2015 年 1 月 5 日，中国人民银行印发《关于做好个人征信业务准备工作的通知》，要求首批 8 家机构做好个人征信业务的准备工作，准备时间为六个月。首批 8 家企业为：芝麻信用管理有限公司、腾讯征信有限公司、中诚信征信有限公司、深圳前海征信中心股份有限公司、鹏元征信有限公司、中智诚征信有限公司、考拉征信有限公司、北京华道征信有限公司。时至 2017 年 4 月，首批 8 家企业还未获得征信牌照，中国人民银行征信局局长万存知表示，8 家机构还未合格。

2018 年 5 月，由央行主导的百行征信获得了个人征信牌照，正式挂牌营业。百行征信是在央行主导下，由芝麻信用、腾讯征信、前海征信、考拉征信、鹏元征信、中诚信征信、中智诚征信、华道征信等 8 家市场机构与中国互联网金融协会共同发起组建的市场化个人征信机构。随着由央行主导的征信企业进入市场，未来在央行征信中心与百行征信进行数据互通的情况下，个人征信市场将逐渐成熟，发挥出它应用的作用。

2. 大数据征信的流程。大数据征信与传统征信有很大的差别，主要差别可以通过与美国传统征信公司 FICO 和大数据征信公司 ZestFinance 对比而知，如表 8 - 4 所示。

表 8 - 4　　美国传统的信用风险评估体系和基于大数据的信用评估体系的比较

	传统信用风险评体系	基于大数据的信用风险评估
代表企业	FICO	ZestFinance
服务人群	有丰富信贷记录的（约点 85%）	缺乏或无信贷记录的（约占 15%）
数据格式	结构化数据	数据化数据 + 大量非结构数据
数据类型	信贷数据	信贷数据、网络数据、社交数据
理论基础	逻辑回归	机器学习
变量特征	还款记录、金额、贷款类别	传统数据、IP 地址、邮箱姓名、填表习惯等网络行为
数据来源	银行提交给第三方的数据和银行当地数据	第三方（如电话账单和租赁历史等）和借贷者本身提供的数据
变量个数	15 ~ 30（变量库 400 ~ 1 000）	多达几千到一万个

同时，通过对企业案例的考察，可得出大数据征信的流程如图 8 - 13 所示。

图 8 - 13　大数据征信的流程

---

① 何茜．我国征信体系的现状分析及政策建议［EB/OL］．http：//www.tbankw.com/lwjj/132775_ 3. html.

（1）信息收集：相比于传统封闭式的征信方法，大数据征信的一大特征就是数据来源广泛、数据结构多样。用户在日常生活中的所有信息，尤其是互联网上的信息，都可以被采集为征信信息。

（2）数据处理：这里的数据处理最主要指的是 ETL（Extract – Transform – Load），即数据的抽取、清洗、转换、加载过程。因为搜集到的数据非常繁杂，有的是字符、有的是汉字，有的是格式化的，有的是非格式化的，甚至还会有语音、图片等各种形式，所以在对数据进一步分析之前，必须要对数据进行处理。数据处理包括空值处理、无效值处理、规范化数据格式、拆分数据、验证正确性等步骤。

（3）大数据建模。应用统计分析、自然语言处理、机器学习等数据处理方法，编写建模程序，输入到计算机中，让计算机对处理过的数据进行处理，形成与征信有关的内容。这是大数据征信的核心环节之一。

（4）指标识别。指标识别是与大数据建模同等重要的过程。如有 1 万个借款人的各类信息，以及这 1 万个借款人中有 200 人逾期了，若我们认为逾期是信用低的一个表现，那么，将这 1 万人的数据输入模型中，假设其他条件相同，模型给出的判定结果应该是这 200 个人的信用会比其余人的信用要低。而我们需要知道，它是通过哪些指标进行判定的，比如，是不是净资产少的用户，信用就低？指标识别的过程就是将大数据建模后与信用相关的指标提取出来，利用这些指标来判定信用。芝麻信用中提出的身份特征等 5 个维度，实际上就是指标识别过程得出的产物，但需要说明的是，身份特征等 5 个维度，只是芝麻信用对于指标的一种概括性的解释，而每个维度下面到底对应了哪些指标，是非常复杂的。

（5）信用打分与信用评级。给出判定指标之后，人们喜欢用量化的方式为信用打分。在这里，需要一套链接指标的打分体系，还是以芝麻信用为例，那 5 个维度的指标，到底是怎么体现到满分 950 分的芝麻信用分数中的？这也是征信公司需要考虑的问题。最简单的办法，就是给每个指标进行分数的量化，每个维度 20 分，但是，不会有征信公司以这个方法来打分的，他们会有更为复杂的、更精确的打分体系。

打分之后，自然可以分出等级，等级的分配也是根据业务需要而来的。在银行，小微企业的分数和等级相对较低，但是对于互联网金融企业而言，小微企业的分数和等级就不一定低了。

通过这些步骤，大致可以了解征信公司的工作流程。当然，这是最为简单的描述，在实际的商业应用中，无论是大数据建模、指标识别还是信用评分，都是十分复杂、艰难的工作，需要金融、计算机、机器学习、数学建模等方面的人才共同努力。随着技术的发展，征信公司还会有更多的模型、技术和方法来解决征信难题。

（二）大数据征信在银行业的应用

在金融行业，大数据征信及其辅助手段主要用于银行对用户的贷款风险控制。尤其是频次高、金额小的中小微企业贷款，银行利用大数据技术，提高了效率、降低了成本，实现了为更多中小微企业提供金融服务的目的。

银行可通过企业的生产、流通、销售、财务等相关信息结合大数据挖掘方法进行贷款风险分析，量化企业的信用额度，更有效地开展中小企业贷款。传统的银行在为企业贷款的时候，主要依赖单一的企业财务报表，在错综复杂的企业发展环境下，信贷风险难以有效控制，但是大数据公司如企业案例中的九次方、文思海辉等可以对企业的所有关联公司、子公司、同业公司进行对比分析，通过产业链企业大数据来判断企业贷款风险。

8.5.4 大数据与反欺诈

（一）金融反欺诈技术

反欺诈起到了辨识申请人身份真伪、申请材料是否真实有效以及是否为团伙骗贷的作用。比如银行需要反欺诈服务去防止用户造假、盗刷等行为，在信贷领域直接的应用如黑名单用户查询、防止重复申请、虚假信息借贷等。反欺诈与征信互为补充，从整体上降低金融机构受到的信用及欺诈风险。统计数据显示，中国互联网欺诈风险已在全球排名前三，网络欺诈导致的损失已达到 GDP 的 0.63%，这一数字仅次于美国的 0.64%。

目前的大数据反欺诈系统能够覆盖多种互联网欺诈场景，最典型的就是交易欺诈场景和申请欺诈场景。反欺诈系统能够根据具体的欺诈场景采取对应的规则引擎和算法模型，侦测和识别欺诈行为。数据、算法、系统框架和反制措施构建反欺诈解决方案核心四要素[①]。

欺诈系统中的技术主要包括：

1. 欺诈数据库。欺诈数据库是指记录了互联网上尤其是互联网金融领域欺诈行为的数据库。欺诈数据的数据来源主要是通过与 P2P 网络借贷机构等互联网金融机构共享。与欺诈数据库类似的技术还有借贷黑名单、商业银行信用卡欺诈数据库等。

名单	说明	数量（万）
失信被执行人	最高院失信名单	600
借贷纠纷案件	各地判决文书	400
刑事案件	各地判决文书	100
被执行人	最高院与各地被执行公告	4000
疑似多头借贷	3天内被超过5家以上信贷机构查询，或当日被查询超过3次。法海日查询量超过700万次，全部源于金融或征信机构。	200
老赖（含地方）信息	各地法院公布的老赖名单	150
合计	未去重	5450

图 8-14 法海风控的反欺诈黑名单

---

① http：//stock. hexun. com/2017-03-25/188700085. html.

2. 欺诈规则引擎。欺诈规则引擎指的是可以人为地制定欺诈规则来预判欺诈行为。一般的欺诈规则包括了黑名单比对、跨机构历史申请比对、团伙校验、外部数据校验等规则，可以帮助风控人员快速地发现具备欺诈特征的行为。

3. 多维数据关联。指的是将属于同一个公民的不同渠道的信息进行关联，如公民的电话、地址、银行信用评级、信用卡逾期信息、公安信息、学历、运营商信息等。

另外还有设备识别、用户画像、中文模糊搜索匹配、地理位置库、高危账户、代理检测、生物探针等技术。

（二）反欺诈在金融行业的应用

1. 银行。银行可以根据持卡人的基本信息、历史账单信息、正在发生的转账信息等多种信息综合，查询到持卡人的异动，在贷款中可应用于风险评估、贷前、贷后审查，在其他情况下可有效阻止和预防金融欺诈和金融犯罪。另外，对于银行的客户而言，也可以感受到大数据反欺诈带来的好处。工商银行的"融安e信"以公安机关查获的电信诈骗账号等信息为基础，通过建立风险黑名单库、打造毫秒级零时差响应网络等高级别安全工具，供社会公众在办理转账汇款前对收款账号进行安全性查询，直接提升业务安全级别，提升群众反欺诈的意识和知识。截至2017年，该软件已成功预警堵截电信和网络诈骗案件3.1万起，涉及金额累计3.8亿元，产生的直接及间接经济效益超160亿元。

2. 保险。医疗保险欺诈与滥用分析。医疗保险欺诈与滥用通常可分为两种，一种是非法骗取保险金，即保险欺诈；另一种则是在保额限度内重复就医、浮报理赔金额等，即医疗保险滥用。保险公司通过大数据技术，能够利用过去数据，寻找影响保险欺诈最为显著的因素及这些因素的取值区间，建立预测模型，并通过自动化计分功能，快速将理赔案件依照滥用欺诈可能性进行分类处理。

车险欺诈分析。如车辆故意追尾，伙同修车厂员工弄出交通事故骗保的事情屡见不鲜。保险公司利用大数据，以过去的欺诈事件建立预测模型，将理赔申请分级处理，可以很大程度上解决车险欺诈问题，包括车险理赔申请欺诈侦测、业务员及修车厂勾结欺诈侦测等。另外，借助手机的位置数据，保险公司还可以识别车辆出险时是不是投保人本人驾驶；借助用户的手机通话记录，可以识别车辆肇事双方是不是交往圈熟人，判定是不是存在联合骗保行为等。

8.5.5 大数据投资与景气指数

由新浪财经、南方基金和深证信息公司联合推出的大数据策略指数i指数则是国内首个在证券交易所挂牌的大数据系列指数。这个指数中股票的筛选机制如图8-15所示。

其中的大数据因子的精髓，就是通过新浪财经的大数据分析，找到一种有效的连接用户情绪与股价表现的关系，将符合这样关系的股票提取出来，也是指数编制过程中最大的创新。

市场景气指数是影响股票价格乃至整个金融市场交易的重要指数，每个券商和金

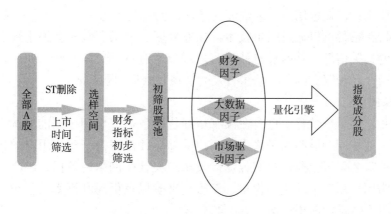

图 8 - 15　i 系列指数股票筛选机制

融机构都想对它进行预测和掌控，但市场景气指数涉及面非常广，在大数据技术出现之前，很难将这么多的信息汇集并有序整理。2012 年，国泰君安推出了"个人投资者投资景气指数"（简称 3I 指数），传递个人投资者对市场的预期、当期的风险偏好等信息。

3I 指数通过对海量个人投资者真实投资交易信息的深入挖掘分析，了解交易个人投资者交易行为的变化、投资信心的状态与发展趋势、对市场的预期以及当前的风险偏好等信息。在样本选择上，选择资金 100 万元以下、投资年限 5 年以上的中小投资者，样本规模高达 10 万元，覆盖全国不同地区。在参数方面，主要根据中小投资者持仓率的高低、是否追加资金、是否盈利这几个指标，来看投资者对市场是乐观还是悲观。3I 指数每月发布一次，以 100 为中间值，100～120 属于正常区间，120 以上表示趋热，100 以下则是趋冷。从实验数据看，从 2007 年至今，3I 指数的涨跌波动与上证指数走势拟合度相当高。

8.5.6　大数据与运营优化

传统的金融产品是以机构为中心、按照线性路径设计开发的，金融产品到用户手里需要经过一个很长的流程才能发布，发布效率低下，没有试错功能。引入大数据技术后，产品发布改为以用户为中心，产品发布采用多维网状结构，银行机构可随时监控不同市场推广渠道的质量、社会对产品的舆情评价，从而对合作渠道进行调整，优化金融产品，降低产品销售风险。

（一）银行

市场和渠道分析优化：通过大数据，银行可以监控不同市场推广渠道尤其是网络渠道推广的质量，从而进行合作渠道的调整和优化。同时，也可以分析哪些渠道更适合推广哪类银行产品或者服务，从而进行渠道推广策略的优化。

产品和服务优化：银行可以将用户行为转化为信息流，并从中分析用户的个性特征和风险偏好，更深层次地理解用户的习惯，智能化分析和预测用户需求，从而进行产品创新和服务优化。如兴业银行目前对大数据进行初步分析，通过对还款数据挖掘比较区分优质用户，根据用户还款数额的差别，提供差异化的金融产品和服务方式。

舆情分析：银行可以通过爬虫技术，抓取社区、论坛和微博上关于银行以及银行产品和服务的相关信息，并通过自然语言处理技术进行正负面判断，尤其是及时掌握银行以及银行产品和服务的负面信息，及时发现和处理问题。

（二）保险

产品优化，保单个性化。过去在没有精细化的数据分析和挖掘的情况下，保险公司把很多人都放在同一风险水平之上，用户的保单并没有完全解决用户的各种风险问题。但是，保险公司可以通过自有数据以及用户在社交网络的数据，解决现有的风险控制问题，为用户制定个性化的保单，获得更准确以及更高利润率的保单模型，给每一位顾客提供个性化的解决方案。

运营分析。基于企业内外部运营、管理和交互数据分析，借助大数据平台，全方位统计和预测企业经营和管理绩效。基于保险保单和用户交互数据进行建模，借助大数据平台快速分析和预测再次发生或者新的市场风险、操作风险等。

代理人（保险销售人员）甄选。根据代理人员（保险销售人员）业绩数据、性别、年龄、入司前工作年限、其他保险公司经验和代理人人员思维倾向测试等，找出销售业绩相对最好的销售人员的特征，优选高潜力销售人员。

📖 本章小结

大数据是未来"互联网＋"时代的重要理念和技术。本章从大数据的定义、分类和行业出发，将大数据技术与大数据在金融领域的应用进行了详细的阐述。大数据技术包括了数据生成和获取、数据存储与处理、数据分析与数据可视化四个类别。大数据在金融领域尤其是银行、证券、保险、互联网金融领域均有应用，主要体现在用户画像、大数据征信、大数据反欺诈、大数据投资和大数据运营优化等方面。未来大数据还将拥有更先进的处理技术和更多的金融应用场景。

✍ 想一想、练一练

◎ 思考题

1. 一般认为大数据具有四个基本特征，即 4V 特征，那么是哪 4V 呢？请具体展开解释。

2. 整个大数据分析应用过程中，对数据质量的要求非常高，那么能够提高数据质量的关键技术是什么？

3. 常见的数据分析方法有哪些？这些方法的应用有哪些？请举例说明。

4. 你知道有监督学习和无监督学习的区别吗？

5. 用户画像在金融行业主要有什么作用？

6. 利用大数据征信的概念分析芝麻信用的运行机制。

7. 金融行业遇到的欺诈情况有哪些？大数据是怎样反欺诈的？

8. 大数据为银行业的运营优化提供了哪些便利？

◎ 实训题

1. 为了更好地体验数据可视化之美，同学们可以下载大智慧等股票软件，并从中获取日收盘价格，并利用某款数据可视化工具对其进行可视化作图。

2. 查看你某一个银行近半年的账户流水清单，站在银行的角度，银行可以对你产生哪些了解？从用户画像、征信和反欺诈的角度进行分析。

3. 以芝麻信用为例，撰写案例分析报告，分析芝麻信用分的数据来源、生成机制、主要用途、优缺点等。

互联网金融系列教材
HULIANWANG JINRONG XILIE JIAOCAI

第 9 章

区块链与数字货币

 知识要点

✓ 区块链的基本概念
✓ 区块链的工作流程与共识机制
✓ 区块链在金融领域中的应用
✓ 数字货币发展及其监管

案例导读

据外媒报道，2010 年 5 月 22 日，一位名叫 Laszlo Hanyecz 的程序员用 1 万枚比特币购买了两个比萨。这被广泛认为是用比特币进行的首笔交易，也是币圈经久不衰的笑话之一，很多币友将这一天称为"比特币比萨日"。

8 年后，这位程序员再次使用比特币，通过比特币"闪电网络"（Lightning Network）购买了两个披萨。这一次只花了 649 000 个 satoshi（以比特币创始人"中本聪"的名字命名的比特币最小单位），即 0.00649 个比特币，相当于大约 62 美元。

这两起事件都与区块链技术以及基于该技术的数字货币紧密相关，也使更多的人开始关注区块链与数字货币的发展。

9.1　区块链技术概述

9.1.1　什么是区块链

在 2016 年 10 月工信部发布的《中国区块链技术和应用发展白皮书》里，区块链被定义为"分布式数据存储、点对点传输、共识机制、加密算法等计算机技术的新型应用模式"。区块链，顾名思义是由区块和链共同组成的，通过数据的分散储存，去中心化的方式进行调整，按照时间戳进行广播所有行为，从而让数据无法被破坏和修改，从这个意义上来说，区块链就是一种纯粹的加密技术。更简单地来讲，区块链是一种去中心化的、共享和加密的分布式账本技术。区块链（Blockchain）技术的产生和发展离不开比特币。首先，因为随着比特币的诞生，区块链技术才得以公布于众；其次，比特币是截至目前区块链技术最成功、最成熟的应用案例。比特币的概念由中本聪在2008 年发表的论文《比特币：一种点对点的电子现金系统》中首次提出。文中，中本聪将区块链技术作为构建比特币数据结构及交易体系的基础技术，将比特币打造为一种数字货币和在线支付系统，利用加密技术实现资金转移，而不再依赖于中央银行。比特币使用公钥地址发送和接收比特币，并进行交易记录，从而实现个人身份信息的匿名。交易确认的过程则需要用户贡献算力，共同对交易进行共识确认，从而将交易记录到全网公开账本中。

区块链技术不是一种单一的技术，而是多种技术整合的结果，包括密码学、数学、经济学、网络科学等。这些技术以特定方式组合在一起，形成了一种新的去中心化数据记录与存储体系，并给存储数据的区块打上时间戳使其形成一个连续的、前后关联的诚实数据记录存储结构，最终目的是建立一个保证诚实的数据系统，可将其称为能够保证系统诚实的分布式数据库。在这个系统中，只有系统本身是值得信任的，所以数据记录、存储与更新规则是为建立人们对区块链系统的信任而设计。信任正是商业活动和应用推广的前提，所以区块链技术已经被很多领域主流机构看中并非是没有理由的。因为有了区块链技术，在一个诚信的系统里，可以省去许多烦琐的审查手续，许多因数据缺乏透明度而无法开展的业务可以开展，甚至社会的自动化程度也将大幅提升。

如果能从技术上应用区块链，建立一个公开的社会公共信用系统，整个社会成本都将大幅降低，效率也将大幅提升，还便于监管。透明的数据不仅将大大降低监管部门的工作量，而且使得监管部门的主要工作转向治理，提升治理人性化和效率。

9.1.2　区块链工作流程

数据库是大家都熟悉的概念，任何网站或者系统背后都有一个数据库，我们可以把数据库想象为一个账本，例如支付宝数据库就像是一个巨大的账本，里面记录每个人账上有多少钱。当 A 发送给 B 一元钱，那么就要把 A 账上的钱扣除一元，在 B 的账上增加一元，这个数据的变动就可以理解为一种记账行为。对一般中心化的结构来说，微信背后的数据库由腾讯的团队来维护，淘宝背后的数据库由阿里的团队来维护，这是很典型的中心化数据库管理方式，也是大家认为顺理成章的事情。

但是区块链完全颠覆了这种方式。一个区块链系统由许多节点构成，这些节点一般就是一台计算机。在该系统中，每个参与的节点都有机会去竞争记账，即更新数据库信息。系统会在一段时间内（可能是十分钟，也可能是一秒钟），选出其中记账最快最好的一个节点，让它在这段时间里记账。它会把这段时间内数据的变化记录在一个数据区块（block）中，我们可以把这个数据区块想象成一页纸。在记完账以后，该节点就会把这一页的账本发给其他节点。其他节点会核实这一页账本是否无误，如果没有问题就会放入自己的账本中。

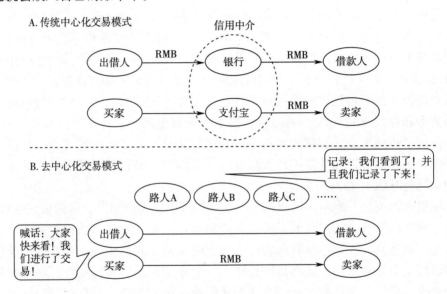

图 9 - 1　两种交易模式比较

在系统里面，这一页账本的数据表现形式称为区块，该区块中就记录了整个账本数据在这段时间里的改变。然后把这个更新结果发给系统里的每一个节。于是，整个系统的每个节点都有着完全一样的账本。我们把这种记账方式称为区块链技术或者分布式总账技术。

如图 9 - 2 所示，区块链的工作流程主要包括如下步骤：

（1）发送节点将新的数据记录向全网进行广播。

（2）接收节点对收到的数据记录信息进行检验，比如记录信息是否合法，通过检验后，数据记录将被纳入一个区块中。

（3）全网所有接收节点对区块执行共识算法（工作量证明、权益证明等）。

（4）区块通过共识算法过程后被正式纳入区块链中存储，全网节点均表示接受该

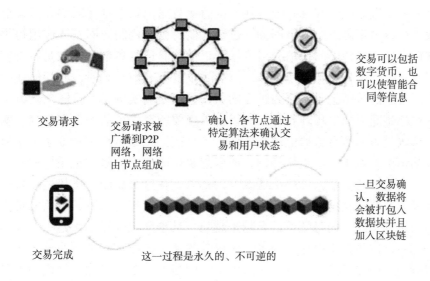

交易可以包括
数字货币，也
可以使智能合
同等信息

交易请求

交易请求被
广播到P2P
网络，网络
由节点组成

确认：各节点通过
特定算法来确认交
易和用户状态

一旦交易确
认，数据将
会被打包入
数据块并且
加入区块链

交易完成

这一过程是永久的、不可逆的

图9－2　区块链的工作流程

区块，而表示接受的方法，就是将该区块的随机散列值视为最新的区块散列值，新区块的制造将以该区块链为基础进行延长。

节点始终都将最长的区块链视为正确的链，并持续以此为基础验证和延长它。如果有两个节点同时广播不同版本的新区块，那么其他节点在接收到该区块的时间上将存在先后差别。它们将在先收到的区块基础上进行工作，但也会保留另外一个链条，以防后者变成长的链条。该僵局的打破需要共识算法的进一步运行，当其中的一条链条被证实为是较长的一条，那么在另一条分支链条上工作的节点将转换阵营，开始在较长的链条上工作。以上就是防止区块链分叉的整个过程。

所谓"新的数据记录广播"，实际上不需要抵达全部的节点。只要数据记录信息能够抵达足够多的节点，那么将很快地被整合进一个区块中。而区块的广播对被丢弃的信息是具有容错能力的。如果一个节点没有收到某特定区块，那么该节点将会发现自己缺失了某个区块，也就可以提出自己下载该区块的请求。

区块链网络里的记账者是节点，节点负责把数据记录到数据区块里，为了鼓励节点记账，系统会按照规则随机地对记账的节点进行奖励。那么如何保证不会有人制造假数据记录或者说如何保证造假数据记录不被通过验证？这就涉及时间戳。这也正是区块链与众不同的地方。区块链不仅关注数据区块里的内容，也关注数据区块本身，把数据区块的内容与数据区块本身通过时间戳联系起来。时间戳为什么会出现？这是由区块链的性质规定的。节点把数据记入了区块，因此一个区块就相当于一页账簿，每笔数据在账簿中的记录可以自动按时间先后排列，那么账簿页与页怎么衔接起来？也就是说，这一个区块与下一个区块的继承关系如何断定就成为问题。于是时间戳就出现了。时间戳的重要意义在于其使数据区块形成了新的结构。这个新的结构使各个区块通过时间线有序连接起来，形成了一个区块的链条，因此才称为区块链。区块按时间的先后顺序排列使账簿页与页的记录也具有了连续性。通过给数据记录印上时间标签，使每一条数据记录都具有唯一性，从而使数据记录本身在区块和区块上的哪个位置上发生可以被精确定位且可回溯，也给其他的校验机制协同发挥作用提供了极大的便利和确定性，使整个区块链网络能够确定性地验证某条数据记录是否真实。由于区块链网络是公开的，意味着系统知道过去发生的所有数据记录，而任何新的数据记录都继承于过去的数据记录，因为过去的数据记录是真实的，而且链条的各个区块记录由时间戳连接起来使之环环相扣，所以如果想要制造一个假的数据记录，就必须在区块链上修改过去的所有数据记录。尽管在"挖矿"的过程中，形成了多个链条，但因为最长的那个被诚实的节点所控制，所以想要修改过去的数据记录，首先就要从头构造出一个长度比之前最长的那个还要长的链条，在这个新的链条超过原来的那个链条后，才能制造双重支付的虚假数据。然而随着时间推移，制造新链条的难度和成本都是呈指数级上升的，而且随着链条越来越长，其难度也变得越来越大，成本也就越来越高。同时，因为去中心化的设置，区块链的各个核心客户端同时又是服务器，保存了区块链网络的完整数据，因此使对区块链网络的攻击很难像对传统的中央处理节点那样有效，一般情况下很难对区块链网络构成重大冲击。最终，区块链网络成为一个难以攻破的、公开的、不可篡改数据记录和制造虚假数据的诚实可信系统。

9.1.3 区块链共识机制

区块链保证数据安全、不可篡改以及透明性的关键技术包括两个方面：一是数据加密签名机制；二是共识算法。在数据加密签名机制中，在加密和解密的过程中使用一个"密钥对"，"密钥对"中的两个密钥具有非对称的特点：一是用其中一个密钥加密后，只有另一个密钥才能解开；二是其中一个密钥公开后，根据公开的密钥其他人也无法算出另一个密钥。在区块链的应用场景中，一是加密时的密钥是公开的、所有参与者可见的（公钥），每个参与者都可以用自己的公钥来加密一段信息（真实性），在解密时只有信息的拥有者才能用相应的私钥来解密（保密性），用于接收价值。二是使用私钥对信息签名，公开后通过其对应的公钥来验证签名，确保信息为真正的持有人发出。非对称加密使得任何参与者更容易达成共识，将价值交换中的摩擦边界降到最低，还能实现透明数据后的匿名性，保护个人隐私。

共识算法是区块链中节点保持区块数据一致、准确的基础，现有的主流共识算法包括工作量证明（PoW）、权益证明（PoS）等。

（一）工作量证明机制

所谓工作量证明机制，是指一方（通常为证明者）提交已知难以计算，但易于验证的计算结果，而其他任何人都能够通过验证这个答案就确信证明者为了求得结果已经完成了大量的计算工作。

比特币在区块链的生成过程中使用了 PoW 机制，一个符合要求的区块链散列值（Block Hash）由 N 个前导零构成，零的个数取决于网络的难度值。要得到合理的 Block Hash 需要经过大量尝试计算，计算时间取决于机器的哈希运算速度。当某个节点提供出一个合理的区块链散列值（Block Hash）时，说明该节点确实经过了大量的尝试计算。当然，这并不能得出计算次数的绝对值，因为寻找合理的 Hash 是一个概率事件。当节点拥有占全网 $n\%$ 的算力时，该节点即有 $n/100$ 的概率找到 Block Hash。

PoW 看似很神秘，其实在社会中的应用非常广泛。例如，一个人具有的一些技能，如外语口语、乐器或是运动技巧，通常也是一种工作量证明。不用检查四、六级证书，一个人就能流利地说外语或者演奏乐器，那么他一定在这些技能上投入了足够的工作量，而且这个工作量与技能的熟练程度是呈正相关的。如四、六级证书，一般认为在不能作弊的考试里采用足够多的客观题，也可以做到证明工作量的效果，因为一个人从概率上不可能连续蒙对大量的客观题。因此一般认为文凭也是有说服力的。同样，飞行员的飞行小时数也能说明问题，如果飞了一万小时还活着，大概就不是靠运气。在一些其他场合也可以见到 PoW 的踪影，比如电子游戏里的胜率、K/D 比率，在大量的交战中一定的胜率能说明玩家的实力。同样有些游戏里的成就系统、装备体系也是 PoW，一般认为成就点数高的玩家在游戏里投入更多，更不容易诈骗，有时候交易点卡要求装备等级或者成就点数也是这个道理。

有些人认为这一方法存在缺陷，即工作量证明浪费资源，截至 2016 年 4 月，比特币网络的算力达到 1 300PHS，即每秒完成 13 331 兆亿次 SHA256 运算，而最终这些计算没有任何实际意义或科学价值。美国科技网站 Vice 曾撰文认为这种方式非常不环保，由于多方面原因，比特币网络消耗的能源正日益增长。在最不乐观的情况下，到 2020 年，比特币网络的耗电量将达到丹麦整个国家的水平。但是也有观点认为由于需要巨大的投入，促使攻击比特币区块链将会是异常艰难的事情，从而确保了比特币巨大的安全特性，同时也是人类目前构建的最安全的数据库。

（二）权益证明机制

权益证明机制（PoS）是一种 SHA256 的替代方法，从根本上解决了工作量计算浪费的问题，它不要求证明者完成一定数量的计算工作，而是要求证明者对某些数量的钱展示所有权。

简单地说，PoS 就是把 PoW 由算力决定记账权变成由持有币数（以及持有的时间）来决定记账权。在 PoW 中，是按照算力占有总算力的百分比，从而决定你获得本次记账权的概率。在 PoS 中，持有币数占系统总币数的百分比（包括你占有币数所持有的时间），决定着获得本次记账权的概率。

这就类似于现实世界中的股票制度，在一个公司中，大家是按照持股比例来获得分红，持有股权相对较多的人获得更多的分红权。这种安全机制的理由在于利益捆绑，即大股东比小股东更加关注系统的安全性，所以发动攻击的话，大股东损失更加惨重。在这个模式下，不持有 PoS 的人无法对 PoS 构成威胁。PoS 的安全取决于持有者，与其他任何因素无关。

反对者认为 PoS 会加大整个系统中的贫富差距，持有更多币的人更容易挖到新币，即持有股份更多的人会获得更多的分红，从而导致系统内贫富差距拉大。但是，拥护者认为，区块链没有理由去解决系统内的贫富差距问题，而且股份持有者获得相同比例的分红也是现实世界中的原则，并没有人对此有太多的异议。并且在 PoW 中，那些拥有矿机更多、算力更大的人，也将获得更多的币，因此，PoW 也同样存在这样的问题。

（三）股份授权证明机制

股份授权证明机制（DPoS）是一种新的保障区块链网络安全的算法。它在尝试解决比特币采用 PoW 以及 PoS 问题的同时，还能通过实施去中心化的民主方式，用以抵消中心化所带来的负面效应。

在系统中，每个币就等于一张选票，持有币的人可以根据自己持有币的数量，来投出自己的若干张选票给自己信任的受托人。这些受托人可以是对系统有贡献的人，也可以是投票者所信赖的人，并且受托人并不一定需要拥有最多的系统资源。投票可以在任意时间进行，而系统会选出获得投票数量最多的 101 人（也可以是其他数量）作为系统受托人，他们的工作是签署（生产）区块，且在每个区块被签署之前，必须先验证前一个区块已经被受信任节点所签署。这种共识机制模仿了公司的董事会制度，或者是议会制度。能够让数字货币持有者将维护系统记账和安全的工作交给有能力有时间的人来专职从事该项工作。由于受托人进行记账也能够获得新币的奖励，所以他们会努力拉票，并且维护好与投票者的关系及试图通过参与系统的发展，从而吸引更多人给他投票。

这解决了 PoW 中的一个主要问题，即在比特币的 PoW 系统中，持有比特币的人对于系统没有发言权，他们不能参与记账决定权，也不能左右系统的发展，因为系统发言权主要掌握在矿工和开发者手中。而如果矿工或者开发者作出了对比特币持有者不利的决定，比特币持有者除了离开系统之外，没有任何可以做的。而在 DPoS 中，持有者对于记账者拥有足够的选举权，任何试图对系统不利或者作恶的人都随时可能被投票者从受托人的位置直接拉下。

DPoS 另外一个巨大优势就是由于记账人数量可控，并且轮流进行记账，能够通过提供更好的软硬件环境来构建效率极高的区块链系统。目前看来，DPoS 似乎是效率最高的区块链系统，在理想环境下，能够实现每秒数十万笔的交易数量。

（四）混合证明机制

由于不同共识证明机制有着不同的优劣势，有些系统选择采用多种共识机制的方式来取长补短。较为典型的就是以太坊采用了 PoW + PoS 的共识机制。

9.1.4 区块链的优势

为什么要采取区块链这种方式？它有什么优势？因为通常大家的直觉是，这种方式似乎会较为浪费带宽和存储空间，并不是一个可取的方案。但是，区块链就是通过这种高冗余的方式来构建极高的安全性。区块链技术的优势主要体现在以下几点。

1. 去中心化。去中心化是区块链最基本的特征，意味着区块链不再依赖于中央处理节点，实现了数据的分布式记录、存储和更新。由于使用分布式存储和算力，不存在中心化的硬件或管理机构，全网节点的权利和义务均等，系统中的数据本质是由全网节点共同维护的。由于每个区块链节点都必须遵循同一规则，而该规则基于密码算法而非信用，同时每次数据更新需要网络内其他用户的批准，所以不需要一套第三方中介机构或信任机构背书。在传统的中心化网络中，对一个中心节点实行攻击即可破坏整个系统，而在一个去中心化的区块链网络中，攻击单个节点无法控制或破坏整个网络，掌握网内超过51%的节点只是获得控制权的开始而已。

2. 透明性。区块链系统的数据记录对全网节点是透明的，数据记录的更新操作对全网节点也是透明的，这是区块链系统值得信任的基础。由于区块链系统使用开源的程序、开放的规则和高参与度，区块链数据记录和运行规则可以被全网节点审查、追溯，具有很高的透明度。

3. 开放性。区块链系统是开放的，除了数据直接相关各方的私有信息被加密外，区块链的数据对所有人公开（具有特殊权限要求的区块链系统除外）。任何人或参与节点都可以通过公开的接口查询区块链数据记录或者开发相关应用，因此整个系统信息高度透明。

4. 自治性。区块链采用基于协商一致的规范和协议，使整个系统中的所有节点能够在去信任的环境自由安全地交换数据、记录数据、更新数据，把对个人或机构的信任改成对体系的信任，任何人为的干预都将不起作用。

5. 信息不可修改。区块链系统的信息一旦经过验证并添加至区块链后，就会得到永久存储，无法更改（具备特殊更改需求的私有区块链等系统除外）。除非能够同时控制系统中超过51%的节点，否则单个节点上对数据库的修改是无效的，因此区块链的数据稳定性和可靠性极高。

6. 匿名性。区块链技术解决了节点间信任的问题，因此数据交换甚至交易均可在匿名的情况下进行。由于节点之间的数据交换遵循固定且预知的算法，因而其数据交互是无须信任的，可以基于地址而非个人身份进行。因此交易双方无须通过公开身份的方式让对方产生信任。

9.1.5　区块链的发展历程

大多数人都知道区块链和比特币关系密切，甚至有些人会把区块链等同于比特币技术。事实上，区块链技术仅仅是比特币的底层技术，是在比特币运行很久之后，才把它从比特币中抽象地提炼出来。从某种角度来看，也可以把比特币认为是区块链最早的应用。

比特币的创造者——中本聪（Satoshi Nakamoto）在其2008年发表的经典论文《比特币：一种点对点网络中的电子现金》中明确指出：传统的金融体系不可避免地要依赖"第三方"机构（传统银行），这种传统的中心化金融结构很难让货币像其他信息那样免费地进行传输。正是为了解决这些问题，中本聪创造性地提出了通过区块链技术建立一个去中心化、去第三方、集体协作的网络体系设想，而无须中心化平台做信任的桥梁，区块链通过全网的参与者作为交易的监督者，交易双方可以在无须建立信任关系的前提下完成交易，实现价值的转移。如果说互联网TCP/IP

协议是信息的高速公路，那么区块链的诞生意味着货币的高速公路第一次建设已经初步形成。

就像核工程的研究最初是为了制造原子弹，而后人们才意识到其更大的社会价值是对于全球能源体系的改造。近年来，全球开发者、金融机构、企业乃至政府发现区块链的意义不仅局限于支持比特币交易，通过区块链技术所打造的成本极低的、去中心化、去第三方、集体协作的网络体系本身还具有巨大的社会价值。《经济学人》把区块链技术形象地比喻为"信任的机器"，即可以在没有中央权威的情况下，对彼此的协作创造信任。区块链技术适用于一切缺乏信任的领域，也许在未来会成为全球人类文明信任的基石，并有可能彻底改变全球的社会结构。目前，随着区块链技术的成熟和演进，区块链的应用场景不再局限于比特币，以"以太坊"为代表的新一代区块链技术正在开始构建一个全新的去中心化互联网架构，试图彻底颠覆所有的互联网中心化架构平台（如支付宝、银行、保险等）。

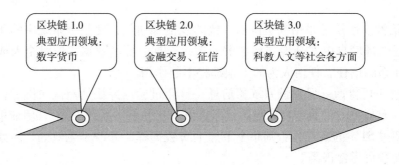

图 9 - 3　区块链发展历程

区块链发展大致可以分为三个阶段。提到区块链不得不提的就是比特币，比特币对区块链技术的应用代表着区块链 1.0。在这一阶段数字电子货币功能在区块链技术上得以实现。区块链在比特币的应用是通过一环扣一环的确认包含交易数据的区块，以此达到不可逆转，且无可争议的确认交易的目的。这种记账模式可以达成一种点与点之间互联的愿望，以此满足市场的需要。简而言之，在该阶段区块链技术就是一种分布式的记账技术，而数字货币的交易记录就在链上被分散的记录和保存了，在这种技术下，数据的安全性和即时性得到了有效的提高。

随着时间的推移，区块链 2.0 时代已经到来，在这个阶段，区块链作为一个所有权登记认证系统，致力于实现一切市场交易和商业信用行为。我们可以在证券、期货、期权、贷款等人们较为熟知的领域得以一窥。除此之外，一些需要征信和智能合约的场合也有区块链的用武之地。

未来区块链将进入 3.0 时代，这将是一个网络化计算机协同的人工智能操作系统，此时，区块链将更广泛地应用到社会生活的各个领域，诸如文化、医疗、教育等方面，以及相应的经济社会制度中去。

9.2　区块链在金融领域中的应用

9.2.1　区块链在支付清算中的应用

比特币设计的核心就是解决如何在没有中央清算系统的前提下完成支付结算，这要归功于区块链技术。目前国内、国际的商业贸易的交易支付、清算都要借助银行的清算体系。这种过程非常复杂，需要经过开户行、对手行、清算组织、境外银行（代理行或本行境外分支机构）等多个组织较为繁冗的处理流程。在此过程中每一个机构不仅要有自己的账务系统，而且彼此之间需要建立代理关系；每笔交易需要在本银行记录，与交易对手进行清算和对账等，导致整个过程花费时间较长，使用成本较高。

与传统支付体系相比，区块链支付系统所需要的清算体系就简洁多了。区块链系统可以为交易双方直接进行端到端支付，不涉及中间机构，所以能大幅度提高清算速度并且有效降低成本。区块链中，交易确认和结算同时进行，节点交易受系统确认后自动写入分布式账本，并同时更新其他所有节点对应的分布式账本，自动化的运作机制可以大幅缩短结算所用周期。尤其是跨境支付方面，如果基于区块链技术构建一套通用的分布式银行间金融交易系统，可为用户提供全球范围的跨境、任意币种的实时支付清算服务，跨境支付将会变得便捷和低廉。

英国中央银行已于 2017 年 6 月成功测试了 Ripple 开发的"interledger"区块链技术项目，以同步两个中央银行系统之间的付款。Ripple 支付体系主要为加入联盟内的成员——商业银行和其他金融机构提供基于区块链协议的外汇转账方案。目前，Ripple 为不同银行提供软件以接入 Ripple 网络，成员银行可以保持原有的记账方式，只要做较小的系统改动就可使用 Ripple 的"Interledger"协议。同时银行间的支付交易信息通过加密算法进行隐藏，相互之间不会看到交易的详情，只有银行自身的记账系统可以追踪交易详情，保证了商业银行金融交易的私密性和安全性。

SWIFT 是全球银行系统使用平台的运营商，是在 2017 年 4 月由六家联合创始银行成立的 PoC 区块链，联合包括 ABN AMRO 银行、ABSA 银行、BBVA、桑坦德银行（Banco Santander）、中国建设银行、中国民生银行等在内的 22 家全球银行进行了运行测试，此次区块链试验的目的是使银行能够实时与其国际往来账户进行调节。SWIFT 选择了 Hyperledger Fabric，一个由开源 Linux 基金会领导的超级账本项目产品，也是该试验的核心技术。

美国证券市场也开始关注区块链清算体系的应用。目前美国证券市场内普遍的结算审核所需时间是 2～3 天，区块链技术的应用有望将结算审核时间从小时级降低至分钟级、甚至是秒级，结算风险也会降低 99%，同时降低资金成本和系统性风险。

9.2.2　区块链在数字票据中的应用

票据，作为集交易、支付、清算、信用等诸多金融属性于一身的非标金融资产，规模大、参与方多、业务场景复杂，被业界认为是区块链的一个极佳应用场景。比如在 2015 年，全国企业累计签发的商业汇票就有 22.4 万亿元，相较之下当年的新增人民币贷款仅为 11.72 万亿元。但是票据市场面临的问题却非常多，比如假票、克隆票等问题，让票据的真实性成为目前票据市场存在的主要问题。另外划款的即时性也很难得到保障，票据到期后，承兑人往往不能及时地将资金划入持票人的账户。还有就是一些票据中介的违规交易让诸如一票多卖等问题屡禁不止。

区块链技术的分布式架构和不可篡改等特性，有助于解决票据真实性和信息不透明等问题。当参与方需要检验票据是否已经被篡改或转让时，区块链就可以提供无可争议的一致性证明。

在票据市场，基于区块链技术实现的数字票据能够成为一种更安全、更智能、更便捷的票据形态。采用区块链技术框架不需要中心服务器，可以节省系统开发、接入及后期维护的成本，并且大大减少了系统中心化带来的运营风险和操作风险。借助区块链实现的点对点交易能够打破票据中介的现有功能，实现票据价值传递的去中介化；同时基于区块链的信息不可篡改性，票据一旦完成交易，将不会存在赖账现象，从而避免"一票多卖"、打款背书不同步等行为，有效防范票据市场风险。基于区块链数据前后相连构成的时间戳，其完全透明的数据管理体系提供了可信任的追溯途径，可有效降低监管的审计成本。

目前，国际区块链联盟 R3CEV 联合以太坊、微软共同研发了一套基于区块链技术的商业票据交易系统，与现有电子票据体系的技术支撑架构完全不同，该种类数字票据可在具备电子票据的所有功能和优点的基础上，进一步融合区块链技术的优势，成为一种更安全、更智能、更便捷的票据形态。高盛、摩根大通、瑞士联合银行、巴克莱银行等著名国际金融机构都加入了区块链试用，并对票据交易、票据签发、票据赎回等功能进行了公开测试。

国内上市公司恒生电子的产品覆盖证券交易、结算存管、金融风险控制、数据中心、客户营销服务、金融终端、投资理财等重要领域。目前恒生电子正在尝试将开票和贴现等票据一级市场的交易场景放到区块链上。比如，在开票环节可以将贸易背景放入区块链并验证贸易背景的真实性，以确保票据职能没有被滥用。在贴现融资环节，可以将票据数字化，直接在"链条"中找金融机构进行融资，并将贴现记录存放到"链条"并广播，后续可以直接通过"链条"查询到信息。目前，企业在票据贴现时需要跑多家银行询价、问规模等事宜，而实物票据数字化到"链条"后，这些环节都可省去。

9.2.3 区块链在征信管理中的应用

现代金融体系的运转，离不开征信系统的支撑。征信作为信用体系中的关键环节，奠定了金融信用风险管理的基础。大数据时代来临，互联网金融兴起，传统征信业中信用信息不对称、数据采集渠道受限、数据隐私保护不力的问题愈加严峻。

征信与消费金融是相辅相成的。消费金融的快速崛起，对于征信的需求越来越强烈，使得征信市场蕴藏了巨大的发展空间；同时，征信行业的发展，能够对消费金融起到有效补充，促进消费金融行业的良性发展。

区块链以分布式存储、点对点传输、共识机制与加密算法等技术，通过屏蔽底层复杂的连接建立机制，通过上层的对等直联、安全通信和匿名保护，打破"信息孤岛"的行业坚冰，加快各行业信用数据的汇聚沉淀，加强用户数据的隐私保护，以低成本建立共识信任，所以区块链在征信领域有着广阔的发展前景。

Azure 推出了 Blockchain as a Service 区块链解决方案，为企业提供快速部署、低成本、低风险的平台。在国内，银通征信以 Azure 为运行平台，以区块链的去中心化架构为基础，打造出了一款融合数据挖掘、区块链、生物识别、机器学习等前沿技术的"云棱镜"征信系统。通过整合政府公开数据、运营商数据、互联网企业数据、业务渠道数据等数据源，这套系统能为互联网消费金融机构提供个人在线征信数据和报告服务，并能提供开放 API 对接和反欺诈模型分析等服务。

目前区块链在征信的应用上还不成熟，面临着很多挑战。如区块链存在私钥丢失或泄漏、对用户数据"被遗忘"、与现有信息系统管理建设条例和征信监管体系等不适应的问题。区块链应用于征信领域，任重而道远。然而，区块链征信机制的设想一旦获得成功，这项技术将深刻地改变当前的金融业态和商业模式，可能会根本改变机构之间的交易规则。

9.2.4　区块链在股权登记转让中的应用

在区块链系统中，交易信息具有不可篡改性和不可抵赖性。该属性可充分应用于对权益的所有者进行确权。对于需要永久性存储的交易记录，区块链是理想的解决方案，可适用于房产所有权、车辆所有权、股权交易等场景。其中，股权证明是目前尝试应用最多的领域：股权所有者凭借私钥，可证明对该股权的所有权，股权转让时通过区块链系统转让给下家，产权明晰、记录明确、整个过程无须第三方参与。

目前，欧美各大金融机构和交易所纷纷开展区块链技术在证券交易方面的应用研究，探索利用区块链技术提升交易和结算效率，以区块链为蓝本打造下一代金融资产交易平台。

区块链系统在证券交易的应用中，纳斯达克证券交易所表现最为激进。其目前已正式上线了 FLinq 区块链私募证券交易平台，可以为使用者提供管理估值的仪表盘、权益变化时间轴示意图、投资者个人股权证明等功能，使发行公司和投资者能更好地跟踪和管理证券信息。此外，纽约交易所、澳洲交易所、韩国交易所也在积极推进区块链技术的探索与实践。

除了证券交易结算，区块链还可以用来注册并发行数字资产所有权。区块链技术可以大幅提升程序自动化，而智能合约则可以将众多复杂的衍生品交易条款写入区块链技术支持的注册发行程序中，当交易发生时，区块链网络可以迅速地进行正确执行。2015 年 11 月，纳斯达克和 Chain 合作的区块链技术新项目 Linq，已利用基于区块链的发行交易平台完成了第一笔私募股权交易。

区块链技术融入智能合约技术，可以程序化处理复杂的衍生品交易，将清算变得更为标准化、自动化。区块本身时间线形推进的特点可以帮助监管层鉴别发现违规操作，同时智能合约可以将合规检查变成自动化，从清算之初就将违规的可能性降为最低。区块链技术 24 小时不间断运转的特点，也可以将交易所数据互换处理变得更为稳定和值得信赖。

9.2.5　区块链在保险行业中的应用

区块链不仅可以降低信息不对称，还可降低逆向选择风险；而其历史可追踪的特点，则有利于减少道德风险，进而降低保险的管理难度和管理成本。随着区块链技术的发展，未来关于个人的健康状况、发生事故记录等信息可能会上传至区块链中，使保险公司在客户投保时可以更加及时、准确地获得风险信息，从而降低核保成本，提升效率。

目前，英国的区块链初创公司 Edgelogic 正与 Aviva 保险公司进行合作，共同探索对珍贵宝石提供基于区块链技术的保险服务。

保险公司 Bajaj Allianz 使用区块链技术，在印度部署了一项针对旅客和司机的全新产品。据悉，Bajaj 正在使用区块链技术来大幅度减少索赔的周转时间。Bajaj 计划开始一个称为"TravelEzee"的产品，其中区块链技术进入索赔过程，并且能够即时地收到现金。

国内的阳光保险率先采用区块链技术作为底层技术架构，推出了"阳光贝"积分，使阳光保险成为国内第一家开展区块链技术应用的金融企业。"阳光贝"积分应用中，用户在享受普通积分功能的基础上，还可以通过"发红包"的形式将积分向朋友转赠，或与其他公司发行的区块链积分进行互换。

区块链可以支撑保险业的另外一个原因在于，可以给现场损失鉴定人混淆的理赔带来验证引擎。在有形资产担保中，诈骗可能给保险公司带来损失。这些情形中，保险公司无法实施代位权，或者利用别人的资产来弥补损失。基于区块链的理赔验证网络可以给整个行业带来利益，在半公开的区块链账本上记录投保资产的状况，从而改善新兴市场的保险渗透率和使用率。

利用区块链技术还可以帮助保险行业重建基于信誉和信任的价值链。比如美国每年有大约 74 亿美元寿险未理赔，让受益人无法采取措施。基于区块链的保险登记可以解决这些问题，同时通过分布式公共记录维持匿名性，改善安全性。这些无人理赔的资金主要是由于人们的寿命更长，投保人和保险文件的记忆也更加模糊。基于区块链的公共账本则可以实现合法的收益理赔，不让这些未理赔的资金在二级市场出售或者冻结。

也可以说，在保险的发起、报价、签约、保单签发到理赔和续保过程中，传统做法都存在巨大的阻力系数和信任空白，这正是区块链在保险业发挥变革力量的契机。区块链可以帮助降低摩擦、提高信任，同时降低不足额保险和不承保的风险。

9.3　数字货币

9.3.1　比特币

尽管区块链的倡导者们有意把区块链技术作为一种中性的独立技术从比特币中抽离出来，但不可否认，比特币是第一个初步成功并引起广泛关注的区块链应用。它在发行机制、分配机制、币值调节机制上有不少创新。中本聪将比特币定义为一种点对点的电子现金系统，"电子现金"一词表明他想要发明的并不仅仅是一个支付系统，而是一套有着独立货币哲学的货币系统。

比特币最常被人提及的特性就是总量恒定。比特币的最高上限为 2 100 万个。在 2009 年初比特币网络开始运行的最初几分钟内，比特币的数量为零。当大约 10 分钟过去后，第一个区块产生了，生产出这个区块的矿工也就获得了 50 个比特币的奖励。这 50 个比特币就是世界上产生的第一批比特币。通过查询历史数据，我们可以看到最早的这个区块，也就是说区块 0 的详细信息（见表 9 - 1）。

表 9 - 1　创世区块详细信息

区块ω(主题)	
时间	2009 - 01 - 04 02：15：05
难度	0.999
交易数	1
总转出量	50 BTC
奖励	50 BTC
手续费	0 BTC
矿工	Satoshi
版本	1
区块大小	0.2099609375 KB
随机数	2083236893
区块 ID	00000000839a8e6886ab5951d76f411475428afc 90947ee320161bbfl8eb6048
币天销毁	0

可以发现，这个区块产生于 2009 年 1 月 4 日，仅包含了 1 笔交易，就是那笔"无中生有"新生成出来的 50 个比特币。在每个区块里，这些新生成的比特币被称作"区块奖励"。由于当时只有中本聪一个人在运行比特币网络，毫无疑问这个区块的产生者就是中本聪本人，这 50 个比特币的区块奖励也在中本聪的控制下。而迄今为止，这 50 个比特币都还静静地躺在这个地址里，一次也没有被花费过。区块奖励并不是一成不变的，每隔 4 年，区块奖励就会减半。也就是说，2009 年开始时，区块奖励是每个块 50 个比特币，而到 2013 年，区块奖励就会减半为 25 个；到 2017 年，区块链奖励就会再次减半为 12.5 个；以此类推，直至 2 100 万个比特币分发完毕。这就是比特币的发行机制。尽管 2030 年左右比特币就能达到 2 000 万的发行量，但是要到 2140 年左右才会达到最终 2 100 万的发行总量。

比特币通过将新产生的币作为区块奖励分配给矿工（区块生产者）的方式完成整个发行过程。这一过程的最主要特点有三个。

一是发行有严格的既定规则，任何人都没有权利修改这些规则，进行规则外的增发。这一约定和经济学家、诺贝尔奖获得者弗里德曼的观点非常接近。弗里德曼认为，根治通货膨胀的唯一出路是减少政府对经济的干预，控制货币增长。控制货币增长的方法是实行"单一规则"，即中央银行在制定和执行货币政策的时候要"公开宣布并长期采用一个固定不变的货币供应增长率"。

二是发行的主体是不特定的，任何人只要打开运算设备（不管是矿机还是普通计算机）都可以参与到挖矿也就是说货币的发行过程中。这个特点体现了"去中心化"的精神，只要拥有算力，任何人都可参与而不取决于参与者的身份、地位。

三是存在真实的发行成本，该成本主要包括购买矿机的成本和运行矿机的成本。这些成本的存在"赋予"了比特币某种价值。从经济学角度看，决定价格的并非成本，而应该是市场供需关系。你可以花费数亿美元的成本把一块蛋糕发射到火星之上，但这块蛋糕并不会因此获得数亿美元的身价（如果不是既足够有钱又足够疯狂的疯子的话）。但是不可否认，成本的存在给了市场一个极强的心理预期信号。成本就像是一张比特币市场价格的安全网。回顾比特币的历史价格，每当触及成本时，总会快速迎来反弹。比特币的这种需要成本的发行机制是对布雷顿森林体系瓦解后世界各国无须成本就能发行所谓"信用货币"的一种反讽。从发行需要成本，发行依照收敛性曲线这些特性来看，比特币模拟的恰好是黄金这种贵金属。和比特币类似，黄金的总量有限，开采需要一定成本。然后，比特币可以跨地域转移、几乎可无限分割、可编程、易保管等特性确实可以完胜黄金这种几千年来人类世界共通的价值存储手段。然而正因为模拟了黄金的种种属性，比特币也就具备了黄金作为货币时体现出的种种缺点。例如，在现阶段，比特币更多地被用作一种投资投机商品，而非货币，导致其价格往往大幅度波动，暴涨暴跌阻碍了其成为一种通用的货币。即便我们假设比特币成为一种通用货币，由于总量固定，发行速率既定，比特币无法根据市场的供需而调整货币供应量，也会导致比特币成为一个糟糕的计价单位。当经济发展和财富增长时，以比特币计价的商品的比特币标价反而会持续下跌，物价越来越低。如果这也不是太大的问题的话，更糟糕的是员工的工资可能每半年就要降薪一次，用比特币计价的 GDP 数据可能是永远停滞不变的，国家可能要提高其他税收来弥补铸币税的消失。人类对价格数字的直觉和数千年积累的经济知识体系恐怕很难适应和跟上这样的变化。

9.3.2 竞争币

比特币是一个开源项目，其源代码也作为其他的一些软件项目的基础。由比特币衍生出来的最常见的形式，就是替代性去中心化货币，简称"竞争币"，这类货币使用与比特币同样的创建块链的方式来实现自己的数字货币系统。2009 年比特币诞生以来所涌现出来的竞争币、竞争块链和应用程序，这些数字货币有着与比特币相似的构建模式，但它们完全独立地运行在自己的网络和块链系统之上。

据不完全统计，目前市场上已有近 1 500 种数字货币，如比特币、以太坊、莱特币、瑞波币等。上千种数字货币良莠不齐，着实让人眼花缭乱，有的币种已有广泛的用户基础，而有些却濒临死亡，更有甚之的是少数字货币项目根本没有贡献代码，彻底沦为圈钱的工具。我们可以把一些常见主要的加密数字货币进行简单的层次分类，大致分为生态型、平台型和应用型三类。

（一）生态型

以太坊（Ethereum）于2014年通过爱西欧发行，是一款能够在区块链上实现智能合约、开源的底层系统，是区块链2.0的典型代表。它同时也是一个平台和一种编程语言，使开发人员能够建立和发布下一代分布式应用。以太坊将使用混合型的安全协议，前期使用PoW挖矿算法，后续将逐步切换为POS机制。以太坊总量不设上限，目前在全球已有200多个以太坊应用诞生，随着时间的推移将会有越来越多的项目在以太坊平台上构建。

瑞波币（Ripple）是世界上第一个开放的支付网络，于2011年发布，通过这个支付网络可以转账任意一种货币，包括美元、欧元、人民币、日元或者比特币，简便易行快捷，交易确认在几秒以内完成，交易费用几乎是零，没有所谓的跨行异地以及跨国支付费用。瑞波币是Ripple网络的基础货币，它可以在整个Ripple网络中流通，总量为1 000亿，并且随着交易的增多而逐渐减少。

（二）平台型

以太经典（Ethereum Classic）实际是最早的以太币，自2016年TheDAO被黑客利用智能合约的漏洞，转移了市值五千万美元的以太币。为了挽回投资者资产，以太坊社区最终做出投票表决，大部分参与者同意更改以太坊代码挽回损失，最终实际硬分叉，分别命名为ETC和ETH，ETC可认为是旧链，但还是有相当一部分社区支持者不愿放弃ETC而坚持下来。ETC依然坚持去中心化，不可逆转，不受第三方审查干扰。以太经典总量固定约为2.1亿~2.3亿区间，每500万个区块减速20%。

小蚁股（NEO）原名小蚁股，是国内第一条原创公有链，是一个智能经济分布式网络。NEO区块链通过将点对点网络、拜占庭容错、数字证书、智能合约、超导交易、跨链互操作协议等一系列技术相结合，实现快速、高效、安全、合法地管理用户的智能资产。NEO总量1亿，于2014年通过爱西欧发行，是国内最早的原创区块链项目之一。

比特股（BitShares）是采用DPoS核心算法而设计的去中心化交易网络，该项目于2014年发布，它支持包括虚拟货币、法币以及贵金属等有价值实物的交易。货币总量约为20亿。

EOS于2017年7月通过爱西欧发行，初步构想成为一个类似操作系统的区块链架构平台，旨在实现分布式应用的性能扩展。EOS发行总量为10亿个，它首次采用全年每天发行200万个的机制公开售卖。

Augur是一个基于以太坊区块链技术的去中心化的预测市场平台，于2016年推出发行，用户可以用数字货币进行预测和下注，依靠群众的智慧来预判事件的发展结果，能有效地消除对手方风险和服务器的中心化风险。爱西欧代币总量为1 100万。

应用链（Lisk）是一种基于JavaScript的高度可扩展公共区块链。可以在其上编写去中心化应用程序，同时不需要学习一般区块链通常比较复杂的编程语言。Lisk 提供去中心化应用平台，应用全都运行在区块链或者其侧链上。Lisk 于 2016 年发行，初始总量 1 亿但无上限。

量子链（Qtum）是首个基于 UTXO 模型的 POS 智能合约平台，可以实现与比特币生态和以太坊生态的兼容性。量子链致力于开发比特币和以太坊之外的第三种区块链生态系统，并致力于拓展区块链技术的应用边界和技术边界，使普通互联网用户能感受到区块链技术的价值。它于 2017 年通过爱西欧筹集资金，目前已上线主网，总量约为 1 亿。

IOTA 是一种新型的加密数字，提供高效，安全，轻便，实时的微交易，并且不产生交易费用。IOTA 是专为物联网而设计的，它是实时微交易，并且能够简单方便地进行扩展的数字货币，专注于解决机器与机器（M2M）之间的交易问题。IOTA 的最大特点是基于缠结（Tangle）而非区块链技术。Tangle 继承了区块链技术去中心化和安全交易机制的特性，但却不是基于区块，而是采用了有向无环图（DAG）机制，这一点与大多数单向区块链条的数字货币有显著不同。

（三）应用型

比特现金（Bitcoin Cash）是比特币于 2017 年 8 月 1 日硬分叉的币种，总量 2 100 万，区块大小最高支持 8M，不包含 SegWit 代码，特点与比特币基本一致，但是作为大区块的代表，每个区块可以容纳更多的交易，在一定程度上降低了 BTC 上的交易拥堵性。

莱特币（Litecoin）是于 2011 年根据比特币源码改进而发行的数字货币，总量 8 400 万，出块时间 2.5 分钟，具有比比特币更快的出块时间，使用 scrypt 作为工作量证明的加密算法。

达世币（Dash）原名暗黑币，于 2014 年推出，是一款支持即时交易、以保护用户隐私为目的数字货币。总量约 2 200 万，达世币采用独创的 11 轮科学算法进行哈希运算，首次提出并实现了匿名区块转账方式，采用类似于 POW + PS 的混合挖矿方式。

零币（Zcash）是首个使用零知识证明机制的区块链系统，它可提供完全的支付保密性，同时仍能够使用公有区块链来维护一个去中心化网络。它于 2016 年发行，也是基于比特币的改进版本，总量 2 100 万。如果比特币是网络货币中的 http 协议，那么 Zcash 就是 https ，具有真正意义上的匿名性。

门罗币（Monero）是一种基于 CryptoNote 协议的加密数字货币，CryptoNote 可以通过数字环签名提供更好的匿名性。它于 2014 推出发行，是继比特币之后又一极具创新的区块链项目，它规避了比特币的设计缺陷，可使用门罗币更具匿名性、去中心化和扩展性。货币总量为 1 884 万。

新经币（NEM）是于 2015 年推出的区块链项目，它是一个完全由 java 开发的数字货币，拥有一套基于重要性证明（POI）的革命性解决方案，它解决了比特币生态中大量资源浪费和挖矿设备之间的竞争问题。在 NEM 网络中，酬金将以一种精妙且平衡的方式决定并发送至用户。新经币总量约 90 亿。

超级现金（Hcash）项目在 2017 年推出，Hcash 平台被设计成区块链与 DAG 系统的双重侧链，致力于成为主流区块链系统价值和信息交换的媒介。该代币基于 UTXO 模型的稳定区块链系统进行开发，将采用 POW + POS 机制挖矿，代币总量约为 8 400 万。

比原链（Bytom）是 2017 发行的基于以太坊代币，同时是一种多样性资产的区块链交互协议，运行在比原链上的不同类型资产（收益权、非上市股权、债权、数字货币等）可以通过该协议进行交换、对赌和基于智能合约的复杂性交互操作。比原链总量 21 亿个。

狗狗币（Dogecoin）诞生于 2013 年，基于 Scrypt 加密算法挖矿，狗狗币与比特币的区别主要是基于美国的小费文化，狗币分发公平，慈善、打赏文化深得人心，用户发展惊人迅速。狗狗币总量约 1 000 亿。

OmiseGO（OMG）是 2017 年推出的基于以太坊网络的支付解决方案的项目代币，类似于一个电子钱包，通过 OmiseGo，任何人都可以以一种完全分布式和比较便宜的方式来进行金融交易。OMG 代币总量 1.4 亿，在泰国，已有部分商家支持 OMG 的支付方式。

TenX PAY，PAY 是 TenX 项目的以太坊代币，2017 年通过 ICO 发行，TenX 项目的目标是建立一个连接现实世界和区块链网络的支付系统，让区块链资产可以通过 TenX 支付卡、手机钱包、ATM、银行账号等多种渠道在世界任何地方任何时间无须等待的进行支付。目前 TenX 与主要的信用卡公司，如 VISA 和万事达卡达成了合作，PAY 目前在新加坡已有一定的场景运用，可以使用 PAY 代币直接进行商品支付。PAY 总量约为 2 亿个。

Kyber Network 是一个无须信任的去中心化交易所，能够促进加密资产的即时交易与兑换，并且保证流动性。KNC 同样是在以太坊网络构建的应用，代币总量约为 2.2 亿。

9.3.3　央行数字货币

2016 年 1 月 20 日来自中国人民银行的一则新闻引起了大家的广泛关注，其标题看似非常普通——《中国人民银行数字货币研讨会在北京召开》，然而它的内容却是轰动性的，文中明确指出：在我国当前经济新常态下，探索央行发行数字货币具有积极的现实意义和深远的历史意义。发行数字货币可以降低传统纸币发行、流通的高昂成本，提升经济交易活动的便利性和透明度，减少洗钱、逃漏税等违法犯罪行为，提升央行对货币供给和货币流通的控制力，更好地支持经济和社会发展，助力普惠金融的全面实现。未来，数字货币发行、流通体系的建立还有助于我国建设全新的金融基础设施，进一步完善我国支付体系，提升支付清算效率，推动经济提质增效升级。会议要求，人民银行数字货币研究团队要积极吸收国内外数字货币研究的重要成果和实践经验，在前期工作基础上继续推进，建立更为有效的组织保障机制，进一步明确央行发行数字货币的战略目标，做好关键技术攻关，研究数字货币的多场景应用，争取早日推出央行发行的数字货币。

关于我国央行是否会考虑将区块链技术用于央行数字货币的问题，周小川行长如是说："数字货币的技术路线可分为基于账户和基于钱包两种，也可分层并用而设法共存。区块链技术是一项可选的技术，其特点是分布式薄记、不基于账户，而且无法篡改。如果数字货币重点强调保护个人隐私，可选用区块链技术。人民银行部署了重要力量研究探讨区块链应用技术，但是到目前为止区块链占用资源还是太多，不管是计算资源还是存储资源，应对不了现在的交易规模，未来能不能解决，还要看。"周小川行长所说的基于账户和基于钱包的概念，实质系指基于服务器的电子货币和基于私钥的加密货币。前者即普通电子货币，账户所有权并不真正属于用户，而是托管于服务器之上。后者即以比特币为代表的加密货币，用户拥有账户的绝对专属权，不仅可以用自己的密钥开启，还可以通过智能合约授权别人拿密钥开启，账户的控制权归根结底在用户端，商业银行也未必有权开启。

英国央行也正在全面探索区块链技术，数字货币被纳入了英国央行在未来一年的研究重点。英国央行货币政策二把手本·布劳德本特（Ben Broadbent）曾在一次讲话中指出：比特币可能无法得到广泛应用，但由央行发行的数字货币可能对全球金融体系产生巨大影响。"去中心化的虚拟票据交易所和资产登记处"可能会是这项技术更好的探索之路。

澳大利亚央行也是探索数字货币和区块链技术的先行者。澳大利亚储备银行（Reserve Bank of Australia）支付政策部门主管托尼·理查德（Tony Richards）就建议，在将来某个时间澳元应该转换成数字货币形式。他特别指出："可行的方案是由中央银行发行货币，再由授权机构监管货币交易和流通，当然现有的金融机构可能会参与其中。"

各国央行发行数字货币的出发点很简单。首先，纸钞的流通成本太高。据美国零售商和银行估计，持有实物美元的年均成本在 60 亿美元左右，其中包括会计、储存、运输和安全成本。纸钞逐渐退出交易已经是大势所趋。一旦纸钞退出交易，那么央行就和货币的使用者切断了所有的直接联系，用户使用的不再是央行直接发行的货币，而是银行、第三方支付所发行的 IOU（欠条），央行的货币政策将更难被传导至市场。其次，日本和北欧国家央行已经在实施所谓的负利率，然而负利率只能传导到金融机构而无法传导至个人。因为一旦在个人层面实施负利率，那么个人的第一反应就是从银行提取现钞，那就会造成全国范围的挤兑和银行业危机。相反，如果现钞退出市场交易，央行就可以更好地实施包括负利率在内的货币政策，从而更强地影响市场。这也是荷兰央行用 DNBCoin、英国银行用 RSCoin 进行数字法币概念验证的出发点。

9.3.4 数字货币风险与监管

比特币作为区块链技术运用的典型代表，已存在了数年之久，比特币的广泛使用与随之而来产生的影响力已经让各国的立法者无法忽视。各国针对比特币制定了相应的监管政策。尽管像比特币这样的加密货币因为"货币属性"而具有一定的特殊性，但仍可以帮助我们推测各国政府对区块链技术可能采取的态度。

美国意识到数字货币如比特币可用来支付商品、服务或持有用作投资。2014年3月，美国关于数字货币的指引，认为数字货币不是货币，而是一种商品，对比特币交易应当征税。这意味着在美国对于诸如比特币、莱特币或其他加密货币的使用将会支付更高昂的成本。2014年6月，美国加利福尼亚州州长签署了一项编号为AB129的法律，保障加州比特币以及其他数字货币交易的合法化。该法律规定，在确认不违法的前提下，法案将保障包括数字货币的替代货币在购买商品、服务以及货币传播中的使用。美国纽约州在2014年7月公布了监管比特币和其他数字货币的提案。提案提出要在纽约州开展经营活动，从事数字货币的买卖、存储或者兑换的公司必须要申请许可证。依照提案，比特币公司不仅需要追踪其客户的物理地址，还需要追踪利用比特币网络向其客户转账的人的物理地址。这会降低比特币的基本价值。最大的比特币交易平台之一的Coinbase于2015年1月在美国得到了包括纽约州、加州在内的25个州的认可，未来有望获得更多州政府的认可。

美国商品期货交易委员会（U. S. Commodity Futures Trading Commission）在2015年9月正式将比特币和其他数字货币定义为商品。该委员会将监管比特币相关的交易活动。在美国如果一家企业想要经营一个比特币衍生品或期货的交易平台，将需要申请成为掉期合约执行机构或指定合同市场。

德国联邦金融监管局在2011年11月制定了一份"金融工具"备忘录，赋予"比特币"与外汇同等的地位，并规定比特币为一种"记账单位"（Unit of Account），而非法定支付手段。2013年8月，德国财政部宣布，德国或将认可比特币是一种记账单位，但不具备充当法定支付手段的功能。比特币的持有者将可以使用比特币缴纳税金或用作其他用途，德国也将成为全球首个认可比特币的国家。

2015年的"巴黎暴恐事件"发生后，匿名者黑客组织附属组织"幽灵安全"（GhostSec）称，他们相信比特币是极端组织"伊斯兰国"加密货币的首要形式，并且已经在"深网（Deep Web）"上定位到几个"伊斯兰国"用来接受捐赠的网站。为应对恐怖主义使用加密货币所带来的威胁，欧盟委员会计划强化对"非银行支付方式"的控制，如电子支付、匿名支付、数字货币支付以及黄金和其他贵金属的转移。法国的中央银行法兰西银行在2016年发布了一份题为《数字时代的金融稳定性》的新报告，在报告中提到法兰西银行正在考虑跟随区块链技术的发展计划，既包括区块链可能的应用，还包括区块链存在的问题，特别是安全性。

2015年10月，英国财政部的经济秘书哈里特·鲍德温在一次演讲上表示，英国正致力于将数字货币交易所引入监管体系，并努力为加密货币企业创立合适的制度以吸引海外投资者到英国投资，且英国财政部先后设立了1 000万英镑的加密货币研究资金。2015年10月，为了澄清了欧盟内部对于比特币属性的争议，欧盟法院（Court of Justice of the European Union）做出裁决，认为比特币应该被视为一种支付手段，根据欧盟的相关法律，这种交易应免征增值税。该裁决免除了比特币的税收威胁，否则将增加购买或使用比特币等数字货币的成本。该裁决向比特币合法化迈出坚实一步，加快了比特币在欧盟市场的进一步发展。这项新规源于 2014 年 6 月发生在瑞典的一场争论。当时，瑞典税务局与比特币论坛运营人丹尼尔·海德奎斯特（Daniel Hedqvist）就比特币交易是否需要缴税这一问题展开了争论。

2013 年 12 月，为了应对比特币交易在市场上的日益流行，中国人民银行、工业和信息化部、中国银行业监督管理委员会、中国证券监督管理委员会以及中国保险监督管理委员会五个行政部门联合发布了《关于防范比特币风险的通知》。在通知中明确："虽然比特币被称为'货币'，但由于其不是由货币当局发行，不具有法偿性与强制性等货币属性，并不是真正意义的货币。从性质上看，比特币应当是一种特定的虚拟商品，不具有与货币等同的法律地位，不能且不应作为货币在市场上流通使用。"消息发布后，在全球范围内比特币的价格急转直下，当时全球最大的比特币交易市场 Mt. Gox 在一天之内的跌幅就达到 29.44%。该通知同时要求"各金融机构和支付机构不得以比特币为产品或服务定价，不得买卖或作为中央对手买卖比特币，不得承保与比特币相关的保险业务或将比特币纳入保险责任范围，不得直接或间接为客户提供其他与比特币相关的服务"。通知的出台基本划定了金融与比特币之间的红线。2017 年先后出台了相应的文件，对主要比特币交易平台启动新一轮检查，措施包括检查组进驻和约谈平台负责人。央行监管部门要求比特币交易平台不得违规从事融资融币业务，不得参与洗钱活动，不得违反国家有关反洗钱、外汇管理和支付结算等金融法律法规等。此次检查主要是担心比特币交易平台会成为新的金融风险，特别是投机泡沫和资本外流的滋生地，因而在 2017 年一个月时间里两次发动对比特币平台的集中检查，以确保交易活动符合官方规范。今后，央行针对虚拟货币的管理措施依然很有可能继续加强。

在 2016 年 1 月 20 日举行的央行数字货币研讨会上，传递了一个明确信号：央行将争取早日推出数字货币，并早在 2014 年就成立了专门的研究团队。只是加密的算法、防伪技术因为涉及国家金融安全，肯定会不同于比特币。至于央行后续是否会选择基于区块链技术的数字货币，还需要看进一步的研究结果，但数字货币的发展已势不可当。

📖 本章小结

区块链作为一种去中心化的、共享和加密的分布式账本技术，通过对多种技术整合，形成了一种新的去中心化数据记录与存储体系，最终目的是建立一个保证诚实的数据系统，可将其称为能够保证系统诚实的分布式数据库。区块链技术在诸多领域都有非常好的应用前景，具体到金融领域，区块链技术将会改变货币发行、支付结算、权证登记转让及保险等各个行业。当然由于区块链仍然是新生事物，在发展过程中还存在不少的问题，因此对其的监管也面临新的挑战。

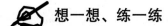 **想一想、练一练**

◎ 思考题

1. 区块链技术与传统数据库技术有什么区别？
2. 区块链技术的共识机制有哪几种，各有什么特点？
3. 区块链在网贷或者众筹行业的应用前景如何，为什么？
4. 比特币存在什么样的问题？
5. 如何看待各国央行对比特币的监管态度？

◎ 实训题

1. 请查询比特币以及主流的竞争币的最新行情。
2. 请调查区块链技术在非金融领域中的应用前景。

互联网金融系列教材
HULIANWANG JINRONG XILIE JIAOCAI

第 10 章

互联网金融风险与监管

 **知识要点**

✓ 互联网金融发展风险

✓ 我国互联网金融监管体系

✓ 我国互联网金融监管原则

✓ 国外互联网金融监管

案例导读

e 租宝案一审宣判：公司罚金 19 亿 CEO 被判无期

2017 年 9 月 12 日，北京市第一中级人民法院依法公开宣判被告单位安徽钰诚控股集团、钰诚国际控股集团有限公司以及被告人丁宁、丁甸、张敏等 26 人集资诈骗、非法吸收公众存款案，对钰诚国际控股集团有限公司以集资诈骗罪、走私贵重金属罪判处罚金人民币 18.03 亿元；对安徽钰诚控股集团以集资诈骗罪判处罚金人民币 1 亿元；对丁宁以集资诈骗罪、走私贵重金属罪、非法持有枪支罪、偷越国境罪判处无期徒刑，剥夺政治权利终身，并处没收个人财产人民币 50 万元，罚金人民币 1 亿元；对丁甸以集资诈骗罪判处无期徒刑，剥夺政治权利终身，并处罚金人民币 7 000 万元。同时，分别以集资诈骗罪、非法吸收公众存款罪、走私贵重金属罪、偷越国境罪，对张敏等 24 人判处有期徒刑 3 年至 15 年不等刑罚，并处剥夺政治权利及罚金。

经审理查明：被告单位安徽钰诚控股集团、钰诚国际控股集团有限公司于 2014 年 6 月至 2015 年 12 月间，在不具有银行业金融机构资质的前提下，通过"e 租宝""芝麻金融"两家互联网金融平台发布虚假的融资租赁债权项目及个人债权项目，包装成若干理财产品进行销售，并以承诺还本付息为诱饵对社会公开宣传，向社会公众非法吸纳巨额资金。其中，大部分集资款被用于返还集资本息、收购线下销售公司等平台运营支出，或用于违法犯罪活动被挥霍，造成大部分集资款损失。此外，法院还查明钰诚国际控股集团有限公司、丁宁等人犯走私贵重金属罪、非法持有枪支罪、偷越国

境罪的事实。

案发后，公安机关全力开展涉案资产追缴工作。截至目前，本案已追缴部分资金、购买的公司股权，以及房产、机动车、黄金制品、玉石等财物。现追赃挽损工作仍在进行中，追缴到案的资产将移送执行机关，最终按比例发还集资参与人。

北京市第一中级人民法院认为，二被告单位及被告人丁宁、丁甸、张敏等10人以非法占有为目的，使用诈骗方法进行非法集资，行为已构成集资诈骗罪。被告人王之焕等16人违反国家金融管理法律规定，变相吸收公众存款，行为已构成非法吸收公众存款罪。二被告单位以及丁宁、丁甸、张敏等26名被告人的非法集资行为，犯罪数额特别巨大，造成全国多地集资参与人巨额财产损失，严重扰乱国家金融管理制度，犯罪情节、后果特别严重，依法应当予以严惩。法院根据二被告单位、各被告人的犯罪事实、性质、情节和社会危害程度，依法作出上述判决。

互联网金融是兼具互联网和金融双重因素的金融创新，互联网金融促进了金融交易行为和消费方式的改变，交易成本低，资源得到了更有效快捷的配置，并在一定程度上弥补了传统金融服务的不足，为实体经济发展提供了更多层面的支持。互联网金融的核心是金融创新，决定了其风险远比互联网和传统金融本身更为复杂，应在鼓励互联网金融创新的同时，实施科学高效的监管。

10.1　互联网金融发展的风险

在经济金融环境复杂多变、互联网金融风险专项整治进入清理整顿阶段的背景下，我国互联网金融发展面临三大主要风险。

10.1.1　业务风险

（一）法律合规风险

法律合规风险是指互联网金融机构因违反法律、相关监管规定，导致可能承担不利的法律后果的风险。

互联网金融机构面临的法律合规风险主要有：

1. 法律不完善造成的风险。法律不完善包括法律空白和法律规定不明确。由于互联网金融是新生事物，很多业务模式颠覆了原来的业务形态，原有的法律规定未必适用于新生的业态，而制定新的监管规则又需要一定的探索过程，这导致在互联网金融领域存在大量的法律空白和法律规定不明确之处。法律的不完善导致法律难以正常发挥其指引作用、预测作用和强制作用。比如，大量的法律空白和法律规定的不明确导致难以对一些互联网金融创新产品的合法性作出准确判断。一些居心不良的从业者可能利用法律的不完善打着互联网金融的旗号进行非法集资，破坏市场环境，侵害消费者利益。而正常的经营者则担心自身的业务模式被认定为不合法，从而导致法律风险和经济损失。

2. 互联网金融业务涉及的法律的复杂性导致的风险。互联网金融业务是复杂的业务形态，受到诸多法律的规制，包括《刑法》《民法》《证券法》《投资基金法》《信托法》《广告法》以及信息安全方面的法律和相关监管规则等，稍有不慎，就可能违反法律规定，甚至触犯非法集资的相关规定，引发刑事风险。互联网金融企业应当重视法律合规部门的建设，重视对新业务的法律合规论证和法律风险评估。

3. 监管体制、机制的不完善导致的风险。一是以机构监管为主的监管体制不适应互联网金融的实践。互联网金融创新往往打破了原有的业务形态划分，有些业务形态很难定性为是某一种类型的业务形态，需要按业务实质来确定其监管规则。如果生搬硬套地将一种复杂的业务形态按其中一种形态来监管，则要么存在监管漏洞，要么监管僵化，遏制创新。二是可能存在各地政策的不统一。比如对于P2P的监管，各地的监管尺度就可能不一致，从而导致各地企业的发展创新空间存在差异，影响企业公平竞争，甚至可能导致一些市场乱象的发生。三是未能严格依法行政导致的不公平。市场经济是法治经济，法治环境的好坏直接影响企业的发展，甚至生存。企业在投资前，应当认真了解当地的法治环境和对互联网金融的政策动向，以免受限于当地政策和法治环境，影响企业发展。

4. 司法体系可能导致的风险。互联网金融业务以融资业务为主，融资业务的主要风险是信用风险。一旦融资人违约，就需要启动法律程序追究融资人的违约责任，但现行的司法体系可能尚不足以满足互联网金融企业的需要，互联网金融的特点是小额、分散，而且案件数量庞大，一方面，对债权人而言追索债务的成本过高，另一方面，对司法系统而言，庞大的案件数量需要占用大量的司法资源，司法机关可能无暇处理庞大的小额诉讼案件。对于经营小额、批量融资业务的互联网金融企业，也会考虑司法成本，为此，应当大力发展网络仲裁，通过网络仲裁快速、低成本地处理互联网金融小额诉讼案件。同时，行业调解组织，也是化解一部分案件的渠道。

（二）信用风险

互联网金融信用风险是指互联网金融的交易参与方不及时履行义务所带来的风险。互联网金融的信用风险主要是由于互联网金融平台的不合规经营和信息不对称造成的。

某些互联网金融平台开始设立时就是以"非法集资""洗黑钱"为目的。它们自融、自设资金池，一旦实现了目的，自然会卷款跑路。也有一些平台开始时并非非法目的，但是由于缺乏完善的风控体系，盲目用"高收益""高杠杆率"吸引投资者，最终导致资金周转困难，出现问题后又没有完善的风险处置机制，最终不得不选择倒闭。另外，虽然监管部门明确规定某些互联网金融机构只能充当"信息中介"，但个别机构仍偷偷扮演着"信用中介"的角色，因此引发信用风险，给互联网金融消费者带来了不小的损失。一些互联网金融模式中"无抵押、无担保"形式的借贷行为又使得交易方完全不受约束，这些都导致了违约现象的增加。

信息不对称也是导致信用风险的一个主要原因，由于互联网金融有虚拟性特点，参与方在地域上比较分散，交易者不直接见面，加上我国的征信体系还不完善，所以交易者之间相互不够了解。信息披露和信息共享对于改善信息不对称有很大的帮助，但是互联网金融机构采集数据时较为独立，机构之间缺乏沟通和共享机制。更严重的是，对于融资者的信用水平和资金运用情况，互联网金融机构大多没有足够的动力进行披露。互联网金融机构作为中介，有收集交易者信息、审核交易资格，并进行信息披露的义务，但是这样不仅会增加互联网金融机构的运营成本，还有可能由于不良信息的披露减少了交易量，影响互联网金融机构的收益，所以实际中互联网金融机构准入门槛一般较低，个人信息数据披露不足、在项目融资过程中缺乏完善的信息披露机制，缺少对交易方资金运用情况的监督，信用风险也正是在这样的环境下滋生出来的。

（三）流动性风险

互联网金融的流动性风险是指互联网金融机构由于资金短缺而无法实现消费者的提款指令。

互联网金融机构往往发挥资金周转的作用，沉淀资金可能在第三方中介处滞留两天至数周不等，由于缺乏有效的担保和监管，容易造成资金挪用，如果缺乏流动性管理，一旦资金链条断裂，将引发支付危机。

以P2P行业为例，P2P平台通常利用借贷资金来组成大部分运营资金，自有资本比率很低。随着资金规模的不断扩大，资金使用不受监管，P2P平台可能挪用客户资金投资高风险、高收益项目。若出现呆账导致大量资金被困，则会使流动性风险不断积累。自2011年下半年以来，P2P行业成为"跑路"的高危地带。贝尔创投、天使计划、蚂蚁贷、淘金贷、安泰卓越、优易贷等多家互联网借贷平台因流动性问题"跑路"或倒闭。"非诚勿贷"为维持流动性，不断以高收益率来吸引新的投资者，在还款付息高峰期，平台需提出银行账户内几乎全部资金，以应付上一批投资者的本息需要。

（四）利率风险

互联网金融机构在发展初期都利用高收益吸引投资者。但是这样的高收益模式不符合经济规律，只能在短时间内进行，不能长期维持。因此，互联网金融平台上销售的产品最终还是会回落到合理的收益区间内。互联网金融产品其实和传统金融产品的本质是一样的，产品的收益率应该受市场利率影响，因此互联网金融产品的预期收益率已经出现下降趋势。同时，随着利率市场化的推进，银行等传统金融机构却有可能由于没有了利率上限而提高存款利率，降低贷款利率，这会给新兴互联网金融机构带来一定的打击。如果新兴互联网金融机构没有了收益率方面的优势，很有可能会面临着市场份额急剧减少的窘境。特别是对于"T＋0"型的互联网货币基金来说，资金大量回流到银行，还会继而引发互联网金融机构的流动性风险。

除了收益率优势弱化外，利率市场化带来的利率波动也可能会给互联网金融机构带来不小的风险，由于利率上下限被放开，货币市场的利率波动会比以往更大。大部分互联网金融机构都刚起步不久，缺乏应对利率风险的能力，所以利率的小幅度波动都可能会给它们带来不小的冲击。此外，汇率的波动也会引发互联网金融行业的市场风险。如人民币持续贬值可能触发大量资金转变投资风向或涌入海外市场，折射到互联网金融理财市场，货币基金理财、P2P等固定派息理财或面临一定的资金流出压力。互联网金融机构的风险外溢性较强，"蝴蝶效应"使得市场风险有可能会引发其他风险，甚至给整个行业带来一定威胁。

（五）操作风险

互联网金融操作风险是指误操作行为导致损失的风险。金融行业的误操件事件不在少数。比如 2013 年 8 月的光大证券"乌龙指"事件，是由工作人员的误操作，使光大证券遭受了惨重的损失，导致互供网金融操作风险的来源主要是从业人员的误操作，互联网金融从业者缺乏严格的培训，从而产生误操作行为。互联网金融的低门槛特点也同样呈现在从业者身上。传统金融机构的从业者一般需要一定的资格证书，受到严格的培训才能从事相关工作，而互联网金融机构的从业要求相比之下低很多，而且很多互联网金融机构成立不久，缺乏对员工的管理经验，内控制度薄弱，员工容易出现因不熟悉业务、不遵守操作规章而出现误操作的行为。

系统的设计缺陷和互联网的实时性又加剧了操作性风险。由于互联网金融行业起步不久，很多设备、系统还处于研发、试用等摸索阶段，并不成熟，部分系统没有考虑到使用者的使用习惯，不仅会给操作者带来使用不便的感觉，还可能误导操作者产生一些违背其真实意愿的行为。另外，过去客户想要转账、提款一般需要柜台经过人工审核后才能完成，这个过程可以给金融机构处置风险带来一定的缓冲时间，但是现在互联网金融的"零时差"特性、全自动的审核过程省去了人工校验的步骤，系统会立刻对操作行为进行合法性判断并作出反应，金融业务在几秒钟内就可能完成，这使得互联网金融机构常常来不及对误操作进行及时弥补。

操作风险虽然有可能会带来很大的损失，但是这种风险比较容易控制，不断完善系统并对相关人员加强培训就可以有效降低误操作的可能性。

10.1.2　信息技术风险

携程、支付宝数据泄露案例

2014 年 3 月 22 日傍晚 18 时 18 分，一位白帽子黑客"猪猪侠"在乌云平台发布了一个令人震惊的漏洞报告，报告中指出，携程的一个漏洞会导致大量用户银行卡信息（包含持卡人姓名、身份证、银行卡号、卡 CVV 码、6 位卡 Bin）泄露，而这些信息可能直接引发盗刷等问题。携程有着数千万会员用户，而携程的漏洞可能导致信用卡盗刷，事关"钱袋子"，兹事体大！很快，各种版本的传言借助微信、微博以几何倍增的速度传开，"换卡"一时间成为传播最为频繁的热词。携程方面也承认漏洞的存在，承诺短期内修复该漏洞，同时声明，此次漏洞共涉及 93 名存在潜在风险的携程用户，客服已通知相关用户更换信用卡。

如今阿里的支付宝开户数超过 3 亿用户，规模已经接近 9 000 亿元人民币。如果支付宝这样的互联网金融产品出现安全问题，那将是致命的。"现在不少支付宝、余额宝账户里的现金都是几万几十万的，如果这些账户资料被第三方获取，那风险就太大了。"但 2014 年初支付宝也曾爆"内鬼"泄密事例。支付宝前员工李某从 2010 年开始曾多次下载用户数据，内容超过 20G，并多次出售给电商公司和数据公司。目前泄密的信息可能包含用户的姓名、地址、事务历史记录等，这些信息经过内容分析、提炼兜售给目标客户，得到商业性的消费倾向。所幸支付宝公关部负责人响应称，"支付宝交易密码、银行账户、身份证号等核心信息技术人员是接触不到的，对于这些敏感数据支付宝全部采用先进加密技术处理，无论是在该事件之前还是之后，任何人都无法获取"。如果账号、密码等信息泄露的话，后果是无法想象的。

当然这些"泄密门"引发了恐慌，影响很大。不过反过来说也是好事，为一些互联网安全、第三方支付的企业敲响了警钟，督促企业会更重视在安全方面的投入。

信息安全风险是指在信息化建设中，各类应用系统及其赖以运行的基础网络、处理的数据和信息，由于其可能存在的软硬件缺陷、系统集成缺陷等，以及信息安全管理中潜在的薄弱环节，而导致的不同程度的安全风险。

我国互联网金融面临的信息安全风险是全方位的，除传统互联网风险外，还面临新形势、新技术、新业态的安全风险挑战。互联网和重要的信息化基础设施现阶段面临着极端个人、黑客团体、经济犯罪、恐怖主义、敌对国家等安全威胁，安全形势严峻，信息安全风险挑战巨大；支撑互联网金融的云计算、大数据等新技术发展还不完全成熟，安全机制尚不完善；同时，第三方支付、P2P等互联网金融新业态还处于起步阶段，安全管理水平较低，存在各种金融诈骗，病毒木马攻击，钓鱼网站，网站客户信息泄密等事件。

（一）信息数据的安全风险

数据安全风险是指电子数据存在被窃取、泄露、篡改、灭失等风险。随着数据的爆炸式增长，海量数据集中存储，能够方便数据的分析、处理，但安全管理不当，易造成信息的泄露、丢失、损坏。互联网和信息技术日益发达，对信息的窃取已不再需要物理地、强制性地侵入系统，因此对大数据的安全管理能力也提出了更高的要求。2012年，我国最大的程序员网站CSDN的600万个个人信息和邮箱密码被黑客公开，引发连锁泄密事件。2013年，中国人寿80万名客户的个人保单信息被泄露。2014年数据显示，41%的金融服务机构在12个月内因网络犯罪丢失了金融相关信息。2015年4月芝麻金融9 000个高净值客户资料泄露。

常见的数据安全威胁包括信息泄露、破坏信息的完整性、拒绝服务、非法使用、窃听、业务流分析、假冒、旁路控制、授权侵犯、特洛伊木马、后门、抵赖、重放、计算机病毒、人员不慎、媒体废弃、物理侵入、窃取、业务欺骗等。现实情况中，互联网金融企业的数据都是由结构化和非结构化的数据组成，存储在生产系统和备份中心，用户通过用户名和口令、手机短信验证码等传统的验证方式访问网站，进行数据传输。数据主要包括用户的用户名、登录密码、银行账号、身份证等重要的个人信息，这类信息是目前黑客最垂涎的个人隐私数据，有巨大的地下产业链买卖这些信息，交易异常火爆。在巨大的利益面前，大量的黑客把目标瞄准了互联网金融系统、P2P金融网站，利用网站和系统各种漏洞，日夜不休地攻击和渗透，以求窃取互联网金融电子数据。目前客户的信息数据丢失出现了不少案例，交易平台并没有在传输、存储、使用、销毁等方面建立个人隐私保护的长效完整的机制，加大了信息泄露的风险。2016 年初，浙江一家互联网金融平台——铜掌柜被曝出存在系统安全问题，导致平台 60 万名用户大量敏感信息泄露。

由于互联网金融快速兴起，很多创业企业信息化水平和信息安全能力参差不齐，在数据安全防范方面缺少统一的安全标准，很多企业连异地数据备份中心都没有设立。一方面，大量的互联网金融为了追求短、平、快，追求产品尽快上线和迭代，网站开发过程漏洞频出或者购买一些开源的网站架构和现成的互联网金融软件产品。据统计，业务设计缺陷和手机短信验证缺陷占了所有互联网金融网站漏洞的 40%，P2P 网站各自为战，漏洞和缺陷大致分布趋同。另一方面，大量的黑客如苍蝇一般盯着互联网金融网站不停地研究和分析网站的漏洞和缺陷，形成了高效的信息分享和协同作战，整体攻击能力日渐提高。

数据篡改和灭失风险主要体现在三方面：

（1）黑客的恶意攻击造成数据的篡改和丢失。

（2）网站维护人员的误操作，系统设备的故障造成数据损坏。目前很多互联网金融网站因为规模小，各种管理员权限归于一人或几人，风险极大。

（3）互联网金融网站和公司老板卷款跑路，他们为了消灭犯罪证据，常常人为篡改数据或者删除网站电子数据，给广大用户维权和司法机关破案带来很大的麻烦。因为电子数据只存于互联网金融企业的网站后台，用户端不保存交易信息。

为了确保电子数据不被篡改和灭失，针对以上三种不同的风险应采取不同的防护措施。风险的防范仍旧需要依靠传统的信息安全"三防"，即人防、技防、制防。互联网金融在人员安全管理、安全设备和技术、制度方面要有相应的体系，主管和监管部门要有技术上和制度上的措施来保障互联网企业的电子数据不被人为地篡改和破坏，立法部门还应出台相应的法规和要求，通过加密传输、存储等手段把电子数据备份到第三方的监管数据中心，从而保障用户和企业的权益，促进互联网金融行业的稳定健康发展。

（二）网络安全风险

网络安全风险指互联网环境中遭到网络攻击、渗透、窃听、计算机病毒等威胁导致的风险。网络安全风险是金融信息科技风险的重要组成部分。互联网金融非常依赖于因特网和移动互联网，但是旨在破坏网络安全性方面的攻击威胁也在上升。一旦互联网金融企业网络出了安全问题，就会导致整个系统性的风险。

在互联网环境下，用户登录、查询、交易都是通过网络进行操作，部分互联网金融平台并没有建立保护敏感信息的相关体系，如保证用户鉴别信息、交易信息等在网络传输过程中的保密性和完整性的安全机制，或只是采用较弱的密码算法，很容易被攻破。一旦客户的资金、账号和密码等敏感信息在网络传输过程中遭到泄露或篡改，将给互联网金融信息安全造成严重影响。

同时，网站交易平台作为为互联网金融企业提供服务的窗口，成为人们了解金融动态，查阅信息，完成网上支付、网上投资、网上转账、网上借贷等事项的重要服务平台，承载着用户的资金，是互联网金融企业的命脉。但近年来，随着互联网技术的发展和互联网本身具有的开放性，用户面临的 Web 应用安全问题越来越复杂，安全威胁正在飞速增长，尤其是混合风险，如黑客攻击、蠕虫病毒、DDoS 攻击、SQL 注入、XSS 攻击、Web 应用漏洞利用等，极大地困扰着用户，给组织的信息网络和核心业务造成严重的破坏。网站信息系统在给互联网金融业务带来了高效性和便利性的同时，同样给外部和内部人员利用信息系统进行犯罪带来了便利性和隐蔽性。能否及时发现并成功阻止网络黑客的入侵和攻击、保证 Web 应用系统的安全和正常运行成为互联网金融企业所面临的一个重要问题。

另外，客户端安全隐患也是绝大多数金融风险事件来源。由于终端操作系统自身的脆弱性和用户安全保护意识的缺乏，互联网金融客户端极易受到恶意代码、网络钓鱼等黑客技术的侵害。

（三）系统性安全风险

系统性安全风险是由于黑客攻击、互联网传输故障和计算机病毒等因素引起的，这会造成互联网金融计算机系统瘫痪，从而造成技术风险。主要表现在以下三个方面。

1. 加密技术和密钥管理不完善、TCP/ IP 协议安全性差、病毒容易扩散。互联网金融的交易资料都被存储在计算机内，而且消息都是通过互联网传递的。由于互联网的开放性，在加密技术和密钥管理不完善的情况下，黑客就很容易在客户机向服务器传送数据时进行攻击，危害互联网金融的发展。

2. TCP/ IP 在传输数据的过程中比较注重信息沟通的流畅性，而很少考虑到安全性。这种情况容易使数据在传输时被截获和窥探，进而引起交易主体资金损失。

3. 通过网络计算机病毒可以很快地扩散并传染，一旦被传染则整个互联网金融的交易网络都会受到病毒的威胁，这是一种系统性技术风险。

（四）技术支持风险

技术支持风险是由于互联网金融机构受软硬件技术所限或为了降低运营成本而以外部技术支持解决内部的管理难题或技术问题，在此过程中，可能由外部支持自身的原因而无法满足要求或中止提供服务，导致造成技术支持风险。另外在互联网金融方面我国具有自主知识产权的设备较缺乏，需要从国外进口，这对我国的互联网金融安全造成了技术支持风险。

而对于软硬件技术主要有以下故障引起技术支持风险：

1. 硬件故障。系统硬件故障是由于组成系统部件中的元件损坏、性能不良，或系统的器件物理失效、参数超过极限值等因素所产生的。例如，元件失效后造成的电路短路、断路；由于电网波动使逻辑关系产生混乱；网络通信中断所造成的故障等。

2. 软件故障。系统软件故障的原因主要有软件在编写过程中自身所留下的漏洞；软件受到病毒的攻击后所造成的损害；使用人员操作不当所造成的功能缺失等。

3. 硬件或者软件的不兼容。主要指硬件与硬件之间的不兼容、软件与软件之间的不兼容、硬件与软件之间的不兼容等。

10.1.3 系统性风险

由于我国处于当前实体经济下行和金融风险上行时期，中小企业经营相对困难，债务违约可能性增大，导致互联网金融平台对接的主要资产质量下降，逾期率和不良率上升。同时，普通投资者情绪和市场预期波动增大，资金流不稳定性进一步显现，导致平台经营压力普遍持续增加。

同时，根据国家开展互联网金融风险专项整治的工作要求，在向合规化转型过程中，部分实力较强的从业机构能按要求实现转型，一部分规模较小、实力相对弱的从业机构采取主动停业结束经营，实现良性有序退出。此外，还有一部分从业机构希望继续经营，但因前期存在期限错配、资金池、大额标的等不规范经营行为，导致积累的风险敞口大，实现转型面临的困难大，其中有些已面临客源萎缩、资金链断裂、偿付困难的问题，这些问题如不妥善解决，有可能引发金融风险和社会问题。

其次，由于互联网金融具有较强的涉众性、其风险传递具有交叉性和传染性，在对相关风险处置过程中，很可能产生跨机构、跨区域、跨市场的连锁反应，此类风险不容忽视。

10.2 互联网金融监管概述

10.2.1 互联网金融监管现状

金融创新不能牺牲风险信息的透明度、增加金融体系的脆弱性，也不能脱离实体经济和消费者的需要，造成金融与实体经济和消费者利益的巨大背离。尤其对于跨行业的风险传导，要给予重点关注，并作出合理的制度安排，包括宏观的互联网金融监管原则和微观的互联网金融监管规则，以实现金融创新与金融监管的动态平衡。

经历了互联网金融业务的迅猛发展，2013 年互联网金融监管首次被提上监管议题。2013 年 8 月，由"一行三会"外加工信部、公安部和国务院法制办七部委组成"互联网金融发展与监管研究小组"；2014 年 1 月，国务院办公厅发布《关于加强影子银行业务若干问题的通知》；2014 年 3 月，《政府工作报告》提出要促进互联网金融健康发展，完善金融监管协调机制等监管办法；2015 年 7 月 18 日，由七部委组成的"互联网金融发展与监管研究小组"外加财政部、国家工商总局、国家互联网信息办公室合计十部委联合印发《关于促进互联网金融健康发展的指导意见》（以下简称《指导意见》）。《指导意见》的颁布，标志着互联网金融告别"缺门槛、缺规则、缺监管"的监管空白状态，进入有章可循、有法可依的发展阶段。自此各细分业态根据《指导意见》出台了一系列监管政策。

随着 2014 年、2015 年互联网金融风险事件集中爆发，2016 年 4 月 14 日《互联网金融专项整治实施方案》印发。国务院于 10 月 13 日正式公布了《互联网金融风险专项整治工作实施方案》及系列配套方案，与此同时，监管部门根据监管分工出台了细分行业专项整治方案。互联网金融专项整治行动力度和规模空前，明确央行的领导地位，统筹全局。采取穿透式监管，互联网金融企业与传统金融企业平等竞争，行为规则和监管要求保持一致。互联网金融进入严监管时代。

10.2.2　互联网金融监管体系

互联网金融的本质仍属于金融，根据《指导意见》，在监管职责划分上，人民银行负责互联网支付业务的监督管理；银保监会负责包括个体网络借贷和网络小额贷款在内的网络借贷以及互联网信托和互联网消费金融的监督管理，以及互联网保险的监督管理；证监会负责股权众筹融资和互联网基金销售的监督管理；与中国新金融框架"一委一行两会＋地方金融监管局"的架构一致。

另外，涉及互联网领域的管理，根据互联网行业管理要求，工业和信息化部负责对互联网金融业务涉及的电信业务进行监管，国家互联网信息办公室负责对金融信息服务、互联网信息内容等业务进行监管。《指导意见》指出，任何组织和个人开设网站从事互联网金融业务的，除应按规定履行相关金融监管程序外，还应依法向电信主管部门履行网站备案手续，否则不得开展互联网金融业务。

除此之外，《指导意见》在网络与信息安全要求方面，要求公安部与其他部门联合，分别负责对相关从业机构的网络与信息安全保障进行监管，并制定相关监管细则和技术安全标准。在监管协调与数据统计监测要求中，要求财政部负责互联网金融从业机构财务监管政策。同时，《指导意见》还特别提出要加强互联网金融行业自律。

中国互联网金融协会（National Internet Finance Association of China，英文缩写NIFA）于2015年12月31日成立。2016年3月25日，中国互联网金融协会在上海黄浦区召开成立会议暨第一次全体会员代表大会。第一次全体会员代表大会审议和表决通过了《中国互联网金融协会章程》《中国互联网金融协会会员管理办法》《中国互联网金融协会会费管理办法》等基础制度，签署了《中国互联网金融协会会员自律公约》《互联网金融行业健康发展倡议书》。协会旨在通过自律管理和会员服务，规范从业机构市场行为，保护行业合法权益，推动从业机构更好地服务社会经济发展，引导行业规范健康运行。

10.2.3　互联网金融监管规则

2015年7月，人民银行等十部门印发的《关于促进互联网金融健康发展的指导意见》对于规范互联网金融市场秩序和互联网金融业态提出了具体的监管要求。

（一）规范互联网金融市场秩序

《指导意见》对互联网金融市场运行从互联网行业管理、客户资金第三方存管制度，信息披露、风险提示和合格投资者制度，消费者权益保护，网络与信息安全，反洗钱和防范金融犯罪，加强互联网金融行业自律，监管协调与数据统计监测等八方面提出了具体要求。

2017年2月23日，银监会发布《网络借贷资金存管业务指引》以下简称《业务指引》。《业务指引》共五章二十九条，对于银行对接 P2P 资金存管业务提出了具体的要求。其中包括要求，存管银行必须在官方指定的网站公开披露包括网贷机构的交易规模、逾期率、不良率、客户数量等数据的报告。同时对于现有的资金存管模式，《业务指引》提出"存管银行不应外包或由合作机构承担，不得委托网贷机构和第三方机构代开出借人和借款人交易结算资金账户"。

2016 年 10 月 31 日，中国互联网金融协会发布《互联网金融信息披露个体网络借贷》标准（T/NIFA 1—2016）和《中国互联网金融协会信息披露自律管理规范》《信息披露标准》定义并规范了 96 项披露指标，其中强制性披露指标逾 65 项、鼓励性披露指标逾 31 项，分为从业机构信息、平台运营信息与项目信息三方面。

2016 年 11 月 30 日，银监会、工信部、工商总局联合发布的《网络借贷信息中介机构备案管理登记指引》（以下简称《登记指引》）。《登记指引》确立了以下原则：一是明确备案登记及相关流程的先后顺序。《登记指引》在《网络借贷信息中介机构业务活动管理暂行办法》规定的基础上，着力明确网贷机构备案登记的流程和所需提交的材料，特别是明确备案登记与工商注册、办理增值电信业务经营许可以及与银行业金融机构签订资金存管协议等的先后顺序。二是实施分类规定。《登记指引》对于新设机构以及存量机构的备案，分别进行了规定，确保备案流程的科学性和可操作性。

（二）互联网金融各业态具体监管原则

1. 互联网支付。互联网支付业务由人民银行负责监管。互联网支付是指通过计算机、手机等设备，依托互联网发起支付指令、转移货币资金的服务。

中国人民银行于 2015 年 12 月 28 日公告发布《非银行支付机构网络支付业务管理办法》（中国人民银行公告〔2015〕第 43 号，以下简称《办法》），2016 年 7 月 1 日起施行。

《办法》建立了支付机构网络支付业务分类监管机制。《办法》坚持支付账户实名制底线，要求支付机构遵循"了解你的客户"原则，建立健全客户身份识别机制，切实落实反洗钱、反恐怖融资要求，防范和遏制违法犯罪活动。

《办法》作为《指导意见》的配套监管制度，是进一步建立健全互联网金融监管法规制度体系的重要举措，对规范我国支付服务市场、维护公平有序竞争、平衡支付安全与效率、保障消费者合法权益、促进支付服务创新和互联网金融健康发展具有重要意义。

2. 网络借贷业务。网络借贷业务由银保监会负责监管。网络借贷包括个体网络借贷（即 P2P 网络借贷）和网络小额贷款。个体网络借贷是指个体和个体之间通过互联网平台实现的直接借贷。在个体网络借贷平台上发生的直接借贷行为属于民间借贷范畴，受合同法、民法通则等法律法规以及最高人民法院相关司法解释规范。

2015 年 12 月 28 日银监会同工信部、公安部、国家互联网信息办公室等部门研究起草的《网络借贷信息中介机构业务活动管理暂行办法（征求意见稿）》正式发布，明确了 P2P 的信息中介定位，设定了 12 条红线，并指出由地方金融办承担具体监管职能。

2016年8月24日，银监会等四部委出台《网络借贷信息中介机构业务活动管理暂行办法》（以下简称《管理暂行办法》）。《管理暂行办法》规定网贷借贷金额应以小额为主，并明确划定了借款人的借款上限。禁止行为由原征求意见稿的十二条增至十三条。其中不得从事债权转让行为，不再提供融资信息中介服务的高风险领域为新增禁止行为。同时，《管理暂行办法》对网贷主管机构银监会和地方金融监管机构职能进行了分工，实行"双负责"原则，即由银监会及其派出机构对网贷业务实施行为监管，制定网贷业务活动监管制度；地方金融监管机构负责网贷机构的监管。

网贷暂行管理办法的出台，意味着在中国发展近十年的网贷行业迎来监管时期。

3. 股权众筹融资。股权众筹融资由证监会负责监管。股权众筹面向小微企业，是多层次资本市场的有机组成部分。《指导意见》对股权众筹提出以下监管要求：

股权众筹融资是指通过互联网形式进行公开小额股权融资的活动。股权众筹融资必须通过股权众筹融资中介机构平台（互联网网站或其他类似的电子媒介）进行。股权众筹融资中介机构可以在符合法律法规规定前提下，对业务模式进行创新探索，发挥股权众筹融资作为多层次资本市场有机组成部分的作用，更好地服务创新创业企业。股权众筹融资方应为小微企业，应通过股权众筹融资中介机构向投资人如实披露企业的商业模式、经营管理、财务、资金使用等关键信息，不得误导或欺诈投资者。投资者应当充分了解股权众筹融资活动风险，具备相应风险承受能力，进行小额投资。

4. 互联网基金销售。互联网基金销售由证监会负责监管。

《指导意见》提出，基金销售机构与其他机构通过互联网合作销售基金等理财产品的，要切实履行风险披露义务，不得通过违规承诺收益方式吸引客户；基金管理人应当采取有效措施防范资产配置中的期限错配和流动性风险；基金销售机构及其合作机构通过其他活动为投资人提供收益的，应当对收益构成、先决条件、适用情形等进行全面、真实、准确表述和列示，不得与基金产品收益混同。第三方支付机构在开展基金互联网销售支付服务过程中，应当遵守人民银行、证监会关于客户备付金及基金销售结算资金的相关监管要求。第三方支付机构的客户备付金只能用于办理客户委托的支付业务，不得用于垫付基金和其他理财产品的资金赎回。

5. 互联网保险。互联网保险由银保监会负责监管。互联网保险监管细则——《互联网保险业务监管暂行办法》于2015年7月22日发布。监管办法自2015年10月1日起施行，施行期限3年。

监管暂行办法从互联网保险的准入门槛、经营范围、信息披露和监管管理等方面，通过共30项条款对自营网络平台、第三方网络平台等订立保险合同、提供保险服务的业务进行监管。

保险公司开展互联网保险业务，应遵循安全性、保密性和稳定性原则，加强风险管理，完善内控系统，确保交易安全、信息安全和资金安全。专业互联网保险公司应当坚持服务互联网经济活动的基本定位，提供有针对性的保险服务。保险公司应建立对所属电子商务公司等非保险类子公司的管理制度，建立必要的防火墙。保险公司通过互联网销售保险产品，不得进行不实陈述、片面或夸大宣传过往业绩、违规承诺收益或者承担损失等误导性描述。

6. 互联网信托和互联网消费金融。互联网信托和互联网消费金融由银保监会负责监管。

信托公司、消费金融公司通过互联网开展业务的，要严格遵循监管规定，加强风险管理，确保交易合法合规，并保守客户信息。信托公司通过互联网进行产品销售及开展其他信托业务的，要遵守合格投资者等监管规定，审慎甄别客户身份和评估客户风险承受能力，不能将产品销售给与风险承受能力不相匹配的客户。信托公司与消费金融公司要制定完善产品文件签署制度，保证交易过程合法合规，安全规范。

2016年3月30日，人民银行、银监会印发《关于加大对新消费领域金融支持的指导意见》。要求大力发展消费金融市场，积极构建消费金融组织体系、不断推进消费信贷管理的模式和产品创新。另外，加大对消费重点领域的金融支持，最终不断优化消费金融的发展环境。要求加快推进消费信贷管理模式和产品创新。鼓励银行业金融机构创新消费信贷抵质押模式，开发不同首付比例、期限和还款方式的信贷产品。

（三）互联网金融专项整治

2016年，监管部门根据监管分工出台了互联网金融细分行业专项整治方案：《互联网金融风险专项整治工作实施方案》《P2P网络借贷风险专项整治工作实施方案》《股权众筹风险专项整治工作实施方案》《互联网保险专项整治工作实施方案》《通过互联网开展资产管理及跨界从事金融业务风险专项整治工作实施方案》《非银行支付机构风险专项整治工作实施方案》《开展互联网金融广告及以投资理财名义从事金融活动风险专项整治工作实施方案》，覆盖了支付、资管、P2P、互联网保险和股权众筹。

此次互联网金融专项整治行动力度和规模空前，多部门协作，打造互联网金融整治天网，强调公安介入的重要性。仅北京市整治工作就多达22个协作部门。要求建立互联网金融产品集中登记制度，方案提出研究互联网金融平台资金账户的统一设立和集中监测，依靠对账户的严格管理和对资金的集中监测，实现对互联网金融活动的常态化监测和有效监管。规范互金企业广告宣传，未取得相关金融业务资质的从业机构不得对金融业务或公司形象进行宣传；取得相关业务资质的，宣传内容应符合相关法律法规规定，需经有关部门许可，不得进行误导性、虚假违法宣传。

至2017年底，互联网金融风险专项整治已取得积极进展。监管部门初步掌握了全国各地区、各领域互联网金融领域的风险情况，互联网金融无序发展、创新跑偏、风险不断上升的势头得到初步遏制，市场竞争环境逐步净化，一些互联网金融业态正在有序调整、逐步规范。

（四）我国互联网金融监管面临的挑战

1. 行业基础设施不适应监管要求。一是大部分从业机构尚没有接入国家金融信用信息基础数据库，行业缺乏信用信息共享机制，现行法规下惩戒手段不足，造成一些违规经营者的欺诈和违约成本较低。二是从业机构的经营状况游离于国家金融统计体系之外，而现有第三方数据的定义口径、覆盖范围、精准程度存在缺失，特别是资金流向方面基本空白，对金融监管和调控提出很大挑战。三是不同从业机构在业务操作、系统运维、产品定价、合同要素、合格投资者认定等方面标准化、规范化程度较低。

2. 监管体制有待完善。一是分业分段式监管难以适应互联网金融行业跨界混业经营、贯穿多层次市场体系的业务特征，容易产生监管套利。二是从业机构注册地与业务经营地往往不一致，资金端和资产端来源地也不一致，存在跨区域监管挑战。三是互联网金融业态众多、模式各异、创新速度快，金融风险复杂性、多样性特征明显，给现有监管资源和技术带来挑战。四是中央和地方在互联网金融监管方面的责任分工有待进一步细化和明确。

3. 法律制度体系有待健全。一是现有金融管理类法律法规以及相关民商事、刑事法律体系是以传统金融机构和金融业务为适用对象制定的，其适用到互联网金融领域，难免存在适用上的不匹配，使得一些创新业务模式存在一定的法律障碍。二是既有互联网金融业态监管规则的法律位阶较低，效力层级不够，导致执行中存在行政处罚力度不够、风险处置手段欠缺等问题。三是互联网金融反洗钱、反恐怖融资、个人信息保护等方面亟待立法。

4. 消费者权益保护有待加强。一是互联网金融基于虚拟网络平台进行交易，大量消费者个人信息留存在平台，个人信息保护难度加大。二是现有法律法规尚未建立完善的互联网金融消费者保护体系，特别是在互联网环境下，涉及的法律关系比传统金融服务更为复杂，法律关系主体广泛，对于互联网金融消费者应有的基本权利以及各方责任认定缺乏具有统一性和适用性的法律法规。三是现有互联网金融领域的消费者教育和权益保护工作，主要仍以风险警示为主，多层次、有针对性的消费者教育以及投诉处理、纠纷调处、损害赔偿等方面机制建设还不成熟。

10.2.4 国外互联网金融监管概况

（一）美国互联网金融监管概况

美国的金融监管机构，除美联储、联邦证券和交易管理委员会等传统监管机构之外，还包括 2008 年金融危机后由《多德—弗兰克法案》催生的美国消费金融保护局。美国法律法规对金融产品的监管极其严格，尤其在对创新的金融产品上。互联网金融从业者能诚信、自觉遵循法律法规。Lending Club 曾被证券和交易管理委员会全面、无限期停止所有新增贷款业务，后完成相关新产品审批后恢复。同时，监管者对违规者的惩罚相当严厉。

（二）德国互联网金融监管概况

德国互联网金融业务主要为第三方支付。

近年来，德国网上贸易额连续保持每年两位数的增长速度。德国第三方支付系统中，规模最大的为 Paypal 支付系统。德国目前有 2 万家网店支持 Paypal 支付系统进行交易，所有支付信息都锁定在 Paypal，在交易过程中传输的客户信息都会进行加密处理，网店运营方不会得到客户的银行和信用卡数据。德国并没有专门针对第三方支付系统的安全监管机构，不过，第三方支付系统必须经过德国联邦信息技术安全局或其认可的检测机构的检查和评估，获得资质证明。

（三）日本互联网金融监管概况

2000 年 4 月，日本金融厅发布《金融服务电子交易进展及监督报告书》，明确网络金融是金融行业创新，有利于活跃市场及提高效率，但在发挥其长处同时，必须确保使用者权益，网络金融在符合《金融商品贩卖法》基础上须遵守上述报告书中一系列规定。

作为"新形态银行"，日本金融厅将网络银行纳入银行监管体系，除《银行法》外，还有针对性颁布《银行法执行规则修订案》《针对新形态银行资格审查及监督运用指针》，对基于互联网提供的银行服务加以规范，并对非金融业进入网络金融市场加以严格监管，如必须保持网络金融子公司的独立性，与母公司联合开展业务时必须确保客户信息安全和建立"防火墙"等。

（四）澳大利亚互联网金融监管概况

依据澳大利亚《金融交易报告法》，网络支付服务商有义务在为顾客开户前，核实顾客身份，并向澳大利亚交易报告分析中心报告所有 1 万澳大利亚元以上的支付交易。不得利用信用卡透支向支付账户充值。除了月充值额小于 1 000 澳大利亚元外，其余支付账户必须与银行账户挂钩。

在澳大利亚，第三方支付要求采取实名制。例如，在网上购物并通过 PayPal 付款，申请开设客户个人支付账户时，要转接到客户个人的信用卡或银行账户上，必须是实名制。

📖 本章小结

互联网金融具有传统金融的风险，又因嫁接互联网技术，具有易传播、辐射面广的互联网风险特征，因此在互联网金融业务创新蓬勃发展的同时，出现了一系列风险事件，引发了投资者恐慌，也引起了监管层的高度重视。

本章主要介绍了互联网金融发展中的风险、我国互联网金融监管体系、我国互联网金融各业态监管规则以及国外互联网金融监管概况。互联网金融的持续健康发展离不开风险的管理与审慎的监管，互联网金融监管有别传统金融监管，在组织架构、监管形式、监管方式上作出了新的安排，也需要在借鉴国际监管经验的基础上，防范风险、有效监管，为互联网金融健康发展保驾护航，真正促进新金融新经济发展。

✍ 想一想、练一练

◎ 思考题

1. 简述互联网金融业务风险。

2. 简述互联网金融发展系统性风险。

3. 对比互联网金融与传统金融监管体系的异同。

4. 分析互联网金融国际监管经验对我国互联网金融监管的借鉴意义。

◎ 实训题

1. 选择一家你熟悉的网络借贷平台，简要分析其是否符合《关于做好 P2P 网络借贷风险专项整治整改验收工作的通知》中的要求。

2. 根据《关于加大通过互联网开展资产管理业务整治力度及开展验收工作的通知》，请分析你所熟悉的理财平台是否合规。

第 11 章

互联网金融系列教材
HULIANWANG JINRONG XILIE JIAOCAI

互联网金融发展的机遇和挑战

 知识要点

✓ 互联网金融对传统金融业发起的挑战
✓ 传统金融模式的机遇
✓ 人工智能与互联网金融
✓ 移动互联网技术打造互联网金融平台

案例导读

人工智能全面渗入各行各业

随着人工智能技术的日益成熟，该项技术正迅速应用于诸多行业，其影响从语音识别、自动驾驶汽车遍布到金融交易、智能财务领域。摩根大通开发的金融合同解析软件 COIN，只需几秒就能完成原先律师和贷款人员每年需要 36 万小时才能完成的工作。2017 年 3 月贝莱德（Black Rock）宣布裁掉 40 多个主动型基金部门的岗位，其中包括 7 名投资组合经理，转而用计算机与数学模型进行投资的量化投资策略代替。2017 年 5 月德勤财务机器人横空出世，开始取代财务人员的大部分工作。2017 年 8 月美国银行（Bank of America）与 Fintech 创业公司 High Radius 达成合作，将人工智能应用于企业应收账款处理。该应用程序专为大型、复杂的公司管理大笔支付业务。资产管理领域的人工智能应用，包括 BlackRock 开发的 Aladdin 平台（使用自然语言处理、阅读文件）、Kensho 平台（使用庞大的数据库，运用机器学习算法与自然语言处理技术，从众多庞杂数据中提取逻辑关系做出预测，并能以自然语言的方式输出）、Alpaca（模式识别等技术，用于量化投资）等。

美国咨询公司 Opimas 的数据显示，预计到 2025 年为止，AI 的运用将使得对资本市场，包括证券服务、交易和结算、资产管理、私人银行和财富管理等业务在内的员工减少 23 万人。

11.1　互联网金融对传统金融业的影响

金，指的是金子，融，最早指固体融化变成液体，也有融通的意思，所以，金融就是将黄金融化分开交易流通，即价值的流通。离开了价值流通，金融就成为"一潭死水"，价值就无法转换。价值无法转换，经济就无法运转。这种价值交换有跨时间的交换，也有跨空间的交换。以货币为例，它的出现首先是为了把今天的价值储存起来，等明天、后天或者未来任何时候，再把储存其中的价值用来购买别的东西。同时，货币也是跨地理位置的价值交换，例如，今天张三在 A 地卖货物，将赚到的钱带到 B 处消费，这就是价值的跨空间交换。货币解决了价值跨时间的存储、跨空间的移置问题，而互联网金融使得价值的流通变得更迅速和便捷，使得更多的小额资金参与到更多形式的跨时间和空间的价值流通过程中。但无论如何，互联网金融没有改变金融的核心特征，它依旧是遵循金融的一般规律运转的新的价值流通方式。

在金融理论中，金融由五要素构成：金融对象、金融方式、金融机构、金融市场及制度和调控机制。互联网金融极大地改变了传统金融的运行模式，重塑了金融构成的五要素，如表 11－1 所示。互联网金融以其技术优势把金融服务延伸到传统金融机构所不能覆盖的领域，同时，互联网的公立性和公益性决定了其在互联网金融中的中介性和平台性，通过互联网实现信息的匹配、增强风险控制能力，促进金融市场和金融机构的创新，改造、完善金融模式和服务等。

表 11－1　　　　　　　　　　　互联网引入重塑金融五要素

要素	传统金融的要素特征和功能	互联网金融的要素特征和功能
金融对象	货币。由货币制度所规范的货币流通具有垫支性、周转性和增值性	可无实际货币资金的流通
金融方式	以借贷为主的信用方式为代表。金融市场上交易的对象，一般是信用关系的书面证明、债权债务的契约文书等；包括直接融资和间接融资，即是否有中介机构的媒介作用来实现的融资	异于商业银行间接融资及资本市场直接融资。新模式下，支付便捷，市场信息不对称程度非常低，资金供求方在资金期限匹配、风险分担等方面成本非常低，可以直接交易，金融中介不起作用，贷款、股票、债券等发行交易及券款支付直接在网上进行
金融机构	通常区分为银行和非银行金融机构	不需要，供求方直接交易
金融市场	包括资本市场、货币市场、外汇市场、保险市场、衍生性金融工具市场等	充分有效，接近无金融中介状态
制度和调控机制	对金融活动进行监督和调控等	针对现有金融机构的审慎监管不存在，以行为监督和金融消费者保护为主

11.1.1　对银行业的影响

银行是依法成立的经营货币信贷业务的金融机构，它有三大核心业务"存、贷、汇"，其中"汇"主要是支付结算等中间业务。在我国，银行原本具有绝对的垄断地位，人们只能通过银行完成"存、贷、汇"业务。然而，随着智能手机的普及（截至2017年12月，我国手机网民规模达7.53亿），我国移动支付用户规模持续扩大。根据中国支付清算协会报告，2017年，非银行支付机构发生网络支付业务2 867.47亿笔，金额143.26万亿元，相比2017年，银行业完成移动支付业务375.52亿笔，金额202.93万亿元，支付次数已经远远超过银行业的移动支付次数，在支付金额上也占了41.38%，已经极大地撼动了银行的垄断地位。

在挑战银行传统业务方面，阿里金融作出了不可磨灭的贡献。从2004年到2013年，将近十年的时间，从电商平台到最大的第三方支付平台，阿里金融以其平台和技术逐渐实现了互联网金融对传统金融的渗透。2004年，阿里巴巴通过电商平台已经积累了庞大的客户群体和支付应用的场景，但传统支付方式又无法满足电子商务的要求，这就为支付宝的诞生和发展创造了良机。阿里巴巴于2004年创立支付宝，从而实现了由"电商"到"汇"业务。在接下来的发展中，随着支付宝成为国内最大的第三方支付平台，拥有实名制支付账户5.2亿，日均交易额超过45亿元，假设每笔交易的周转时间为5天，则平均沉淀在支付宝内的资金规模就超过200亿元，"余额宝"正是利用这些聚沙成塔的小额资金，结合货币基金的投资收益和支付宝的网络支付转账功能，实现了由"汇"到"存"。2010年6月，阿里巴巴成立阿里巴巴小额贷款有限公司，标志着互联网金融正式步入信贷领域。阿里小贷与银行贷款不同，它依托电商平台、支付宝和阿里云，实现了客户、资金和信息的封闭运行，有效降低了风险因素。在贷前，阿里小贷可以调取企业的电子商务经营数据并辅以第三方认证信息，利用阿里云计算平台的大数据处理能力，判断企业经营状况、信用情况和偿债能力；在贷中，通过支付宝、阿里云以及未来的物流系统监控企业资金流、信息流和物流情况，为风险提前做出预警；在贷后，进一步监控企业的经营行为，深化信用评判，对违约客户处以限制或关停其网络商铺等措施，并向其他网络客户通报其潜在风险。在这种闭环运行模式下，阿里小贷能够充分了解客户的风险状况，更好地控制潜在风险。

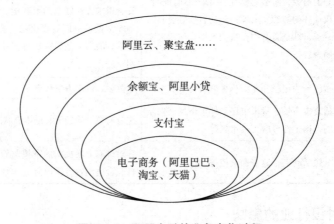

图11-1　阿里金融的业务变化过程

面对以阿里金融为代表的互联网金融的快速发展，各银行风声鹤唳，一方面督促政府机构加强监管，同时也面向小额用户制订推广新的理财方案，以期能够让资金更多地回流到银行。但是，互联网金融与传统银行机构仍然存在较大的区别。

首先，服务的客户群体不同。传统银行主要从事批发银行业务，服务的是大客户，而以"余额宝"和阿里小贷为代表的互联网金融主要服务小微企业和个人客户。

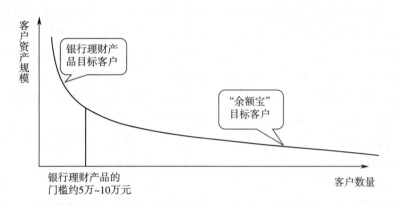

图 11 – 2　银行理财产品和余额宝的客户目标

其次，传统金融机构是市场的主体也是标准和规则的制定者，网络金融机构作为新兴主体难以切入其中。以线下支付为例，银行和银联控制了发卡和交易流程，并占据了主要利润来源，第三方支付生存空间十分狭小。同时，企业网银仍占据网上银行交易规模的80%，企业使用网银缘于信赖银行及对手交易在银行体系内形成支付结算的闭环，第三方支付难以介入。

再次，虽然存在以美国安全第一网上银行为代表的完全依赖互联网的无形的电子银行，但世界上绝大多数商业银行采取的还是在现有传统银行的基础上，利用互联网开展传统的银行业务交易服务。金融类企业仍是绝对主导方，互联网会抢占部分市场份额进而迫使金融企业加大网络方面的投入或收购，但不足以到分庭抗礼的程度。

尽管互联网金融不能够真正取代银行，但互联网的公平、开放理念，以及大众金融需求呈多样化和复杂化的趋势，引发了传统银行机构的变革，各银行纷纷借助互联网技术，提升运营效率，开拓新的金融服务领域。

11.1.2　对保险业和证券业的影响

对比传统的银行业，我国的保险业和证券业在互联网金融的发展中可能获得更多的发展机遇。对于保险业来说，互联网金融可谓颠覆了原本沉寂低迷的状态。"风乍起，吹皱一池春水"，2017 年 11 月中国保险行业协会发布的《2017 中国互联网保险行业发展报告》指出，截至 2016 年底，我国共有 124 家保险公司经营互联网保险业务，同比增加 14 家，同比增长 12.73%，其中经营互联网人身保险业务的公司为 64 家，同比增加 3 家；经营互联网财产保险业务的公司达 60 家，同比增加 11 家。这意味着我国保险业已有76%的保险公司通过自建网站、与第三方平台合作等不同方式开展互联网保险业务。2011年，经营互联网保险业务的保险公司数量仅为28家。

我国互联网保险正在经历从表层渠道变革向中层模式优化的发展，网络比价平台、直销网站、APP等模式基本已经落地，而基于线上场景的拓展和新技术的应用，包括从数据来源的扩展到业务流程数据的获取为风险定价、核保、理赔流程再造提供支持等内容，已成为现阶段互联网保险发展的重要内容。从全球保险业发展态势来看，传统保险公司、大型互联网公司、保险科技创业企业以及监管机构共同参与的一个全新的保险科技生态系统正在形成。传统保险公司在已有的数据资源和风险保障能力基础上，加大科技投入，将有望获取明显的竞争优势；科技的兴起扩展了保险产品和服务范围，也为一些互联网公司带来发展机遇，通过保险产业链的解构，此类公司有望构建起保险科技基础设施，为保险公司提供技术支撑并开展合作。

而对于证券业来讲，在125家券商中，已有55家获得互联网证券试点资质，约占券商总数的44%。越来越多的证券客户直接通过手机进行开户、交易、查行情、看资讯等操作。随着政策解禁，投资人选择、更换券商成本降低，未来互联网证券的重点将由"证券牌照"转向以客户为中心，互联网证券将会采用互联网经营手法：通过良好服务体验，吸引大量用户，利用附加服务将流量变现。同时随着社会大众理财意识加强，智能投顾商业应用，以往面向高净值人群的投资顾问服务将会下沉长尾用户，互联网券商资管业务市场前景巨大。

11.2　传统金融业应对策略

随着"互联网+"金融科技的强势崛起，银行机构面临前所未有的压力，传统银行业务的互联网化已经成为大势所趋，平台搭建、场景金融、网络金融成为商业银行转型智慧银行的发力方向。如中国工商银行于2015年3月23日正式发布互联网金融平台"e-ICBC"品牌，再到目前完整的网络银行平台融e行、电商平台融e购、信息服务平台融e联的完整架构，已经全面覆盖和贯通了金融服务、电子商务、信息服务的全方位网络金融业务生态圈。截至2017年6月末，融e行客户数突破2.67亿户，客户数、用户黏性和市场份额稳居市场第一；融e购上半年交易额5 239亿元，非金融交易占比达到90%，B2C客户数7 143万户；融e联客户数9 349万户，较年初增加2 701万户，相继推出了衣食住行等多场景应用的便民生活服务；网络融资余额7 420亿元，稳居国内第一。

另外三大行中，中国农业银行在2014年4月在保留其原有电子银行部的同时成立了网络金融部，定位于推进金融与互联网技术的创新和应用。重点开展"数据网贷"试点，通过与核心客户数据对接，为核心企业上下游小微企业客户集群提供纯信用、无须抵押和担保的融资服务，产品全程网上操作，期限灵活效率高。其推出的"农银e管家"电商服务平台，目前已在9.6万个惠农服务点上线了电商平台，向平台上的小微企业、农户提供供应链线上管理。中国银行则在2014年3月底，撤销电子银行部，成立网络金融部。该部在优化原有品牌"E融汇"交易服务的同时，启动"金球"精准营销项目，有效提升线上交易量。中国建设银行总行在2015年初将原电子银行部更名为网络金融部，加快打造集交易、营销、服务为一体的综合型网上银行。推出银企直联、保e生、慧医疗三大网络金融生态建设服务模式，企业网银用户规模快速增长。

除了积极创新提供多样化服务、建立电商平台拓展渠道以及整合资源建立直销银行之外，传统银行还与互联网金融企业谋求跨界合作寻求合作共赢。2017年3月28日，阿里巴巴集团、蚂蚁金服集团和建设银行签署了三方战略合作协议，按照协议和业务合作备忘录，双方将共同推进建行信用卡线上开卡业务，以及线下线上渠道业务合作、电子支付业务合作，打通信用体系。紧接着，在2017年6月16日，京东宣布和工商银行签署金融业务合作框架协议，双方将在金融科技、零售银行、消费金融、企业信贷、校园生态、资产管理、个人联名账户乃至电商物流方面展开全面合作。只隔了三天，6月20日百度与农业银行达成战略合作，合作领域主要是金融科技、金融产品和渠道用户，双方还将组建联合实验室，推出农业银行金融大脑，在智能获客、大数据风控、生物特征识别、智能客服、区块链等方面探索。

从互联网金融"颠覆"银行的雄心，到银行纷纷建立自己的网络银行来回击，几个回合之后，到最后相互牵手合作。这也充分说明，在互联网与金融的世界里，开放与合作才有真正的未来。

四大行的转变，或将吹响中国传统金融转型的号角，预示着中国银行业大洗牌正式到来，拉开了科技强国的全新时代！

11.3 人工智能与互联网金融

随着互联网金融的高速发展，我国针对互联网金融的相应监管措施也在不断加强，《关于促进互联网金融健康发展的指导意见》《非银行支付机构网络支付业务管理办法》等着政策法律法规不断出台，与此相适应，P2P等平台类模式正在减少，靠着拼渠道、流量和高收益的红利时代已经过去。监管的进一步加强预示着这个行业在政策红利和边界较为模糊的情况下实现业务快速发展的模式已经走到了尽头。

对于互联网金融企业而言，要适应政府的监管，获得客户的支持，要取得自身的发展，只能依托于人工智能。精细化、差异化、技术化的运营和创新将是互联网金融这个阶段的主题，人工智能将在互联网金融领域发挥越来越重要的作用。

从2016年开始，机器正在尝试取代人在财富管理服务中的位置，随之而来的是智能投顾服务。在美国券商、资管纷纷开始设立互联网金融平台，以互联网财富管理类的服务为主，目的是捕获更多中小投资者，在现有的证券业务体系之外培育新的增长点。贝莱德收购FutureAdvisor，Fiidelity与Betterment展开战略合作，Vanguard推出自己的智能投顾服务，嘉维证券与宜信合作进入中国市场开展智能投顾服务。宜信和品钛这样的在新兴市场上相对成熟的公司已经推出了自己的智能投顾服务。此外，还有大量早期创业公司直接以此为方向，比如弥财、钱景财富、蓝海财富等。

11.3.1　什么是人工智能

人工智能（Artificial Intelligence，AI）是研究使用计算机模拟、延伸和扩展人的智能的理论、方法和技术的新兴科学。作为计算机科学的重要分支，人工智能发展的主要目标是使计算机能够胜任通常需要人类智能才能完成的复杂工作。其中，深度学习是人工智能技术的重要领域，旨在建立可以模拟人脑进行分析学习的神经网络，模仿人脑的机制来解释数据。

按照人工智能的发展程度，大致可分为三个阶段：第一阶段：计算智能。机器具备像人类一样的记忆能力和计算能力，能够存储和处理海量数据，帮助人类完成大量的存储和复杂的计算，这一步是感知和认知的基础。第二阶段：感知智能。机器具备像人类一样的感知能力，帮助人类完成"看"和"听"的简单工作。目前人工智能发展正处在感知智能阶段，语音识别、理解和图像识别正在快速发展。第三阶段：认知智能。机器具备像人类一样的学习和思考能力，能够独自做出决策和采取行动，能够部分或全部替代人类的工作。认知智能是目前机器与人差距最大的领域，也是目前各大科技巨头都在迫切寻找突破的领域。

11.3.2　人工智能对互联网金融发展作用机理

作为百业之母的金融行业，与整个社会存在巨大的交织网络，沉淀了大量有用或者无用数据，包括各类金融交易、客户信息、市场分析、风险控制、投资顾问等，数据级别都是海量单位。同时大量数据又是非结构化的形式存在，如客户的身份证扫描件信息，既占据宝贵的储存资源、存在重复存储浪费，又无法转成可分析数据以供分析。金融大数据的处理工作面临极大挑战。通过运用人工智能的深度学习系统，能够有足够多的数据供其进行学习，并不断完善甚至能够超过人类的知识回答能力，尤其在风险管理与交易这种对复杂数据的处理方面，人工智能的应用将大幅降低人力成本并提升金融风控及业务处理能力。

11.3.3　人工智能对互联网金融的作用

（一）增强金融机构黏客能力，获取市场竞争主动权。

人工智能的飞速发展，使得机器能够在很大程度上模拟人的功能，实现批量人性化和个性化地服务客户，这对于身处服务价值链高端的金融业将带来深刻影响，人工智能将成为银行沟通客户、发现客户金融需求的重要手段，进而增强银行对客户的黏性。它将对金融产品、服务渠道、服务方式、风险管理、授信融资、投资决策等带来新一轮的变革。人工智能技术在前端可以用于服务客户，在中台支持授信、各类金融交易和金融分析中的决策，在后台用于风险防控和监督，它将大幅改变金融现有格局，金融服务更加个性化与智能化。

（二）降低金融机构运营成本，提高工作效率。

德勤在《银行业展望：银行业重塑》报告中指出，机器智能决策的应用将会加速发展。智能算法在预测市场和人类行为的过程中会越来越强，人工智能将会影响行业竞争，市场将变得更有效率。金融机构能够利用人工智能和机器学习发展新的业务需求，降低成本和管理收益风险，提高运作效率，优化客户流程。据中国银行业协会发布的《2016 年度中国银行业服务改进情况报告》显示，2016 年银行业金融机构离柜交易达 1 777.14 亿笔，同比增长 63.68%；银行业离柜业务率为 84.31%，同比提高 6.55 个百分点；离柜交易金额达 1 522.54 万亿元。其中，有 15 家银行的离柜业务率已经超过了 90%。未来，越来越多的金融机构将加入到运用人工智能来增强自身竞争力的进程中。

11.3.4 人工智能在互联网金融领域的应用

目前，人工智能技术在互联网金融领域应用的范围主要集中在身份识别、量化交易、投资顾问、客户服务、风险管理等方面。

（一）客户身份识别

客户身份识别主要是通过人脸识别、虹膜识别、指纹识别等生物识别技术快速提取客户特征进行高效身份验证的人工智能应用。技术的进步使生物识别技术可广泛应用于银行柜台联网核查、ATM 自助开卡、远程开户、支付结算、反欺诈管理等业务领域中，可提高银行柜台人员约 30% 的工作效率，缩短客户约 40% 的平均等待时间。互联网银行已将人脸识别技术视为通过互联网拓展客户的决定性手段，传统金融机构也开始重视人脸识别技术的应用。2017 年 4 月，富国银行开始试点一款基于 FacebookMessenger 平台的聊天机器人项目，虚拟助手通过与用户交流，为客户提供账户信息，帮助客户重置密码。汇丰银行已经使用基于人脸和语音的生物识别技术来验证消费者身份；苏格兰皇家银行使用"LUVO"虚拟对话机器人为客户获取最适合的房屋贷款等，旨在成为用户"可信任的金融咨询师"。

（二）智能量化交易

量化交易是指通过对财务数据、交易数据和市场数据进行建模，分析显著特征，利用回归分析等算法制定交易策略。传统的量化交易方法严格遵循基本假设条件，模型是静态的，不适应瞬息万变的市场。人工智能量化交易能够使机器学习技术进行回测，自动优化模型，自动调整投资策略，在规避市场波动下的非理性选择、防范非系统性风险和获取确定性收益方面更具比较优势，因此在证券投资领域得到快速发展。京东金融、蚂蚁金服、科大讯飞、因果树等进行了积极的探索。例如，因果树每周都通过机器来自动甄选优质项目并推出超新星企业，帮助企业在未来 6 个月内顺利拿到下一轮融资的概率提高到了 30% 左右。而嘉实基金则研发了一套从市场预测、资产配置到产品选择的完善的投资决策系统"嘉实 FAS 系统"，并实现了超过大盘收益率的投资回报水平。

（三）智能投顾

智能投顾又称机器人投顾（Robo‒Advisor），主要是根据投资者的风险偏好、财务状况与理财目标，运用智能算法及投资组合理论，为用户提供智能化的投资管理服务。智能投顾主要服务于长尾客户，它的应用价值在于可代替或部分替代昂贵的财务顾问人工服务，将投资顾问服务标准化、批量化，降低服务成本，降低财富管理的费率和投资门槛，实现普惠金融。根据统计公司Statista的预测，2017年美国智能投顾管理资产规模将达到2 248.02亿美元，到2021年将达5 095.55亿美元，年复合增长率29.3%。目前我国提供此服务的公司很多，其中银行系（如广发智投、招行摩羯智投、工行"AI"投等）、基金系（如南方基金超级智投宝、广发基金基智理财等）、大型互联网公司系［如百度金融、京东智投、同花顺（300033，股吧）］和第三方创业公司（如弥财、蓝海财富、拿铁财经等）都在智能投顾上有所应用。

（四）智能客服

智能客服主要是以语音识别、自然语言理解、知识图谱为技术基础，通过电话、网上、APP、短信、微信等渠道与客户进行语音或文本上的互动交流，理解客户需求，语音回复客户提出的业务咨询，并能根据客户语音导航至指定业务模块。智能客服为广大长尾客户提供了更为便捷和个性化的服务，在降低人工服务压力和运营成本的同时进一步增强了用户体验。交通银行在2015年底推出国内首个智慧型人工智能服务机器人"娇娇"，目前已在上海、江苏、广东、重庆等省份的营业网点上岗。该款机器人采用了全球领先的智能交互技术，交互准确率达95%以上，是国内第一款真正"能听会说、能思考会判断"的智慧型服务机器人。

（五）征信反欺诈与信贷决策

知识图谱、深度学习等技术应用于征信反欺诈领域，其模式是将不同来源的结构化和非结构化大数据整合在一起，分析诸如企业上下游、合作对手、竞争对手、母子公司、投资等关系数据，使用知识图谱等技术可大规模监测其中存在的不一致性，发现可能存在的欺诈疑点。在信用风险管理方面，利用"大数据+人工智能技术"建立的信用评估模型，关联知识图谱可以建立精准的用户画像，支持信贷审批人员在履约能力和履约意愿等方面对用户进行综合评定，提高风险管控能力。

（六）金融监管

人工智能技术能够用于识别异常交易和风险主体，检测和预测市场波动、流动性风险、金融压力、房价、工业生产、GDP以及失业率，抓住可能对金融稳定造成的威胁。具体做法包括从证据文件中识别和提取利益主体，分析用户的交易轨迹、行为特征和关联信息，更快更准确地打击地下洗钱等犯罪活动。人工智能技术能够从零散的历史数据中获得更多信息，帮助识别非线性关系，给出市场预测（价格波动）及其时效性，从而带来直接或间接的更高回报。此外，人工智能技术还能对大型、半结构化和非结构化的数据集进行分析，考虑到市场行为、监管规则和其他趋势的变化，进行反向测试、模型验证和压力测试，避免低估风险，提高透明度。例如，全球第一个以纯人工智能驱动的基金Rebellion曾预测了2008年的股市崩盘，并在2009年9月给希腊债券 F 评级，比惠誉公司提前了 1 个月。

与其他新技术一样，人工智能技术也是一把"双刃剑"，在促进经济社会发展的同时，也可能引发改变就业结构、冲击法律与社会伦理、侵犯个人隐私、挑战国际关系准则等问题。在大力发展智能金融的同时，必须高度重视可能带来的安全风险挑战，加强前瞻预防与约束引导，最大限度地降低风险，确保智能金融走上安全、可靠、可控的发展轨道。

11.4　移动时代的互联网金融

移动互联网是指采用智能终端采用无线网络或移动网络访问互联网。与传统互联网相比，强调了智能终端的接入方式和无线网络的通信模式。世界无线研究论坛（WWRF）认为移动互联网是自适应的、个性化的、能够感知周围环境的服务，它给出的移动互联网参考模型如图 11 - 3 所示。各种应用通过开放的应用程序接口（API）获得用户的交互支持或移动中间件支持，移动中间件层由多个通用服务元素构成，包括建模服务、存储服务、移动数据管理、配置管理、服务发现、事件通知和

图 11 - 3　WWRF 定义的移动互联网参考模型

环境监测等。互联网协议簇主要有 IP 服务协议、传输协议、机制协议、联网协议、控制和管理协议等，同时还负责网络层到数据链路层的适配功能。操作系统完成上层协议与下层资源之间的交互。硬件则指组成终端和设备的器件单元。

移动互联网的快速发展不仅仅是访问形式的变化，更多的是其带来的技术基础、思维方式和商业模式的变化。

11.4.1　技术基础

终端的智能化从 iPhone 的世界席卷狂潮开始，乔布斯不仅仅给我们带来了技术革命，更带来了思维的变革。人们接入网络的方式从原来的 PC 机变成了手机，从原本复杂的个人计算机的操作到现在随时随地的、个性化的、私密的指尖点击，而原本娱乐化的网络更多地通过手机通讯录变成了真实的社会关系。智能终端开启了全新的网络时代。

在终端表现之下的是基础技术，移动互联网的关键技术主要包括了网络基础设施、移动 Widgets 技术、云计算服务等。

在传统互联网中，网络主要由有线网络作为主要的支撑架构，随着移动网络的发展，原有的无线局域网和 3G 技术已经不能够满足日益增大的网络带宽的需要。当前，无线接入方式根据覆盖范围的不同，分为 WPAN 接入、WLAN 接入和 WMAN 接入。各种技术客观上存在部分功能重叠的相互补充，具有不同的市场定位。

WPAN 主要用于家庭网络等个人区域网场合，以 IEEE802.15 为基础，例如蓝牙就是一种典型的 WPAN 技术，其通信范围为 10m，带宽为 3Mbit/s。

WLAN 主要用于小型局域网，例如企业网、校园网等，以 IEEE802.11 标准为基础，被广泛成为 Wi－Fi 网络，技术成熟，发展快速，常用标准的覆盖范围约为 100m，带宽可达 54Mbit/s，目前已经得到广泛的应用。

WMAN 是一种新兴的城域无线接入技术，以 IEEE802.16 为标准，通常被称为 WiMAX 网络，范围可达 50km，带宽可至 70Mbit/s。该技术可以为高速数据应用提供更出色的移动性，当前国内主要以 3G 为主，新型的 4G 网络正在快速的发展进程中。

移动 Widgets 技术主要是面向应用终端的 APP 服务。由于移动设备的能力与个人计算机有很大的区别，需要通过特殊的 API 访问移动网络。因此，Widget 通过可扩展的标记语言和 JavaScript 等来实现小应用，具有小巧轻便、易开发部署、个性化、交互式、消耗流量少等优点。

云计算机技术将计算机变成了公共资源，它提供了可以从任意地点通过互联网访问计算机程序的计算机发展新纪元。计算机资源由原来的装载在每台计算机上的固定资源变成了能够根据人们需求的变化而变化的动态资源。这就是"软件即服务（SaaS）"。这也正验证了 Ramnath Chellappa 教授在 1997 年所说的"计算机资源的边界不再由技术决定，而是由经济需求来决定"。所有的软件和计算机服务资源也变成商品，进入人们的经济生活，这也为互联网金融的发展开拓了新的局面。

11.4.2 移动互联网思维及商业模式

2013 年互联网被引入到了思维方式的层面。表面看起来，一种技术手段如何能成为思维方式呢？究其根本，是技术带来的新的生活、生产和经济方式的变革。移动互联网思维中人们提到最多的就是"5F 法则"，即 Fragment 碎片思维、Fans 粉丝思维、Focus 焦点思维、Fast 快一步思维和 First 第一思维。

微博、微信、来往等即时交流工具已经深入人们的生活，人们的所见、所思、所想都在被记录。购物时终端查找商品信息、转账时手机已经成为主要的工具，边界的移动终端已经让我们实现了随时随地处理生活琐事的功能。同时，信息内容进一步地碎片化发展，每一个碎片信息都暗藏着消费者的个性化需求。因此，碎片思维促使品牌和媒体借助更多的价值内容和个性化服务来占据消费者的更多碎片时间，从而获得更大的客户黏性和更多的利润，这也促使着各商业机构加快各自品牌的理念和价值主张，利用粉丝思维来吸引目标粉丝群体，并采用多样化的活动来凝聚粉丝的力量，iPhone 的成功正是粉丝思维的典型代表。

人的注意力是有限的，所以在移动互联网的商机中需要的是专注和简单，焦点思维要求商家要明确自身品牌的焦点优势和战略方向，明确之后要坚守并做到极致，这样自然能让消费者留下深刻的品牌记忆和好感。快一步思维和第一思维需要互联网金融企业无论在企业规划还是布局发展上都要抢占先机，成为消费者眼中的金牌选手，打破消费者的思维定势，以颠覆式的创新变革突破和刷新行业的上限。

11.4.3 移动互联网金融

2014 年 7 月，中国电信上海研究院的胡世良总结了移动互联网金融的六大模式，初步明确了当前移动互联网金融的兴起和发展方向。

（一）移动支付

移动支付以其快捷、高效的特性，能够克服地域、空间和时间的限制，提高交易效率，为商家和消费者提供便利。当前主要的模式是手机支付、移动互联网在线支付、微信支付等。随时随地随身的支付模式成为更能体现移动互联网金融的重要内容，在便利社会公众支付、提高零售效率、推动完善金融服务等方面发挥了重要作用。

随着移动支付向金融理财、保险和生活服务等多领域不断拓展和延伸，用户支付服务的接受程度逐步提升，为移动支付发展奠定了良好的制度基础。中国支付清算协会 2017 年支付体系运行总体情况的报告显示，移动支付业务量保持较快增长。2017年，银行业金融机构共处理电子支付业务 1 525.80 亿笔，金额 2 419.20 万亿元。其中，移动支付业务 375.52 亿笔，金额 202.93 万亿元，同比分别增长 46.06% 和 28.80%；移动支付市场的巨大发展潜力可见一斑。

（二）移动理财

如今，利用手机不仅可以实现手机充值、购物支付、信用卡还款等功能，还可以在手机上进行资产的管理，例如查询、理财等。以各大银行为例，手机银行已经包含了更多的金融服务，例如理财计算器、银行网点查询、黄金、理财产品、基金咨询等。目前，农业银行、建设银行、光大银行、浦发银行、民生银行、招商银行等均发力移动客户端，推出了手机银行的专属理财产品，而此渠道的理财产品收益率相比于同期银行柜面或网银渠道发行的同类产品，均高出 0.1% ~ 0.5%。

除了银行，阿里巴巴的余额宝、腾讯的微信理财平台等，各种移动理财的 APP 发展势头强劲，大大方便了用户的理财操作，为客户提供了更便捷的理财渠道。

（三）移动交易

移动互联网为资金交易带来的最大便利，是只要有智能手机和网络，一切金融交易都可以在瞬间完成，随时可以进行投资、融资、贷款、理财等。移动互联网金融的资金运用快捷，可帮助客户大大提高存款资金的利用率，也可以快速帮助需要贷款的客户获得贷款，提高资金的周转率。以第三方支付、P2P 网络贷款、电商金融、众筹及金融机构线上平台为代表的互联网金融模式在移动互联网的支持下获得了快速的发展。

（四）微信银行

微信银行是银行与腾讯合作，利用微信社交平台开通银行金融服务。微信银行在近年最具代表性的是浦发银行推出的微信银行。2013 年 8 月，浦发银行推出业内首个深入融合微信交互模式的微信银行，包括微信取款、微信购火车票、微信"融资易"、微理财等功能，实现了微信的理财、取款、汇款、支付、融资等微信银行的全功能布局。浦发银行的微信银行自推出后，交易金额连续 4 个月实现翻番，被评为 2013 年中国十大金融创新案例。

（五）APP 模式

丰富的 APP 繁荣了移动互联网产业，满足了广大用户的差异化、个性化和多元化需求。APP 模式是典型的平台模式，其成功在于构建平台方、开发者和客户三方共赢的生态系统。自 2013 年以来，各金融投资理财等 APP 不断涌现，金融 APP 为用户提供了方便，使得很多业务均可以通过手机客户端完成，大大节省了客户的时间，为金融业通过移动互联网拓展市场提供了一条有效的通道。

APP 的盈利模式呈现多元化发展，包括单纯的出售收费、移动广告收费、月租费、增值收费和授权收费等。然而 APP 模式有其特定的要求，移动金融 APP 要能够获得更好的发展，必须把握客户核心价值需求，注重客户体验，开发出满足客户个性化需求的创新产品，提高平台运行能力，做大平台用户规模和流量。

（六）O2O 模式

Online to Offline 模式是将线下商务与互联网结合在一起，即线上订购、线下消费的模式，使得互联网成为线下交易的平台。其核心是线上交易、线下体验。O2O 模式的发展离不开移动互联网的快速发展，即随着用户终端消费习惯的养成、移动支付的成熟和商家营销意识的增强，移动互联网与社交应用、LBS、二维码有效结合，各类O2O 平台不断涌现。

O2O 模式的盛行，表现在两个方面：一是几乎每个金融服务领域都涌现出大量的O2O 模式，主要包括移动支付、基金、信托、理财、众筹、投资、金融咨询等；二是进入移动金融 O2O 模式的企业覆盖面广，进入的企业多。移动金融 O2O 模式的快速发展引起了行业的广泛关注，越来越多的银行、基金公司、互联网公司、运营商和创业公司都积极推出移动金融 O2O 服务模式。百度、腾讯、平安银行、广发银行、浦发银行、合众人寿、有利网、中国联通等企业纷纷推出移动金融 O2O 平台。2013 年底阿里和腾讯打车软件的角逐，实际上就是两家公司布局移动支付 O2O 模式的竞争。

随着移动互联网的快速发展，传统金融领域面临着新的挑战和机遇，新的金融应用场景会越来越多，移动互联网与这些金融应用场景的结合，会产生更多的移动互联网金融的新模式。

11.5　互联网金融的发展展望

互联网金融正以摧枯拉朽之势改变传统的金融模式，然而互联网金融是否会替代传统金融机构成为金融体系的主导，金融脱媒、银行业是否会成为新世界的恐龙，新生的互联网金融到底如何走、走多远，还存在太多的变数。

11.5.1　互联网金融发展：百家争鸣

深圳证券交易所综合研究所高级经理黄少军认为互联网金融的兴起只是一个自然现象。在他的描述中，整个金融史就是一个不断去中介化的过程，金融的"去中介化"

不等于"去银行化"。互联网金融与传统金融在融资功能上各有优势和不足，互为补充、互相促进。

广东国晖律师事务所律师李军对金融业勾勒出两种不同的途径。一种是在互联网金融新业态的外部蚕食下，传统金融业全线溃败，用马云的话，就是最终实现"农村包围城市"；另一种是传统金融业深刻谋变，在变革期抓住机遇，适应大数据时代的金融环境，最终与互联网金融形成"划江而治"的局面。

平安陆金所董事长计葵生认为，互联网金融的未来是传统的交易所、电子商务平台和OTC市场三种模式的融合。互联网金融会变成一种虚拟交易所。它的特点是透明度比较高、成本比较低、流动性比较好。这个方向作为未来中国的机会点，会创造出很多新的市场，而且这些新的市场不是我们今天看到的比较简单的P2P或者众筹市场，它的范围广泛很多。但是，这些市场持续经营和成功的前提是做好风控。一个市场如果不能管理好风险，或者不能降低、分散风险，这个市场就没有价值。

北京国脉互联信息顾问有限公司董事长、首席研究员杨冰之认为，互联网金融是金融革命3.0，互联网金融是互联网与金融结合诞生的新生命，是传统金融的继承与扬弃、创新与发展，是超强大脑的结合。"互联网金融为个人、企业、地区和行业带来了产业价值，降低了过去交易中的巨额成本，甚至填补了过去交易中的大量空白。"他表示，互联网金融对传统产业的加快转型，是继房地产业后的新一轮高品质的财富发动机，促进了产品、技术、资本和人才的深度融合。互联网金融是中国继房地产发展后又一个足以支撑长期发展（10~20年）的支柱产业，带动社会相关产业链十分广泛，正在成为新经济增长引擎之一，推动信息社会的深化。它不仅重塑了人们的金融意识和行为，也增强了人们的财富观念和理财方式，形成一股新浪潮。

民生银行小微金融部总经理高级助理周斌对互联网金融的未来有十大猜想，即互联网金融对金融监管提出新的挑战，对中国金融业的整体格局带来一定的冲击，加速中国利率市场化的进程，金融盈利空间收窄，银行有沦为支付通道之虞，小微金融、供应链金融的竞争激烈，证券投资领域也面临着机遇与挑战。

深圳大学经济学院副院长徐晓光对互联网金融的未来提出了三种可能：移动支付替代或部分替代传统支付业务；人人贷替代或部分替代传统存贷款业务；众筹融资替代或部分替代传统证券业务。

清华大学教师周新旺认为，互联网金融会有三个大的发展阶段：第一阶段是对于传统金融机构的一种促进。有了互联网金融，比如说第三方支付，那么就可以很便利地去网上买东西、就可以消费更多。在理财方面，有了互联网金融后，宣传手段也多了，老百姓会把更多的钱存到金融机构里面。所以在这个阶段，很多传统的金融企业无论是否做变革，都会搭上互联网的便车，于是总量就会越来越大，所以说互联网金融对于传统金融是一种促进。接下来是第二个阶段，一部分金融机构做了变革，还有一部分躺在那里不做变革，那么互联网金融就会替代掉一部分不做变革的金融机构。那么第三阶段就是无论是纯粹的线上互联网金融机构还是传统的金融机构，引入了互联网的手段，最后的互联网金融都变成了金融里面的一种必备的工具，变成了一种常态化的服务现象，也就是一个平台或一个渠道。

综合来看，互联网金融能否实现可持续发展，进而沿着什么样的路径、以多快的方式影响或改变现有的金融体系，还需要边走边看。

11.5.2　互联网金融发展：未来展望

当前互联网金融产业发展主要围绕三个方面推进。

第一，渠道扩张。双方基于自身的比较优势在各自的优势领域开展业务，产品类型和重点客户重合度较低，互联网企业在这一阶段的成本优势发挥明显，具体表现为基于成本优势的虚拟渠道扩张。

第二，数据推动融合。双方的业务开始融合，部分核心业务产生交叉，互联网企业开始利用数据资产进行风险定价，传统金融行业逐渐掌握批处理技术，开始通过产品创新由被动防御转向主动防御，对中小型客户的争夺是重点。

第三，平台胜者为王。从形式到实质的融合，商业模式的优化、创新，新的商业模式开始出现，双方都已经掌握了对方较为核心的技术，平台搭建完毕，开始利用平台的数据资产对现有的商业模式进行改造，平台的用户数量、用户黏度和数据的有效性是获得成功的关键。

对于互联网金融的未来发展，不少研究者认为互联网金融将呈现四种发展趋势。

第一，将全面创新网络金融服务和金融产品。在日渐成熟的强有力的技术支持下，在日益激烈的金融行业竞争中，为了能够保持竞争力，不断提高客户网络金融服务水平，更全面的网络金融服务和更丰富的网络金融产品必将出现，从而不断推动网络金融的发展。

第二，将进一步打造一体化的金融服务平台。随着互联网技术的逐渐成熟，网络金融客户必将需要把所有相关业务融为一体，只需一个入口即可以满足网络金融客户的大部分需求。因此，一体化的网络金融服务系统必将被打造出来。

第三，将出现被广泛认同的金融服务品牌。随着越来越多的网络金融服务提供者的出现，客户必将对网络金融服务提供者进行甄选，这就要求网络金融提供者的品牌具有广泛的认同度，所以，基于信誉、安全、规模和技术的企业文化和经营方式的品牌战略将是未来金融机构的重要发展方向之一。

第四，将实现标准化和个性化的网络金融服务。网络金融需要在网络间进行数据的传输与交换，在此过程中，标准化至关重要，同时，网络金融服务上需要根据不同客户的交易偏好等因素，为客户指定个性化的金融服务产品，不断满足不同客户主题的金融需求。

11.5.3　互联网金融发展：待解问题

十二届全国人大二次会议上，国务院总理李克强在政府工作报告中指出，要促进互联网金融健康发展，完善金融监管协调机制，密切监测跨境资本流动，守住不发生系统性和区域性金融风险的底线。让金融成为一池活水，更好地浇灌小微企业、"三农"等实体经济之树。可见，互联网金融绝不只是概念的创新，更代表强烈的政策支持和社会的广泛认同。从互联网金融的当前发展来看，互联网金融仍有太多的问题需要解决。

（一）风险控制

互联网金融的健康发展要遵循金融业的一些基本规律和内在要求，核心还是风险管理。不管是在传统的金融模式还是在互联网金融模式下，风控始终是第一位的，只有做好风控，才能得到持续性的发展，否则任何繁荣都只是昙花一现。以小微企业融资为例，由于小微企业自身的不稳定性，其发生坏账和违约的可能性大大增加，互联网金融企业在实际操作中，如何能做到既满足小微企业融资需求，又能降低违约风险，这是亟待解决的问题。

（二）数据保障

未来大数据技术将在互联网贷款、购买保险、证券投资等方面发挥极大作用。金融和数据拥有天然的数据化基因，因为金融本身就是信息和数据，做金融的本质就是做信用。大数据技术提供的有据可查的信用数据，为构建互联网金融信用体系提供了保障。然而，大数据的数据分析和预测是互联网金融的技术支持，尽管数据的可获得性大大增加，然而数据的真实性如何衡量？如果作为基础的数据本身存在问题，则这样的金融活动是没有任何效益和效率的。

大数据只是分析工具，是人类设计的产物，不应过分迷信。以 P2P 借贷行业为例，目前借贷业务不仅需要网络审核，更需要线下审核，信贷员的从业经验和责任心是信贷安全的重要保障。另外，除了个别企业，大部分互联网金融企业目前的用户规模和交易额都不大，缺乏大数据基础，也无力承担所需的基础设施和处理成本。在互联网金融的发展过程中，如何发挥大数据的优势，避免其劣势，将决定互联网金融的未来。

（三）制度支持

目前中国移动支付产业整体处于市场主体不断加大投入、积极布局的起步阶段，各种业务、技术、管理模式尚在探索中，这个阶段应该更多地发挥市场主体的积极性和创造性。但移动支付产业链长，涉及业务主体多，呈现典型的网络外部性和规模经济，因此单个参与主体在发展自身移动支付业务的过程中，不可避免地存在着一些安全可行性论证不足的情况，也容易出现自然垄断倾向、无序恶性竞争等问题。正因为如此，政府部门需要在推动移动支付产业的发展中扮演促进者、协调者和管理者的角色，而面对市场主体差异化的市场行为，监管部门的监管效率和监管行为对市场的健康发展至关重要，要通过制度保障形成公平透明的市场竞争环境。互联网金融的未来发展离不开政府的政策支持。

（四）监管完善

自 2014 年互联网金融迎来爆发式发展以来，互联网金融连续五年被写入政府工作报告。从最初的"促进互金健康发展"到规范发展、警惕风险，再到 2018 年的健全监管，反映了政府对互联网金融行业认识的不断深化、监管体系的不断健全。

在监管政策方面，2015 年 7 月 18 日，央行、财政部等十部委联合发布了《关于促进互联网金融健康发展的指导意见》，该指导意见针对 P2P 等互联网金融行业制定了纲领性的指导措施，在运作模式、资金托管等方面均作了明确要求。

2016 年 8 月 17 日，中国银监会、工业和信息化部、公安部、国家互联网信息办公室正式发布了《网络借贷信息中介机构业务活动管理暂行办法》，界定了网贷内涵，明确了适用范围及网贷活动基本原则，重申了从业机构作为信息中介的法律地位，同时也确立了网贷监管体制，明确了网贷监管各相关主体的责任，对业务管理和风险控制提出了具体要求，注重加强消费者权益保护，强化信息披露监管，发挥市场自律作用，创造透明、公开、公平的网贷经营环境。

2017 年，政府工作报告进一步强调了"风险"问题，称"当前系统性风险总体可控，但对不良资产、债券违约、影子银行、互联网金融等累积风险要高度警惕。"央行、银监会等部门相继出台了 P2P 网贷、现金贷、ICO 等业态的强监管规定，对违法、违规业务活动进行清理整顿。行业在强监管下重新逐步回归小额普惠、服务实体经济的本质。在这一年，网贷行业银行存管、备案、信息披露三大主要合规政策悉数落地，与 2016 年 8 月 24 日发布的《网络借贷信息中介机构业务活动管理暂行办法》共同组成网贷行业"1 + 3"制度体系。

在"中央统筹、行业自律、专项整治"行动体系下，互联网金融行业将加速洗牌，真正走向健康发展的未来。

互联网金融的发展，取决于互联网技术的发展。互联网金融用互联网的技术和互联网的精神，从传统银行、证券、保险、交易所等金融业态过渡到金融体系的所有交易和组织形式，它的发展随着互联网技术的发展而不断演变。

📖 本章小结

本章主要介绍了互联网金融对银行、保险、证券等传统金融业的影响以及大数据和移动网络技术的发展对互联网金融的促进作用。互联网金融改变的不仅仅是技术手段，更是思想的变革和更新，传统的金融业在互联网金融的发展中将面对更多的发展机遇；基于大数据的客户分析和信息挖掘，能够优化金融的资源配置，为互联网金融的发展提供数据支持；移动互联网技术为互联网金融的发展提供了基础的技术支持。

✍ 想一想、练一练

◎ 思考题

1. 对于传统银行业，冲击最大的业务主要包括哪些方面？
2. 人工智能对互联网金融的发展有什么作用？
3. 人工智能在互联网金融领域的应用有哪些？
4. 互联网和移动互联网有什么区别？

◎ 实训题

1. 请制作一份蚂蚁金服的发展历程表，分析其互联网金融的发展历程。

2. 假设你是某银行的一位产品经理，请制作一份面向中青年基层员工推广互联网金融产品的企划书。